中期预算国别研究

李燕 等著

中国财经出版传媒集团
中国财政经济出版社

图书在版编目（CIP）数据

中期预算国别研究/李燕等著. —北京：中国财政经济出版社，2017.12
ISBN 978-7-5095-7827-8

Ⅰ.①中… Ⅱ.①李… Ⅲ.①预算制度-研究 Ⅳ.①F810.3

中国版本图书馆 CIP 数据核字（2017）第 269699 号

责任编辑：胡 博　　　　　　责任校对：刘 靖
封面设计：秦聪聪　　　　　　版式设计：齐 杰

中国财政经济出版社 出版

URL: http://www.cfeph.cn
E-mail: cfeph@cfeph.cn

（版权所有　翻印必究）

社址：北京市海淀区阜成路甲28号　邮政编码：100142
营销中心电话：88190406　北京财经书店电话：64033436　84041336
北京中兴印刷有限公司印刷　各地新华书店经销
787×1092毫米　16开　18.5印张　294 000字
2017年12月第1版　2017年12月北京第1次印刷
定价：68.00元
ISBN 978-7-5095-7827-8
（图书出现印装问题，本社负责调换）
本社质量投诉电话：010-88190744
打击盗版举报热线：010-88190414　QQ：447268889

前 言

实施中期财政规划管理是我国深化预算制度改革，加快建设现代预算制度的重要内容。根据党的十八届三中全会决议以及新《预算法》有关实行跨年度预算平衡机制的要求，国务院颁发了《关于实行中期财政规划管理的意见》（国发〔2015〕3号）（下称《意见》），指出在当前我国经济社会发展面临的国内外环境错综复杂，财政可持续发展面临较多挑战，财政收入增速下降，与支出刚性增长矛盾进一步加剧；现行支出政策考虑当前问题较多，支出结构固化僵化；地方政府性债务存在一定风险隐患；专项规划、区域规划与财政规划衔接不够，不利于预算统筹安排等背景下，通过实行中期财政规划管理，强化财政规划对年度预算的约束性，有利于解决影响财政可持续发展的体制机制问题，有利于提高财政政策的前瞻性和有效性，也有利于增强财政对稳增长、调结构、促改革的作用，为实现经济社会可持续发展打下良好基础。《意见》还对我国实行中期财政规划管理的指导思想、基本原则、规划的主要内容、编制主体和程序以及保障措施等都做了明确的规定。由此，中期财政规划管理的理念落实和操作层面的具体方案也在全国陆续展开。

就我国来说，所谓中期财政规划是指财政部门会同政府各部门在分析预测未来3—5年重大财政收支情况，对规划期内一些重大改革、重要政策和重大项目研究政策目标、运行机制和评价办法的基础上，编制形成的跨年度财政收支方案。在国际上，根据对年度预算约束的程度不同，中期财政规划一般有三种常见的形式，分别为：中期财政框架（MTEF）、中期预算框架（MTBF）和中期绩效框架（MTPF）。按照国务院要求，我国目前初步实施的中期财政规划按照三年滚动方式编制，更接近于中期财政框架（MTEF），也是中期预算的过渡形态。今后将在对总体财政收支情况进行科学预判的基础上，重点研究确定财政收支政策，做到主要财政政策相对稳定，同时根据经济社会发展情况适时研究调整，使中期财政规划渐进过渡到中期预算。

由于实行中长期财政规划及中期预算管理是工业化国家预算制度的一个共同特征，许多OECD国家已经实施了多年，有着很好的经验可供借鉴。因此，有必要对一些典型国家的做法进行系统的梳理和总结，以期在结合我国具体国情的基础上进行制度设计，使我国的中期财政规划管理能够更加有效和符合实际。

为借鉴典型国家的做法，我们选择了美国、英国、法国、瑞典、澳大利亚、日本六个国家，对其实施中期财政规划或中期预算的做法进行了较为全面的梳理，每个国家主要从其实施背景、法律依据、编制及实施、参与及决策、监督机制、经验借鉴等几个方面开展。在本书编写过程中我们翻译和运用了大量的一手资料，从系统性介绍一国中期财政规划或中期预算方面填补了国内相关研究的空白，可为我国更好地建立中期财政规划和实施机制提供理论及实践的借鉴及参考依据。

本书具体写作分工为：中央财经大学财税学院李燕教授负责瑞典、英国以及各国的比较与借鉴部分，杨华教授负责日本部分，王淑杰副教授负责美国部分，卢真副教授负责澳大利亚部分，南京审计大学经济与金融研究院吴亚萍讲师负责法国部分。参与写作和资料搜集翻译的还有中央财经大学研究生陈璐、唐天娇、王晓等。全书由李燕教授进行总纂和完善。

本书是在李燕教授主持的财政部政策研究室委托课题"中期预算国别研究"、国家社会科学基金重点项目"建设现代预算制度研究"（14AZD022）、中央财经大学重大科研培育项目"国家治理能力下的政府施政行为规范研究"基础上完成的，在课题研究中财政部政策研究室的领导、中央财经大学科研处等给予了大力的支持和具体的指导，在此深表感谢！

在本书的写作中借鉴了一些现有相关文献资料，在此也一并表示感谢！同时，由于书中采用了大量的一手原文资料，在翻译过程中会有一些不准确和疏漏的地方，也欢迎大家不吝赐教和批评指正！

李燕

2017年11月于北京

目 录

第一章　澳大利亚中期滚动预算 …………………………………… 1

　　一、中期滚动预算的实施背景 ………………………………… 1
　　二、中期滚动预算的法律依据 ………………………………… 4
　　三、中期滚动预算的编制 ……………………………………… 7
　　四、中期滚动预算的实施 ……………………………………… 20
　　五、中期滚动预算的参与机制 ………………………………… 23
　　六、中期滚动预算的绩效评价 ………………………………… 27
　　七、中期滚动预算的特点 ……………………………………… 28
　　八、中期滚动预算的实施成效 ………………………………… 30
　　九、中期滚动预算的争议、面临的调整和问题 ……………… 31
　　附录1-1　《预算诚信章程》 ………………………………… 33
　　附录1-2　《预算诚信章程》规定的财政报告体系 ………… 34
　　附录1-3　澳大利亚政府预算编制和审批流程 ……………… 42

第二章　日本中期预算实践 …………………………………………… 47

　　一、中期预算的发展历程、时代背景及驱动因素 …………… 47
　　二、中期预算的现实需求和法律依据 ………………………… 58
　　三、中期预算的编制 …………………………………………… 63
　　四、中期预算的实施 …………………………………………… 77
　　五、中期预算的监督 …………………………………………… 80
　　六、财政部门在中期预算管理中的职责 ……………………… 80
　　七、中期预算存在的问题、最新改革情况及发展动向 ……… 82

八、中期预算管理经验借鉴和启示 ································· 85

第三章　瑞典中期财政框架 ································· 88
　　一、中期财政框架的实施背景及发展历程 ······················· 88
　　二、中期财政框架的法律依据 ································· 91
　　三、中期财政框架的制定 ····································· 92
　　四、中期财政框架的实施 ····································· 103
　　五、中期财政框架的实施成效 ································· 110
　　六、当前中期财政框架存在的问题及发展 ······················· 111

第四章　英国中期支出框架 ································· 115
　　一、中期支出框架的实施背景及发展历程 ······················· 115
　　二、中期支出框架的法律依据 ································· 123
　　三、中期支出框架的编制 ····································· 127
　　四、预算执行组织体系 ······································· 143
　　五、绩效评估 ··· 145
　　六、中期支出框架最新改革情况 ······························· 149
　　七、中期支出框架特点与经验 ································· 152

第五章　法国多年规划及其三年预算制度 ····················· 155
　　一、多年规划及其三年预算的实施背景 ························· 156
　　二、多年规划及其三年预算的演变历程与法律依据 ··············· 159
　　三、多年规划及其三年预算的参与机制 ························· 162
　　四、多年规划及其三年预算的编制 ····························· 168
　　五、预算估计 ··· 178
　　六、多年规划及其三年预算的实施 ····························· 184
　　七、多年规划及其三年预算的监督机制 ························· 186
　　八、多年规划及其三年预算的特点 ····························· 188
　　九、多年规划的实施成效 ····································· 189
　　十、多年规划工作的困难和局限性 ····························· 191
　　十一、多年规划的最新发展动向 ······························· 191

十二、对我国预算制度的借鉴与启示 ………………………… 192
　　附录 5-1　稳定规划 ……………………………………………… 192
　　附录 5-2　公共财政规划法各法案及其三年预算 …………… 197

第六章　美国联邦中期预测与州和地方中期预算 ……………… 210
　　一、联邦中期预测的实施背景 …………………………………… 210
　　二、联邦中期预测的编制 ………………………………………… 212
　　三、联邦中期预测编制的参与机构 ……………………………… 227
　　四、联邦中期预测的法律约束力 ………………………………… 231
　　五、地方中期预算改革的实施情况 ……………………………… 234
　　六、地方中期预算改革的评价 …………………………………… 238
　　七、地方中期预算改革的难点 …………………………………… 239
　　附录 6-1　《1985年平衡预算和赤字控制法》的背景和主要内容 … 241
　　附录 6-2　奥马哈市资本改进计划 ……………………………… 241

第七章　各国中期预算（规划）的比较与借鉴 …………………… 243
　　一、各国中期预算（规划）的时代背景、驱动因素和发展历程 …… 243
　　二、各国中期预算（规划）的法律依据 ………………………… 249
　　三、各国中期预算（规划）的编制 ……………………………… 253
　　四、各国中期预算（规划）的实施 ……………………………… 266
　　五、各国中期预算（规划）的监督 ……………………………… 269
　　六、各国中期预算（规划）存在的问题、最新改革情况及下一步发展
　　　　动向 …………………………………………………………… 271
　　七、各国中期预算（规划）经验借鉴和启示 …………………… 273

参考文献 …………………………………………………………… 277

第一章

澳大利亚中期滚动预算

为控制财政赤字、提高财政透明度及应对老龄化和全球金融危机的客观需要,澳大利亚在《预算诚信章程》的要求下自20世纪90年代起开始编制"1+3"的中期滚动预算。中期滚动预算的引入,有效地改善了澳大利亚政府财政平衡状况,加强了财政可持续性。他山之石,可以攻玉,澳大利亚作为世界上最早正式实施中期滚动预算的国家之一,其丰富的经验可以供我们学习与参考。本章将围绕着澳大利亚中期滚动预算,介绍其引入的背景、法律依据、编制、实施、参与机制及绩效评价,并总结其实施的特点、成效、争议及面临的调整和问题。

自20世纪80年代起,澳大利亚开始引入中期支出框架(Medium-term expenditure framework),成为世界上最早正式建立中期支出框架并在此框架下准备年度预算的国家。在中期支出框架的安排下,澳大利亚开始编制中期滚动预算(也称多年度预算)。其中期滚动预算是在年度预算基础上向前逐年滚动的三年财政计划。年度预算与三年滚动计划相结合,构成所谓"1+3"的中期支出框架。法律规定,政府向国会提交下年度预算报告时,必须同时提交预算年度后三年的财政计划。中期滚动预算(中期支出框架)的引入,为控制政府支出增长、提高政府支出效率等提供了有力的工具。

一、中期滚动预算的实施背景

总体来说,澳大利亚从20世纪90年代起开始编制中期滚动预算,主要起因有四个方面。

（一）控制财政赤字、保持财政可持续性的客观要求

20世纪70年代中期以来，澳大利亚财政状况明显恶化，财政赤字增加、债务余额提高，公众和金融市场对政府财政的信任度明显下降。具体来说，20世纪70年代初至中期，澳大利亚的净债务规模一直很小甚至资产一度大于债务总规模。然而，进入20世纪70年代中期，世界主要经济体爆发了全球性通货膨胀，澳大利亚的经济发展和财政安全受到了严重影响。与当时大多数国家一样，澳大利亚政府在经济发展进入低谷且财政收入增速减缓的时候，选择了紧缩性货币政策，并且伴随实行以增加社会福利支出的扩张性财政政策。财政收入增速迅速减少，而财政支出规模却在不断扩大，20世纪70年代以后的政府预算赤字规模不断增加，与此同时，澳大利亚联邦政府债务规模在也在不断增加（见图1-1）。1978—1979财政年度中，联邦政府净债务占GDP的比重从之前1977—1978财年的2.8%跃增到4.2%。1996年，澳大利亚联邦政府债务总规模和净债务占GDP的比重均达到历史最高，分别为19.13%和18.1%。严峻的财政压力之下，保持财政可持续性成为摆在政府面前的突出问题，控制财政赤字和削减政府债务成为政府财政战略目标的重要内容。由于年度预算缺少前瞻性，不利于对以后年度的财政收支进行总量约束，因此澳大利亚开始编制中期滚动预算，对以后年度的财政收支状况进行预测和规划。

（二）提高财政透明度的客观要求

进入20世纪80年代，澳大利亚政府出现连年财政赤字，政府运行成本持续上升引起人们对政府角色、政府活动的效率和有效性的关注与争议，"小政府"成为公众普遍赞同的选择。为了满足国内公共服务需求的增加，提高政府效能和工作效率，进一步增加财政信息透明度，使政府摆脱财政困难，1983年澳大利亚第一届新工党政府开始了"新公共管理运动"（New Public Management）改革，财政预算信息公开成为此次改革运动重要组成部分。由于政党博弈和社会各界的压力，澳大利亚政府在财政发展战略、政府预算和实际财务状况方面需要提高透明度。在此背景下，中期滚动预算的编制和公布为社会各界提供了从多年度视角审视财政战略政策和政府财务状况等有关信息的途径。

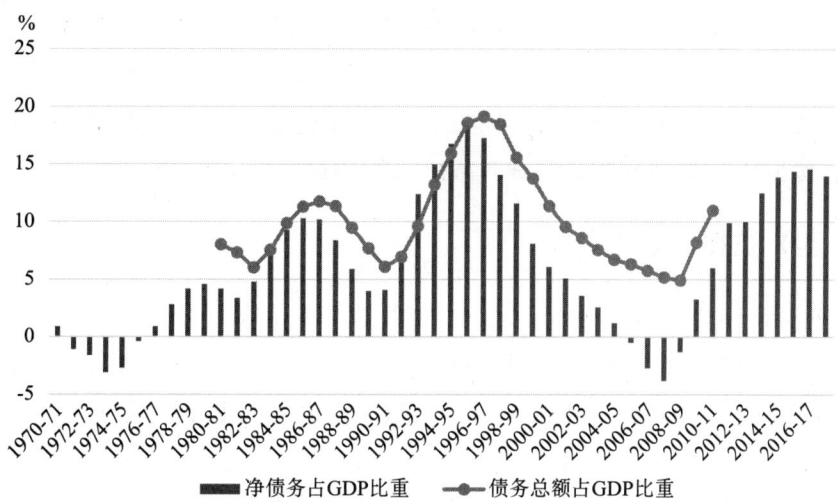

图 1-1 澳大利亚联邦政府净债务（1970—2018 年）和债务总额（1980—2011 年）占 GDP 比重

注：净债务是指在权责发生制会计制度下，澳大利亚联邦政府所持有的部分负债或偿付责任（包括存款、有价证券、公债、借款）总额减去被选定的资产（以现金和储蓄形式存在的预付款、投资、贷款和存款等）总额之后的最终所得。其中 2013—2014 至 2015—2016 三个年度的数据是估算数，2016—2017 和 2017—2018 两个年度的数据为计划目标数。其中联邦政府净债务数据来源于澳大利亚 2014—2015 年政府预算报告；联邦政府债务总额数据来源于 OECD 数据库发布的 Total Central Government Debt % of GDP。

资料来源：澳大利亚 2014—2015 年政府预算报告，http：//www.budget.gov.au/2014-15/content/bp1/html/index.htm。OECD 数据库，http：//www.oecd-ilibrary.org/finance-and-investment/total-central-government-debt_20758294-table1。

（三）应对老龄化和全球金融危机的客观需要

20 世纪 90 年代后澳大利亚人口日趋老龄化，养老保险的财政负担加重，社会各界对养老保险的可持续性及其对政府财政的影响非常关注，这要求实行中期滚动预算。据澳大利亚统计局统计，1990 年 6 月，65 岁及以上老人占全国总人口的 11.1%，85 岁及以上老人占总人口的 0.9%，而这两个比重至 2010 年 6 月分别提高到 13.6% 和 1.8%[①]。其中，20% 的老年人需要政府提供不同程度的福利金来应对养老方面的支出。此外，2008 年爆发的全球性主权债务危机，同样影响到澳大利亚联邦政府的财政状况和财政稳定性。2008—

---

① 数据来源：Australian Bureau of Statistics. Population by Age and Sex, Australian States and Territories, 2010。

2009 财年至 2011—2012 财年，四个财政年度中重新出现了财政赤字，政府债务再一次迅速扩大（见图 1-1）。为应对危机，政府需要保持财政对经济增长和就业的拉动力，也需要把赤字和债务控制在适度范围，实现周期性的财政平衡，编制中期滚动预算是实现其战略目标的重要手段。

（四）法律的要求

1982 年，澳大利亚颁布《信息自由法》（Freedom of Information Act 1982），赋予每个公民和社团获取政府信息的权利。所有联邦政府机关必须执行该部法令，为公众提供获取信息的渠道，同时各州和领地也颁布了适用于州和地方政府机关的信息自由法规。但《信息自由法》并没有专门规定财政预算公开的内容。1994 年，新西兰颁布了旨在转变财政管理方式、增强财政预算透明度的《财政责任法》，对澳大利亚产生了重大影响。在经历了执政党与反对党之间的数次激烈政治博弈后，《预算诚信章程》（Charter of Budget Honesty Act 1998）作为深化财政预算信息公开方面的法律，于 1998 年获得议会通过。《预算诚信章程》除了对财政预算信息公开进行了详细的规定外，还要求政府按照中期财政框架的要求编制年度预算报告，涵盖当年和之后三个财年在内的四个财年预算。

在此背景下，从 20 世纪 80 年代中期以来，澳大利亚一些地方政府为提高财政透明度和可持续性，对原有财政管理方式进行了一系列改革，开始探索实行"1+3"的新型预算管理模式。20 世纪 90 年代中期，联邦政府也开始实施同样的财政管理改革。

二、中期滚动预算的法律依据

采取中期滚动预算的国家无论采取的是何种形式，中期滚动预算的地位一般以法律形式固定下来，组成正式预算过程的一部分，并与年度预算的安排相结合，对年度预算的最终确定具有硬约束力。1997 年，澳大利亚国会颁布实施的《财务管理和受托责任法案》[①] 规定了特定的报告要求。该法案要求

[①] 2014 年 7 月 1 日，《公共治理、绩效和责任法》取代《财务管理和受托责任法》（Financial Management and Accountability Act 1997）和《联邦政府机构和公司法》（Commonwealth Authorities and Companies Act 1997）正式实施。

提交的报告包括：预算前报告、月度报告、半年度报告与年度最终预算报告。预算前报告必须阐明政府的中期经济与财政政策目标，重点强调财政总收入、支出、赤字或盈余以及负债。1998年国会颁布的《预算诚信章程》要求以更透明的方式强化健全财政管理，以及在预算准备期间内报告财政战略和财政展望（见附录1–1）。按照1998年《预算诚信章程》的要求，从1998年开始，澳大利亚联邦政府年度预算报告必须按照中期财政框架的要求进行编制，涵盖当年和之后三个财年在内的四个财年预算。

《预算诚信章程》有两个目标。第一，为政府制定财政政策提供了一个框架。明确指出澳大利亚联邦政府所制定的财政政策的基本宗旨是保持国家经济的持续繁荣和澳大利亚人民的福祉，为此财政政策必须放在一个可持续的中期框架内进行考虑和制定。这种打破了经典预算年度性原则的新规则，成为澳大利亚财政预算管理的基本原则。第二，推动财政政策产生更好的实际效果。实现目标的基础主要有两个：一是财政战略必须基于健全的财政管理原则基础上；二是促进公众对财政政策及其绩效的实际监督，为了更好地接受监督，联邦政府有责任向公众及时发布财政预算等相关信息。为此，《预算诚信章程》明确了健全财政管理的基本原则和三类报告的基本要求。其中，三类报告包括财政战略声明（Fiscal Strategy Statements）、常规财政报告（Regular Fiscal Reporting）、代际报告（Intergenerational Reports）（见表1–1）。

财政战略声明需要阐明联邦政府的财政政策及其目标，并且必须建立一个衡量和评估政府财政战略实施效果的标杆，目的之一是增加公民对政府财政战略的理解。该声明的主要内容包括强调和说明短期财政政策是长期财政目标的组成部分，并且对当期财政年度和今后三个财政年度进行详细说明，需要详细说明的内容包括政府财政目标和政策实施预期效果，并且需要对逆周期财政政策及其实施过程进行详细说明。在每年度常规财政报告中，该声明都会占据重要位置。

常规财政报告或者年度财政报告由财政部门负责，一般指每个预算年度的预算报告或者每一届政府提交的第一个预算报告。主要特点如下：一是涵盖四年的预算信息，集中体现中期财政框架的原则和理念，不仅包括当前财政年度的信息，而且涵盖未来三年的预测信息。这些信息不仅包括财政和其他行政部门提交的预算信息，而且还包括形成预算所需的经济预测等各类信息。二是包括年度绩效评价指标及其预测结果，报告会对当期财政绩效进行评估，标杆

表1-1　　　　　《预算诚信章程》规定的财政报告体系

类别	名称和具体内容		报告目标	报告时间	报告主体
财政战略声明	财政战略声明		增加公民对政府财政战略的理解	每次预算公布时,作为预算文件的一部分发布	财政部
年度政府报告（常规财政报告）	年初财政预算和经济展望报告	预算陈词	阐述和论证本年政府工作的核心目标等	每个预算年度开始时	财政部
		预算一览	对关键性预算总额以及政府预算优先排序的一个概述		
		预算概述	对预算一览的进一步细化		
		预算战略和展望	对国内外宏观经济形势充分评估基础上制定的中期预算战略规划		
		预算措施	提供自上一财年年中经济和财政展望文件发布以来与所有政府决策引起收入、支出和投资活动变化有关的全面信息		
年度政府报告（常规财政报告）	年初财政预算和经济展望报告	政府间财政关系	提供有关澳大利亚联邦政府和州政府以及地方政府之间财政关系的相关信息		
		机构资源	提供有关机构在财政年度内所需拨款的详细信息		
		拨款议案	是政府年初预算的议案形式,在得到君主御准之后将成为正式的法律文件		
	年中经济和财政展望报告		为评估政府的财政行为和制定财政政策提供最新的信息	每年1月底之前或上一预算年度结束后六个月内	财政部
	最终财政结果报告		了解每个财政年度公共预算的执行情况	财政年度结束后的三个月之内	财政部

续表

类别	名称和具体内容	报告目标	报告时间	报告主体
代际报告	中期经济和财政展望报告	评估现行政府财政政策在未来40年内持续影响	在发布上一次代际报告后5年内	财政部
选举前报告	选举前经济和财政展望报告	为经济和财政展望提供最新的信息	大选前10天内	国库部和财政部

资料来源：依据澳大利亚《预算诚信章程法》自制。各报告的详细内容参考附录1-2。

就是涵盖本年度的财政战略声明所列示的目标，通过比较评价来判断当前财年为实现战略目标而达成的绩效。三是严格预测财政风险并做出详细说明，包括或有负债、未列入预算的公开性政府承诺、尚未形成最终结果的政府谈判内容。四是必须有一份内容翔实的债务状况说明或债务情况分析报告。

三、中期滚动预算的编制

（一）中期滚动预算的形式

澳大利亚的中期预算是与年度预算相结合的多年度滚动预算，两者并不相互独立。中期预算是以报告年度为基年的滚动方式编制四年期的预算计划，其不仅有当年预算，还有对未来三年的预计。澳大利亚将预算提交议会审议的预算年度定为第一年，后续的三个预算年度为纯计划年度。由此可见，澳大利亚采用"1＋3"年的规划期间，其中"1"为当前财政年度，"3"为中期规划部分的3个规划年度。中期滚动预算对四年期间的每一年为执行政府职能安排了哪些支出、支出是如何筹措的，作详细、全面的安排。其中前两年着重实际预测，数据的准确性较高，可以作为政府各部门的绩效考核的标准；后两年着重规划，准确性稍弱，旨在对宏观经济形势进行政策性指导。此外，在预算文件中，也会列示已经上一年议会批准正在执行的预算。如澳大利亚2015—2016财年预算文件之一《预算战略和展望》（Budget Strategy and Outlook），其中多个预算表都包括了2014—2015财年、2015—2016财年、2016—2017财年、2017—2018财年及2018—2019财年五个财年的数据。其中，2014—2015财年是正在执行的预算数，2015—2016财年是预算数，而2016—2019三个财年的是预测数（表1-2和表1-3，中英文对照表）。

表1-2　　　　Estimates of expenses by function

	Estimates			Projections	
	2014-15 $ m	2015-16 $ m	2016-17 $ m	2017-18 $ m	2018-19 $ m
General public services	25169	22162	22936	22224	22543
Defence	24612	26348	26106	27631	28783
Public order and safety	4580	4885	4851	4735	4806
Education	31202	31854	33133	34055	35115
Health	67037	69381	71634	74076	76987
Social security and welfare	149107	154000	159654	170719	186869
Housing and community amenities	4940	5329	5242	5041	4553
Recreation and culture	3520	3530	3350	3294	3287
Fuel and energy	6986	6706	6705	6895	7237
Agriculture, forestry and fishing	2731	3063	2930	2780	2408
Mining, manufacturing and construction	3218	3142	3129	3082	3092
Transport and communication	6504	8575	11198	9304	6315
Other economic affairs	10680	9792	8918	8850	8950
Other purposes	80049	85701	92869	99131	108483
Total expenses	420335	434469	452654	471816	499428

资料来源：澳大利亚2015—2016年预算报告，http://www.budget.gov.au/2015-16/content/bp1/html/bp1_bs5-01.htm。

表1-3　　　　　　按支出功能分类的支出估计　　　　　　　　单位：百万澳元

	估计			预测	
	2014—2015年	2015—2016年	2016—2017年	2017—2018年	2018—2019年
一般公共服务	25169	22162	22936	22224	22543
国防	24612	26348	26106	27631	28783
公共秩序与安全	4580	4885	4851	4735	4806
教育	31202	31854	33133	34055	35115
健康	67037	69381	71634	74076	76987
社会保障与福利	149107	154000	159654	170719	186869
住房和社区设施	4940	5329	5242	5041	4553
文化与娱乐	3520	3530	3350	3294	3287
燃料与能源	6986	6706	6705	6895	7237
农业、林业与渔业	2731	3063	2930	2780	2408
采矿业、制造业与建筑业	3218	3142	3129	3082	3092
交通与通讯	6504	8575	11198	9304	6315
其他经济事务	10680	9792	8918	8850	8950
其他目的	80049	85701	92869	99131	108483
总支出	420335	434469	452654	471816	499428

澳大利亚中期滚动预算每年编制一次，每次向前滚动1年。在此过程中，根据经济发展各方面情况的变化，对有关经济指标和财政收支指标进行必要的调整。这样，不仅可以确保与政府宏观调控意向相一致的跨年度项目有足够的资金来源，从而避免计划与实际脱节的现象，而且可以克服年度预算编制过程中的短期行为和随意性，保证国家宏观决策和财政政策执行的一贯性、连续性，保持宏观经济的稳定。与年度预算相比，中期滚动预算将预算的视野从1年扩展到了4年，从而大大提高了政府预算和公共政策的前瞻性，并有助于促进公共政策的连续性。

此外，澳大利亚中期滚动预算从覆盖范围看，其主体内容是一般政府（行政机关）的预算收支，其他公共部门的预算信息作为补充材料。从收支内容来看，覆盖政府的全部收支，包括税收收入和收费收入、经常性支出和资本性支出、债务性收入和利息支出、上级政府补助收入等。

（二）基本编制方法

澳大利亚的中期滚动预算编制方式较为科学，财政收入预算建立在一套科学的经济预测体系基础上，财政支出预算则采取四年滚动预算的办法。每个部门都有一个长期的战略发展规划，部门在编制部门预算时以这个战略发展规划为基础进行编制，每年的预算不仅包括当年的预算，还包括今后三年的预算框架。这样就基本实现了预算与部门发展规划和工作计划紧密的结合，而且延长了预算编制周期，为预算的细化创造了比较好的条件。具体来说，澳大利亚中期滚动预算的基本编制方法可以归纳为：

1. 以经济预测数据为基础

特别是税收收入预测与经济预测的关系最为紧密。预测数据主要有实际和名义GDP、就业率、失业率、消费价格指数等，而且每个财年至少要进行两次经济预测，如4月和11月进行经济预测，分别为6月公布预算和12月更新调整多年度预算中的预测规划做准备（发布《年中经济与财政展望》）。此外，在经济全球化背景下，其经济预测不仅包括本国经济情况，还涉及世界经济和主要贸易伙伴的经济情况。

2. 以财政战略目标为导向

近年来，由于财政赤字严重，澳大利亚2008—2009财年制定了"通过逐年缩减支出而增加未来储蓄"的中期财政框架目标。为此，其中期滚动预算提出年度赤字削减计划，逐步实现财政平衡。如澳大利亚2014—2015财年预算案将政府2014—2015财年的赤字目标控制在298亿澳元，以后逐年有所下降，直到实现收支基本平衡，预计2015—2016财年将赤字降到171亿澳元，2016—2017财年进一步降到106亿澳元，2017—2018财年减到28亿澳元。

3. 按战略优先顺序规划支出

澳大利亚首先是要求各部门按照战略优先顺序提出多年度预算的支出申请，然后提交由总理、国库部长、财务部长、助理国库部长等少数内阁要员组成的支出审议委员会审议。该委员会将根据财政总量控制任务和战略优先顺序的要求，确定可列入多年度支出规划的项目和金额。

4. 以基线预测为核心方法

澳大利亚中期滚动预算以当前年度的政府收支政策、行政和服务成本、物价水平、经济发展趋势为基础，结合未来年度人口变动等客观因素测算未来年度的收入和支出。具体来说，要求采用基线预测法，用以清楚地区分和仔细评估现行政策与新的政策提议的未来成本，在此基础上决定政策取舍、政策重点和优先性排序，以及确定适当的支出水平。"基线"被定义为：假如现行政策和活动继续下去，未来年度的支出或成本将是多少。中期滚动预算要求以执行现行政策和活动需要的后续支出，也就是在假定不变更现行政策、也不出台新的政策的前提下需要的支出，作为支出估计的基线，在此基础上考虑是否应该增加或削减支出。一般而言，预算申请者总是试图申报超出实际需要的支出，而支出审查者则要努力控制支出。中期滚动预算要求以基线作为裁决和解决冲突的基础。基线法要求对执行现行政策在预算年度所增加的支出进行仔细评估，还要求对新出台的政策所增加的成本及成本有效性进行严格的分析和评估，并与可得的预算资源总量进行比较，据以决定是否应该出台新的政策，或停止执行某些现行政策，以确保财政政策的可持续性，以及将稀缺资源优先用于更具价值的政策中。

5. 以结果为导向并注重绩效评价

年度预算因为预算"执行"的时间与支出绩效的"实现"与评估所需要的时间不匹配，不能为绩效导向的管理方法提供有效的框架。而澳大利亚预算编制实行四年滚动制，十分强调年度财政收支计划与中长期财政经济计划的有机结合，既注重财政收入分析，更重视产出与最终目标成果的评估，由此也反映出绩效理念在实际操作中的运用。例如，澳大利亚要求各部门在提交年度预算报告同时，还要报一份类似于合同的报告，详细描述本部门需要提供的服务。财政部门将对照各部门预算和财政计划合同中的各项指标安排，就政府各部门完成任务的质量、数量、时间进度、成本等情况进行考察与评价，并以此作为考察政府部门绩效的主要依据。

（三）编制主体

澳大利亚启动中期支出框架后，其中期滚动预算即是年度预算的一部分，编制联邦政府预算的过程包含了编制中期滚动预算的过程。其预算过程有以下三个显著特点：一是各内阁委员会在预算过程中占据主导地位；二是三个独立的中央机构表现出较为重要的作用（即财政部、国库以及总理内阁部）；三是支出部门的作用较为有限。

澳大利亚以财政部门（国库部、财政部）为主导，制定预测依据、编制原则，负责预算审核和进行汇总。就具体财政管理职能而言，国库部主要负责宏观经济政策以及税收管理，财政部主要负责财政支出管理和预算编制。政府各部门根据预算编制的总体要求，负责编制本部门的多年度收支规划，并报财政部门审核平衡。各级政府的财政部门均设有专门负责战略规划的机构，从事经济和财政预测及多年度预算数据的更新，编制多年度预算文件，提出预算战略和政策建议。此外，专门设置了如"部长高级会议"、"联邦支出审查委员会"、"预算内阁"等机构，分别在不同层次负责审核财政收支。以上部门和机构都不同程度地参与编制中期滚动预算。澳大利亚预算管理的主要部门及其职责参考表1-4，详细的各部门职能介绍参考第五部分——中期滚动预算的参与机制。

表1-4　　　　　　澳大利亚预算管理的主要部门及其职责

主要部门	主要职责
财政部	在初步审定各部门支出预算的基础上，汇编政府支出预算
国库部	负责宏观经济政策的制定和税收征管，并负责编制政府收入预算
总理与内阁部	专为联邦政府总理服务的咨询和办事机构
政府各职能部门	负责编制本部门收支预算
高级部长审查委员会/战略预算委员会	由总理和各部部长组成，主要研究审议各部报送的预算

续表

主要部门	主要职责
支出（收入）审查委员会	由总理、财政部长、国库部长、国库部部长助理、基础工业和能源部长、卫生部长组成，是政府内部最高的预算审批机构
经济预测联合小组	每季度修正一次经济预测，发布经济预测结果
联邦拨款委员会	专就财政转移支付问题提出政策建议
议会	负责审核批准政府预算
公共账户联合委员会	通过检查政府公共账户，深入研究各部门预算编制及预算执行情况，从而实施必要的监督

（四）编制和审批流程

经过多年实践，澳大利亚已经形成规范的中期滚动预算编制程序。澳大利亚的财政年度为每年7月1日至次年6月30日，其编制程序主要有五个步骤：一是国库部与财政部分别对财政收支进行前瞻性预测。主要是假定现有政策不变情况下，对未来三年的财政收支总量及结构进行基准性估计。二是由部长高级会议确立中期政策发展战略。主要是依据对预算年度和中长期财政和经济发展趋势分析，决定政府支出的重点和优先领域。三是由联邦支出审查委员会审查主要支出项目。主要负责汇总和初审预算草案，审查各部门与财政部协商后上报的部门预算及收支建议。四是预算内阁审批预算。五是预算内阁将所有报告上报国会，经过参、众两院审查通过后，成为下年度预算执行的法律性文件。具体来说，预算编制从每年10月正式开始至次年5月国会批准，历时约为8个月时间（见表1-5）。具体的澳大利亚政府预算编制和审批流程参考附录1-3。

表1-5　　　　　　　澳大利亚预算编制和审批流程表

时间节点（段）	事项
9月	确定预算编制时间表
10月	编制部门预算草案
11月	部门预算草案初审
次年1—2月	部门预算草案修改与摘要
次年3月	部门预算草案再审
次年4月	预算草案三审
次年5月的第二个星期二	预算之夜：国库部长提交预算草案

续表

时间节点（段）	事　项
次年5月中旬至6月中旬	众议院和主委员会审核预算
次年6月中旬	参议院委员会督查预算草案
次年6月底	批准预算，（英联邦）总督代表女王同意预算执行

（五）预算估计

中期滚动预算的成败在很大程度上取决于政府进行准确、可靠的中期经济预测能力。预算编制与执行的中心环节也都是围绕预测而展开的。预算估计（Forward Estimate）是一个针对下一年度预算后未来三年的所有收支的滚动基线预测。预算通过后，预算估计中第一年的预测情况将成为下一年预算的基础，同时以后财政年度的预测也会加入到预算估计中来。预算估计是预算过程中完整的一部分。事实上，整个预算过程都是围绕着预算估计展开的。预算估计的出现通常被认为是澳大利亚最显著及成功的预算改革。

在澳大利亚，80%的年度支出是经过"专项"（永久）立法批准的，而剩下的仅20%的部分是通过年度预算批准的，预算估计则包括了以上两种类别的支出，由此可见预算估计的重要性。通过提前考虑他们所能承受的成本，预算估计实质上成了监控和审查"专项"（永久）拨款的载体。

预算估计提供了政府关于未来开支的预备决策。在任何新决策缺失并且对其他物价及数量指数调整适用的情况下，跨财政年度的支出就成为各相应年度的预算。预算估计记录了所有可持续进行的项目开支，并不包括在未来年度新增项目的开支和由于采用改进措施而需扩张的现存项目的开支，因为这些措施都会涉及新的政府决策。1987—1988财政年度的预算是第一个公开的、严格地按照以前年度的预算估计中的数字编制的预算。当时的财政部长指出："通过为预算审议提供一个一致的、持续的基础，同时最小化关于基线预测的徒劳的争论，这些新的程序加强了经费控制，并且提升了政府关注预算内容的实质问题的能力。"

预算估计需要准备和预算案同等程度的细节内容。每一年的预算需要包括其自身的预算数字与前一年的预算估计中第一个跨财政年度（即本财政年度）的预测数字的调整。由于新的政府方针决策（即新的项目或现存项目的扩张）、非经济参数的变化（即要求从特定项目得到利益的人数，如养老金）、宏观经济参数的调整和其他的变化所造成的差别会得到解释和分类。有一些项目同时受到宏观经济（参数）和非经济参数变化的影响。预算估计每年发布两次，分别发布在预算和年中经济及财政展望报告中（Mid‐year Economics and Finance Outlook），如表1-6、表1-7所示。更进一步的不对外发布的更新报告被推行支出审查委员会进程的部长优先使用。最初，所有的预算估计报告都是内部文件，并不对外公开。特别指出的是，预算估计本身并不具有法律效力。编制预算估计的过程在年度内都是被严格管理的，并且对于新的决策或一些潜在的支出规划所使用的假设的变更都给予了相当细致全面的考虑，因此，在任何给定的时间，预算估计都是准确且合时宜的。

表1-6　Estimates of Australian Government general government sector expenses by function

	Estimates						Projections					
	2014-15			2015-16			2016-17			2017-18		
	Budget $m	MYEFO $m	Change on Budget%	Budget $m	MYEFO $m	Change on Budget%	Budget $m	MYEFO $m	Change on Budget%	Budget $m	MYEFO $m	Change on Budget%
General public services												
Legislative and executive affairs	1191	1191	0	1015	1009	-1	1222	1217	0	1045	1037	-1
Financial and fiscal affairs	8513	8328	-2	8585	8427	-2	8797	8582	-2	8799	8556	-3
Foreign affairs and economic aid	6299	6311	0	6125	5177	-15	6704	5409	-19	6733	5442	-19
General research	2651	2875	8	2554	2730	7	2343	2487	6	2387	2533	6
General services	821	864	5	757	765	1	773	779	1	797	802	1
Government superannuation benefits	3709	6179	67	3715	3717	0	3516	3522	0	3290	3288	0
Defence	24197	24994	3	25249	25486	1	25719	26010	1	27632	27489	-1
Public order and safety	4389	4539	3	4098	4394	7	4054	4421	9	4051	4394	8
Education	29553	31200	6	30206	31768	5	31843	32974	4	32788	33982	4
Health	66892	67052	0	68203	68797	1	71797	71456	0	74856	74204	-1

资料来源：2014—2015年中经济与财政展望（Mid‐year Economics and Finance Outlook），http://www.budget.gov.au/2014-15/content/myefo/html/07_attachment_d.htm。

表 1-7　　　　澳大利亚一般政府支出的估计（按支出功能分类）　　　　单位：百万澳元

	估计						预测					
	2014—2015 年			2015—2016 年			2016—2017 年			2017—2018 年		
	预算	年中经济和财政展望	相对预算的变化（%）	预算	年中经济和财政展望	相对预算的变化（%）	预算	年中经济和财政展望	相对预算的变化（%）	预算	年中经济和财政展望	相对预算的变化（%）
一般公共服务												
立法和行政事务	1191	1191	0	1015	1009	-1	1222	1217	0	1045	1037	-1
金融和财政事务	8513	8328	-2	8585	8427	-2	8797	8582	-2	8799	8556	-3
外交和经济援助	6299	6311	0	6125	5177	-15	6704	5409	-19	6733	5442	-19
一般研究	2651	2875	8	2554	2730	7	2343	2487	6	2387	2533	6
一般服务	821	864	5	757	765	1	773	779	1	797	802	1
政府养老金福利	3709	6179	67	3715	3717	0	3516	3522	0	3290	3288	0
国防	24197	24994	3	25249	25486	1	25719	26010	1	27632	27489	-1
公共秩序和安全	4389	4539	3	4098	4394	7	4054	4421	9	4051	4394	8
教育	29553	31200	6	30206	31768	5	31843	32974	4	32788	33982	4
健康	66892	67052	0	68203	68797	1	71797	71456	0	74856	74204	-1
……												

　　财政部负责预算支出报告中的支出及非税收入部分，同时国库部负责税收收入部分。在支出部分，独立机构将提出新的支出法案，财政部的职责就是去判断这些支出的合法性从而保证它们是准确且合理的。另外，财政部将与独立机构共同协作以更新商定由于需求增加而不断上升的成本核算的方法。例如，近几年，因为实际支出持续低于预测值，预测众多社会资产调查项目所需花费的方法被反复检验。此外，财政部对于新的议定的核算方法拥有最终解释权。

　　预算估计是在一个不变的名义价值下准备的。拨款数由于通货膨胀所增加的数额则依据财政部所发布的众多工资成本率来确定。财政部将每年对于所有的运作成本都加以 1.25% 的有效利率作为整个编制过程的一部分。目前，政府对于大多数机构的运转成本已经统一采用 2% 的有效利率。预算估计是在收付实现制和权责发生制下编制的。值得关注的是在澳大利亚的绩效产出框架的内容中，预算估计并不包括任何有关绩效和结果的信息。

　　预算估计的使用成功地鼓励，或在有些时候是强制政府，将作预算决策的时间从一年拉长到四年。对所有新的提案，相关部门都会讨论预测其在四年中的影响。另外，预算估计对于一些特定类别的支出，尤其是在以前的报告年份后增长迅速的资本支出和规划，都会给予特别的关注。这个方法通过保证这些估计反映的是规划的持续花费而不仅是第一年的影响，而甚至是开始几年的，来作用于支出的增长。预算估计中同样将"专项"（永久）拨款包括进日常的预算决策中。

早些时候，预算估计在澳大利亚就被认为是非常积极且公正的。它们通过为必要的财政行动提供恰当的基准，保障了预算程序的稳定与秩序。通过允许所有的政党去关注实质政策和实施问题，预算估计极大地减轻了年度预算编制的负担。预算估计在财政紧张和财政盈余的年份都运行良好。以前，预算估计的用途是为必要的开支削减设立目标。现在，它们是使得这样的自下而上的预算程序可以有效实施的首要前提。然而，预算估计确实在未来的年份中，特别是财政盈余年份，锁定了支出。然而，这一问题被新的"战略评估"所部分解决（参考第四部分中期滚动预算的实施—战略审查系统）。

（六）预测模型

由于各国的宏观经济形势千差万别，并没有普遍适用的财政收支滚动预测工具。为合理地预测宏观经济水平和财政收支，除构建合适的预测模型外，还应该考虑消费、商业、人口等多种因素，并将实际情况与专家意见有机地结合起来。当然，不同的预测工具，其主要区别仍然集中在模型的构建上，变量选取的不同和权重确定的不同都会造成预测结果的不同。普遍看来，大多数国家对宏观经济的预测都采用了结合各类经济指标的复合式预测工具，其中期预算的编制往往将两种方法作为预测的核心技术：一是经济范围相对较小的结构化宏观计量模型，二是结合了国民账户恒等式和其他生产要素的单一结构化计量方程。而这两种方法选择的依据主要是所制定政策的应用范围。

如前所述，澳大利亚财政部主要负责对财政支出和非税收入进行滚动预测，而国库则主要负责对政府的税收收入进行滚动预测。财政部还会和一些独立机构合作，更新预测过程中所使用的工具。例如，由于某项预测工具所得的预测结果持续高于真实值，该项工具即被反复审核并修改。当然，财政部对采用的预测工具有最终决定权。通常情况下，财政部关于财政支出的预测是由部门小组完成，并且由一个五人左右的中央协调小组进行监督，以保证部门小组预测的质量和一致性。一旦季度国民账户公布，预测小组就要对国内生产总值中支出规模的组成部分进行预测，即消费、私人投资、政府支出、出口和进口的预测。具体包括以下内容：（1）单一结构的经济计量方程；（2）财政部预算部门、金融和放松管制的部门的支出信息；（3）州财政部门获取的政府支出信息；（4）从资源和能源局等的专业机构获取的信息。

其中，单方程计量经济模型是财政部预测财政支出的主要手段。财政部开发了一个结合各地20个不同经济数据变量的同一指标，以及时总结财政的支出情况。独立机构也会直接预测新项目的初始成本，财政部只需要验证这些成本的预测过程，确保预测过程的精确度和合理性。滚动预测通常都是以不变的名义价格进行计算的，而各项支出的拨款则采用财政部制定的各项工资成本指数进行平减。目前，财政部每年将以2%的比例提取所有支出，以平减按"名义价格"计算带来的影响。此外，针对部分特殊类型的支出，滚动预算必须延长其考虑范畴，超过三年的限制，例如国防支出项目。确定了现行项目的持续影响，就可以把支出的增长较好地控制在合理的范围内。

澳大利亚国库的收入分析小组（the Revenue Analysis Unit，RAU）约有十名分析师，其每年进行两次预测，以收付实现制进行编制预算。与许多国家类似，澳大利亚国库采用了"自下而上"的预测工具，即根据对相关经济基础的宏观经济预测预测个人收入头寸，然后汇总到总体收入预测从而预测全国税收收入。有时，国库也采用计量经济学的方法来估算税收收入总额。随着时间的推移，投资模型改进了个人收入模型，因此国库也更加重视采用这些模型来进行收入预测。在很大程度上，经营盈余总额（Gross Operating Surplus，GOS）是与经济收入相关的国民核算尺度。但是，为了进行收入预测，必须要对经营盈余总额进行调整，才能用以描述应税企业利润。例如，企业经营盈余总额是在扣除折旧费和偿债利息开支前进行测量的。对于其他收入总目，如消费税，可以更直接地使用由经济发展部提供的经济基础预测，而不需要过多的调整。计量技术通常不需要揭示收入头寸和计税基础之间的定量关系。这是因为，从概念上看，在平滑税率下的收入头寸对计税基础的弹性是1。直观地说，这意味着征税基础每增加百分之一，税收收入增加百分之一。收入预测模型可以形成对上一收入年或获利基础的预测，但这些预测需要进行调整。原因在于支付安排引起了经济活动和收到相关收入之间的时间差。例如，60%的企业所得税在产生利润当年收到，剩余的40%只能在接下来的一年收到。然而，按照这种方法进行预测，必须提高对每一个征税基础的了解。一旦征税基础的单个组成部分不符合宏观经济预测的趋势，那么其将会得到一定调整。相关分析师往往按照时序调整应计费用的预测，从而形成以收付实现制为基础的收入预测。当然，分析师必须与同事及管理层讨论预测情况，预测的结果也受到正式的同行评审。

数据的局限将会严重影响模型的准确度，其包括以下几个方面：(1) 所得税纳税申报数据的长期滞后，包括广大纳税人的数据发布接近滞后两年；(2) 纳税申报项目的整合性不足，特别是企业纳税人的申报项目；(3) 数据完整性问题不足。考虑到以上问题，除广泛地收集相关数据外，澳大利亚国库还从以下几个方面对预测工具进行了改进：(1) 提高模型与经济基础的统一性；(2) 使用微模拟技术。微模拟模型对在单个行为体的层面进行运行，如个人、家族或公司。通过这样的模型模拟，将大量具有代表性的低级别群体聚集起来，以得出适用于更高级别的集合的结论，如整个国家的政策。

此外，澳大利亚国库发展出了一套财政总预测模型（The Fiscal Aggregate Projection Model，FAP mod）用以进行中期财政预测。若以2014—2015年预算案为例，财政总预测模型的起点是已经公布的上期预算数据（2013—2014财年数据）和当期预算数据（2014—2015财年数据）。同时包括由财政部门颁布的今后三年的财政和经济预测数据和规划数据（有关澳大利亚各预算规划期的划分可参考图1-2）。在财政预测基础上，再加上包括人口、社会参与和生产率在内的各类规划模型之后，就形成了代际报告（Intergenerational Reports）。反过来，这些规划又成为各种相互独立且彼此联系的各类模型的基础。这些相互独立又彼此相关的模型包括财政收入模型、健康模型、收入补助模型、教育与培训模型、老年人看护模型、政府雇员的退休公积金模型等（见图1-3）。其中，预算估计被视为澳大利亚预算改革最成功的部分，也是整个政府预算的重要组成部分。因为，该预测反映了联邦政府当期和今后三年内的全部预算收入和支出规模。对于澳大利亚联邦政府来讲，年度预算中，80%的预算支出由"特殊的"（永久的）立法规定，仅有20%的支出才是真正通过年度预算的方式进行分配的。所以，预算估计就变得很重要，这种制度设计可以更好地监督"特殊的"法定支出的成本及其效果。同时，它也有助于实现《预算诚信章程》要求预算更加透明和负责任的基本要求。

第一章 澳大利亚中期滚动预算

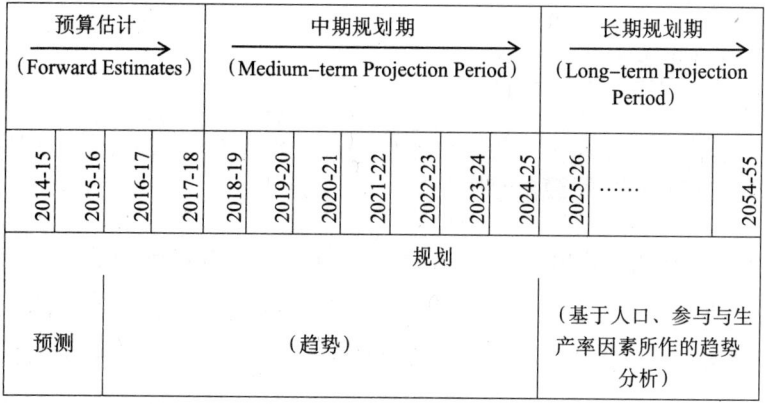

图1-2 澳大利亚预算规划期

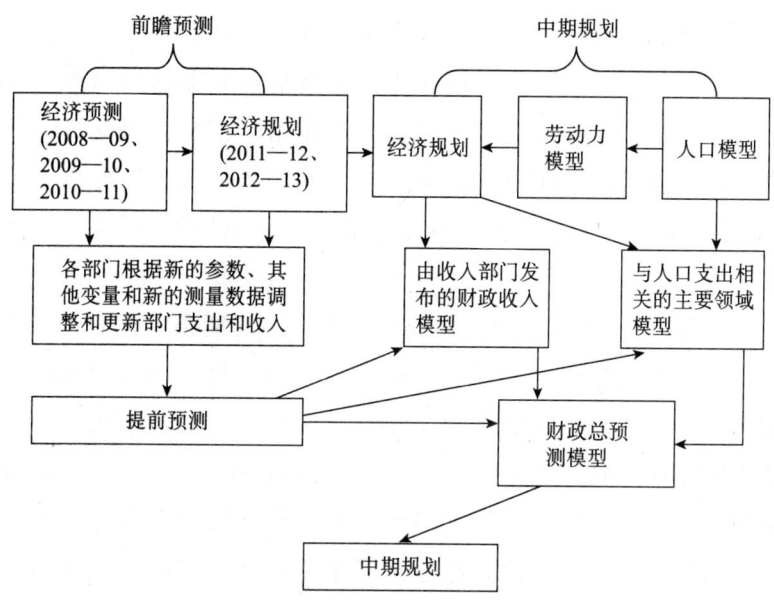

图1-3 澳大利亚联邦政府财政总预测模型（FAP mod）示意图

注：该示意图展示了2009—2010财年中期预算规划的形成流程。

资料来源：Woods et al. (2009), Treasurer of the Commonwealth of Australia (2010)。

近年来，预算预测还成了衡量财政部工作绩效的标准：一般要求预算预测同实际结果相差不应超过0.5%。同时，预算预测也是公共部门人员工资的指示器，一旦设定了相关的财务指标，各个执行部门除非得到批准或是提起新的增支提案，否则很难再进行人员扩张。并且，随着精确的会计系统和高级的信息管理系统的出现，滚动预算预测的数据越来越可靠，也越来越有连续性。

四、中期滚动预算的实施

（一）中期滚动预算的约束力

自 1987—1988 年度开始，滚动的多年期远期预算逐渐成为年度预算体系的基础。远期预算是对预算年度之后三年所有收支的滚动预测。例如在 2014—2015 年度预算中，远期是指 2015—2016 年度、2016—2017 年度和 2017—2018 年度。当预算年度结束，第一年的远期预算成为下一年预算的基础，同时远期预算再向后顺延一年。年度预算经议会的表决批准后成为正式的法定文件。中期滚动预算中的远期预测部分虽不具有正式的法律效力，但也要经议会讨论通过。事实上，年度预算的编制要参考远期预测结果，因此远期预算也对年度预算起到直接并且相当的作用。在澳大利亚的中期滚动预算中，第一年是本年的年度预算，第二年、第三年和第四年则相当于政府的一种预算承诺，必然对以后三年的年度预算产生直接的指导作用。

由此可见，中期滚动预算并非一个法定的年度资金分配方案（因而立法机关只审查不表决），而是导向性的或指示性的。远期预算代表着暂定的政府未来支出决策。在没有新的决策，以及不作价格和数量调整的情况下，远期的支出就会成为各自年度的预算。远期预算记录了所有正在进行项目的成本，但不包括未来几年政府可能推出的新项目，或因新政策措施导致现有项目的扩大。编制远期预算的要求与编制当年预算一样，同时以收付实现制和权责发生制为基础编制。每年的预算都包括当年预算数与前一年远期预测数之间的调整。差异被解释为政府新政策决定（比如新项目或扩大现有项目）、非经济因素变化（比如养老金等项目的申请人数）、宏观经济因素调整以及其他变化。全年的远期预算不是一成不变的，它们处于不断修正过程中，从而确保任何新的决策或基本支出预测假设的改变都考虑在远期预算中，以便在任何指定的时间内，它们都是准确和最新的。

保持预算与经济形势的协调采用中期滚动预算可以赋予经济部门更多权利和积极性，提高预算更新和修改次数，使预算的编制和变更调整更加灵活，确保预算与实际相一致，更好地服务于当期的经济发展。目前，澳大利亚则每年更新 4 次预算方案。其预算估计是由各经济部门独立作出。这些支出估计是澳大利亚集中化的"资源管理的财务信息（FIRM）"（Finance Information on Resource Management）系统的重要组成部分之一。

此外，财政部门与支出部门被要求采用"基线"来制定和更新预算估计，以反映经济、技术和政策变化对政府决策与预算的影响。对于新的政策和项目提议，同样采用基线（线上部分）法和相同的程序。实践表明，基线方法将各部门的关注焦点从"能够得到多少"引导到"如何更好地实施政策和规划"方面来，而且大大增强了预算编制的预见性。

（二）新项目加入中期滚动预算

在将相关项目列入澳大利亚中期滚动预算之前，各支出部门需编制其"投资组合预算报告"文件。这些通常包含投资项目背景信息等内容。原则上，每个项目都应编制一份相关文件，而实践存在大型、交叉的复杂项目，此类项目可能编制多份预算报告文件。提交的材料必须包含完整地成本计算，同时该成本计算需得到财政部的同意和认可。这个步骤通常发生在每年的一月或二月。可能的分歧通常出现在运行成本规模等方面。为使项目能够批准，并列入预算中，财政部往往会削减项目初始预算成本的30%。针对每次提交的文件，财政部会编写所谓的"绿报"（Green Brief），以总结提案中的有用信息，同时从财政部的角度对提案进行评估。2006—2007财年中，财政部共编写了44份"绿报"；2007—2008财年中，财政部共编写了78份绿报。此外，支出部门的预算报告文件将同时汇总到三个独立的中央机构（财政部、国库以及总理内阁部），部分提案还会上交到其他机构。各机构会对提案作出反馈意见，并汇总到支出审查委员会。

到三月，支出审查委员会将开会讨论，提案的项目是否应该列入预算中。通常在四个星期的时间内，支出审查委员会将召开约10次会议。财政部和国库会提交更新的经济和财政背景说明，协助支出审查委员会作出最后的判断。在会议上，支出部门的相关负责人会对提案进行说明，由委员会成员进行提问。根据提问的结构，支出审查委员会将会作出决定，提案中的项目是否应得到支持或拒绝，或是否应列入预算。此时，财政部扮演着支出审查委员会秘书处一角，其在讨论中提供支出审查委员会制定的"评分表"，记录提案项目在滚动预测中的财政影响。最终，支出审查委员会的结论会被提交到首相处，进行批准。

（三）现存项目的复审—战略审查系统

澳大利亚已经找到了复审现存规划项目的最优方式。十年前最常见的方法是所谓的"失效审查"（Lapsing Reviews），即指政府若未能通过政策更新规划项目，此项目会被废止。虽然复审能保证进行，但由于审查并未给这些项目带来显著的变化，致使失效审查变成了一种呆板且无效的措施，尽管这些审查的次数是足够的（在2004—2005财年和2006—2007财年之间进行了149次失效审查）。

由于失效审查的废除，澳大利亚在2007年推行了一个新的战略审查系统。战略评估提供了一个针对规划项目的总体集合的全盘视角。它的目标是规划的适宜性、效果性和效率性，并且保证这些规划与政府的所考虑的轻重缓急是一致的。它的目标并不是达到节余。基于三大政府中心机构的建议，审查的执行者将通过战略预算委员会或支出审查委员会进行委派。需要审查的范围通过多项条件来决定，如政府所制定的优先级别、规划项目的增长情况和继上次审查后的时间间隔。

每年至多将有七个大项和七个小项的审查，这些审查通常于一月或二月开始开展，一般需要3至6个月来完成。也就是说，下一年的预算编制时将会优先得知战略审查的结果。

审查的团队通常是以财政部为基础确定的，审查的过程也是完全独立于负责这一规划项目的机构的，外部专家也会经常在审查中使用。审查可被学者、商业领袖、前高级公务员或出于支持目的的现任高级公务员所领导。财政部将会组建一个特殊的单位用于协作和支持审查。重要的是，财政部的司务员会负责处理与非直接介入的机构的日常联系，这极大地减少了机构认为审查仅是一个支出节约情况的检查的可能性。

2007年进行了两次试点审查。2008年，政府委任了四次审查。另外，在战略评估框架体系下，政府正在进行一个更加完备的支出审查。虽然目前为止战略评估的运行结果良好，但是现在评估这一新的框架体系仍然太早。在这一点上，战略审查并不是作为节约情况的检查并且外部团体在这一过程中也是居于一个重要的地位的。

五、中期滚动预算的参与机制

澳大利亚政府中期滚动预算管理过程中涉及的部门包括：财政部、国库部、总理与内阁部、政府各职能部门、高级部长审查委员会/战略预算委员会、支出（收入）审查委员会、经济预测联合小组、联邦拨款委员会、议会和公共账户联合委员会。

（一）三大核心部门：财政部、国库部和总理与内阁部

澳大利亚预算制度中的三大核心部门分别是财政部、国库部和总理与内阁部。在1976年以前，澳大利亚的国库部与财政部都是同一部门。1976年时，时任总理对财政部（The Treasury）的经济建议严重不满，将国库部拆分为国库部（The Treasury）与财政部（The Department of Finance），由财政部负责预算中的支出方面，国库部则负责宏观经济与税收方面的问题。一些澳大利亚的学者认为，国库部分为两个独立的部门有好处：其一，打破了国库部独立垄断信息的局面，两个部门分享信息，内阁以及其他部门也分享信息。其二，两个部对一件事件的建议可以互相补充，内阁会议讨论任何有关财政事情时，可以听到两个声音，如果一致更好，不一致则有了讨论机会，打破了一个声音的局面。其三，对支出控制的权力更加集中。但是也有坏处：第一，由于两个部的存在，也常常发生权限纠纷。第二，主要看两个部长的政见和个人态度，能不能合作，有时好一些有时差一些。

新设立的财政部从组织架构到机构职能上都接近于中央预算办公室：它在初步审定各部门支出预算的基础上，汇编政府支出预算；它对预算会计与政府财务实行监管；它分析政府支出开展并就支出调整给出建议；它对内阁的支出审核委员会有重要影响。具体来说，财政部主要负责政府采购与政府支出，以公共部门为工作重点，即负责财政预算执行的日常工作，如制定相关定额指标、编制支出预算、拨付财政资金、绩效考核、定期向议会、政府报告等。

国库部虽然主要负责宏观经济政策的制定和税收征管，但也与支出面相关。国库部的预算政策组有点像政府支出的"智库"，在组织架构上与每一类政府部门相对应，就像典型的预算办公室一样。此外，国库部直接负责与州

（领地）政府的财政关系，这是澳大利亚财政中的一个主要而敏感的话题。国库部下设税务局、统计局、金融监督管理局、证券及投资管理委员会、公平竞争委员会，主要侧重于宏观管理，具体负责经济预测分析、财政收入预算编制、税收政策、税收征管、国债发行、制定财政政策、参与货币政策、产业政策、国民经济发展规划的制定、维护市场经济秩序等。

总理与内阁部作为战略预算委员会、支出审核委员会的秘书处的一部分，其主要作用是协助确定预算草案中的重点内容。总理与内阁部设有官员与每一类政府部门一一对应，这些官员综合考虑政府的政策目标、经济与财政战略和部门手中的政策目标，就支出与收入提案给出建议供总理参考。

三大核心部门间的关系错综复杂，但大部分情况下它们表现出相互配合、相互补充的姿态：财政部负责预算中的支出审核，国库部负责预算中的结构调整，总理与内阁部负责大的方向。但财政部和国库部的职责划分还应当更清晰一点，并且三大核心机构之间协调关系、达成一致需要在时间上、资金上要付出不小的成本。

（二）政府部门与机构

在澳大利亚，政府部门（department）及其下属机构或相关机构（agency）是作为一个整体编制、提交预算草案的，政府部门是这个整体的核心，然而实际中政府部门并没有在这个整体中发挥协调作用，每个单位均直接向部门首长汇报而无视政府部门，财政部也特别关照占据总支出99%的最大的50家政府机构。造成这种奇特局面的原因有多个，其中最主要的原因是法律上，相应的受托责任落在部门首长和机构负责人的头上，核心政府部门即使想要扮演协调角色，也没有法律上的依据。在澳大利亚目前的财政环境下，每家较大的政府机构相当于一个独立的单位（不受到所属政府部门的约束）参与到预算程序、中期预测程序中，在本机构的资源配置上，它们有较大的自由裁量空间。这并不是说政府机构在财政资金上享有较大灵活性是件坏事。事实上，澳大利亚作为这方面的先锋，结果还是相当不错的。

（三）高级部长审查委员会/战略预算委员会

高级部长审查委员会包括总理、副总理、国库部部长、财政部部长等首长及首长们的高级政策建议人员。此外，三大核心机构的高级官员也常常参加高级部长审查委员会。总理与内阁部是高级部长审查委员会的秘书处。高级部长审查委员会在预算程序开始时召开会议，确定预算草案的战略方向、工作重心，并就实现财政目标的手段给出建议。在财政紧张时，高级部长审查委员会将设立减少支出的总体目标；在财政宽裕时，将主要专注于精选出许多能够产生积极效果的新提案。

2007年，新政府以正式的内阁委员会——战略重心与预算委员会——代替了非正式的高级部长审查委员会。战略预算委员会人员构成和高级部长审查委员会基本一致，他们在11月或12月展开对各部门预算草案的研究审议，确定预算草案中的工作重心。战略预算委员会会在正式内阁时间将审议结果通报各部部长，较多的新政策提案会被战略预算委员会枪毙，但部长可以调整政策方案后再次提交给支出审核委员会以进行申诉。

（四）支出（收入）审核委员会

支出审核委员会作为政府内部最高的预算审批机构，是内阁中历史非常悠久的机制。支出审核委员会的组成人员不固定，但通常包括总理、财政部长、国库部长、副总理和一两名负责部门预算案提交的部长，如卫生部长、工业和科技部部长等。相较战略预算委员会，支出审核委员会侧重于支出约束与财政责任，更注重操作性和适用性。它决定机构提案是否可以获得财政资金、可以获得多少财政资金。在财政紧张时期，支出审核委员会将在战略预算委员会的基础上，进一步确立压缩开支目标，并确保各部部长按压缩开支的目标行事。在财政宽裕时期，支出审核委员会则侧重于砍掉新政策提案。支出审核委员会的结论将作为对预算内阁的正式推荐。

2007年政府换届后，支出审核委员会由过去的仅在预算编制过程中开会变成了在整个预算年度中定期开会。这一变革是为了加强对"预算草案之间"的提案进行严格审查，进一步加强了财政监督。

收入审核委员会成员包括总理、副总理、国库部长、国库部长助理、财政部长等，通常在支出审核委员会的建议送呈内阁之后开会。在会议期间，国库部长将介绍最新宏观经济状况与收入预期。此外，收入审核委员会决定大的税收政策。传统上，内阁把支出与收入分开讨论，但2007年政府换届后决定由支出审核委员会处理收入措施。

（五）经济预测联合小组

经济预测联合小组由国库部、澳大利亚储备银行（中央银行）、澳大利亚统计署、财政部、总理与内阁部组成，财政部官员出任主席，负责经济预测的质量控制。小组每年会商四次，它提出经济预测，因此也是经济及财政政策调整的第一步。预测报告运用各种方法，包括数理经济学的方法，对过去10年进行分析，对未来一年和数年进行预测，提出总的经济发展趋势和宏观调控的建议。在一个预算年度里，经济预测联合小组成员之一的国库部每季度修正一次经济预测，但只发布两次：一次在预算案中，一次则是《年中经济与财政展望》（MYEFO）。

经济预测在国库部的税收收入预测中发挥重要作用。国库部与澳大利亚税务司和澳大利亚海关共同探讨可以筹集到多少税收收入。税收收入的预测值会根据最新的经济预测值/产值调整，在过去几年里，财政部安排了大量资金来提升收入预测能力，特别是经济预期与税源之间的关系。

（六）联邦拨款委员会

拨款委员会始建于1933年，是一个独立的法定机构，就财政转移支付问题提出政策建议，主要负责制定商品和劳务税的拨款计划，计算拨款标准，以保证商品和劳务税拨款均等化目标的实现。

（七）议会

负责审核批准政府预算。参议院设有"银行、财政和公众管理委员会"。众议院则设5个（A、B、C、D、E）预算委员会，专门负责有关预算审查工作。

（八）公共账户联合委员会

公共账户联合委员会是国会两院的派出机构，行政上独立，直接对国会负责。委员会15名成员，其中5位由参议院指定，10位由众议院指定。该委员会通过检查政府公共账户，深入研究各部门预算编制及预算执行情况，从而实施必要的监督。

六、中期滚动预算的绩效评价

澳大利亚预算绩效指标体系一般由公平、效率和效果三个要素（部分州还强调了经济性）构成，主要表现为投入、产出、效率、结果四个方面。指标体系设计主要考虑数量（通常指政府提供服务的受惠人数、项目个数等数量指标）、成本（指预算支出金额）、质量（通常指公众满意度，政府提供服务的合格率、达标率等比率数值）和时效（通常指政府提供某项服务所需花费的平均时间）四方面因素。不仅关注政府组织履行职责的最终效果，而且关注为取得最佳效果的创新能力、内部业务流程、行动计划等能力类和过程类指标。

澳大利亚联邦财政部对绩效指标数据质量作出明确规定：一是及时性，即数据在合理的时间内取得，避免因数据过时而造成统计信息不准确、无法体现当前绩效真实情况等问题；二是实用性，即使用具有可操作性的考评方式和数据采集系统；三是可比性，即可以在同一类目标群内或相似项目间进行比较；四是准确性，即能够清楚、准确地计量相关数据；五是平衡性，即在实现预期目标有效、及时、适当等方面要体现平衡性。

澳大利亚绩效评价强调评估主体的多元化和公民的广泛参与性。主要有以下三种方式：

一是综合绩效评价。即全国政府服务整体绩效评价，组织者是总理内阁部内设的政府服务筹划指导委员会，每年一次。对澳大利亚政府提供的服务进行绩效评价，强调政府的整体服务情况和经济建设、社会发展的综合指标，是在政府职能定位、公众满意程度等方面对政府服务综合绩效的一种考核，主要在教育、卫生、司法（包括警察和法院）、应急管理、住房等7个重点领域进行。

二是部门绩效评价。澳大利亚联邦财政部规定，各个部门在绩效信息、绩效考评办法、绩效评估和绩效报告等方面，都应当依据财政部制定的原则进行管理。各部门按季度提交部门绩效评价报告，主要包括本年度计划绩效指标与实际执行情况的对比、与以往年度绩效指标实现情况的比较、对年度绩效计划的评价等内容。财政部门先对各部门提交的绩效评价报告进行审核，年度报告将报议会审议通过。主要评价绩效目标的完成情况与所使用的资源是否匹配、各项支出的合理性、绩效信息的可信度以及评价方法的科学性等内容。评价结果及时反馈给各部门，并将作为下一财政年度战略目标和预算安排的参考。

伴随着越来越多的权力下放，澳大利亚政府改变了对部门绩效评价的一些强制性要求，由各部门自行准备评价方案。为指导部门开展绩效评价工作，联邦财政部会不定期向部门提供一整套"做得更好的绩效评价案例"，供各部门参考。评价方案每三年需要重新进行一次调整和测算，如果部门在一个财政年度有新的预算开支项目，也需要重新准备评价方案。

三是绩效审计。澳大利亚《审计长法》规定，联邦审计署可以对政府任何机构、企业、项目、行业进行绩效审计。绩效审计是通过检查和评估资源使用、信息系统、风险管理、提供产品和服务、遵守法规和职业道德、监督控制和报告系统以及运营考核等，来衡量公共部门管理的经济性、效率性和效果。其目标在于通过有效的审计过程和提供《良好实务指南》等审计成果，强化公共机构的行政效率及社会责任，并帮助公众对这些机构和事业进行有效的监督。

七、中期滚动预算的特点

澳大利亚中期滚动预算的特点可以归纳如下：

一是体现了以合理预测为基础的前瞻性。澳大利亚很重视预测质量，采取了在财政部门内部设立专门机构，以及与银行、私人预测机构进行信息交流等措施确保预测信息更加精准合理。同时，还根据情况变化对中期预算数据进行调整并公布，促使财政资源的分配和管理更具前瞻性。

二是体现了明确战略目标的导向性。澳大利亚在中期财政预算编制中突出经济和财政中长期战略的要求，确保经济和财政战略得以贯彻落实。例如在全球金融危机后的经济财政战略目标是加快经济的恢复发展和改善财政收支平衡状况，因此其近年来的中期财政预算着重财政总量控制，减少赤字与债务，并在支出方面强调支持战略优先领域的发展。

三是体现了覆盖内容的全面性。澳大利亚的中期预算覆盖了政府（以一般政府为主）全部收支的内容；包括了多维度的中期预测和规划，如通过编制中期政府资产负债表和运营表，对政府财务状况和运营服务成本进行预测和规划等。此外，政府各部门的全面参与也保证了信息的全面性。

第一章 澳大利亚中期滚动预算

四是体现了与财政制度整体的协调性。中期财政预算已成为澳大利亚财政管理的主要内容，与预算绩效管理、税收制度、预算资金分配制度、权责发生制政府会计和政府间财政关系等基本保持协调一致。

五是体现了预测年度数据的非直接约束性。在澳大利亚的中期财政预算中，只有年度预算的内容须经议会批准并有直接约束性，预测年度的预测数据不需经议会批准，也不具有直接约束性，主要为政府决策和议会审议预算提供决策参考，但它对政府决策和各部门间的预算竞争仍起到重要的制约作用。

六是强化了公开透明和受托责任。澳大利亚的中期财政预算是完全公开透明的，包括详细的预算收支信息、政府财务报告（包括资产负债表等财务报表及表外信息）、财政战略和政策、中期预测的假设条件以及数据调整计划等，而且在每财年结束后要发布财政结果报告，对比预算和实际执行结果，反映政府履行受托责任的情况，接受社会监督。

七是强化了预算过程中的激励和约束机制。包括为减少政府部门年底突击花钱的弊病，允许部门预算结余结转至下年使用；对项目超支的部分允许从国库部专属的机构借贷资金，用以后的盈余偿还，对不能履行偿还责任的部门负责人撤职处理；设立预算审计制度，通过外部审计监控和约束政府部门的预算行为。

此外，澳大利亚中期滚动预算的一些特征可参考表1－8。

表1－8　　澳大利亚中期滚动预算特征总结

项　　目	特点
中期滚动预算的期间	4年
中期滚动预算的覆盖范围	整个一般政府部门
经济条件假设由负责	中央预算办公室
新支出的中期成本估计	所有支出项目
部门支出限额的基础	中期滚动预算
部门支出的决定	内阁
国会是否有预先的总预算安排	否
预算目标制定之前经过事前协调	是
通过经常性的报告对预算目标进行正式监督	是
矫正机制	是
对中期支出目标的修改	期间结束之前

资料来源：OECD：World bank budget practices and procedures。

白彦锋："建立中期预算框架的国际比较与借鉴"，《中央财经大学学报》，2009年第9期。

八、中期滚动预算的实施成效

澳大利亚实行中期滚动预算已有 20 多年,主要成效体现在以下四个方面:

一是改善了政府财政平衡状况,加强了财政可持续性。澳大利亚在 20 世纪 90 年代中期采用中期滚动预算以后,很快实现了预算收支平衡和盈余。在 21 世纪全球金融危机以后,较快地减少了财政赤字和债务,与欧盟和美国等国家相比,财政赤字和债务都处于较低水平。澳大利亚从 1998—1999 财政年度重新出现财政预算盈余开始,到 2007—2008 财政年度为止,十年间一直保持财政结余,除了 2001—2002 财政年度出现少量财政赤字(见图 1-4)。同时,联邦政府债务总规模和净债务占 GDP 的比重都在持续下降,2005—2006 财年至 2008—2009 财年,澳大利亚联邦政府总资产超过总债务,出现净收益。根据 OECD 最新统计的 2013 年数据,澳大利亚联邦政府债务总额占 GDP 的比重为 34.4%,而日本是 227.2%,英国 107.0%,美国 104.1%,欧盟 15 国为

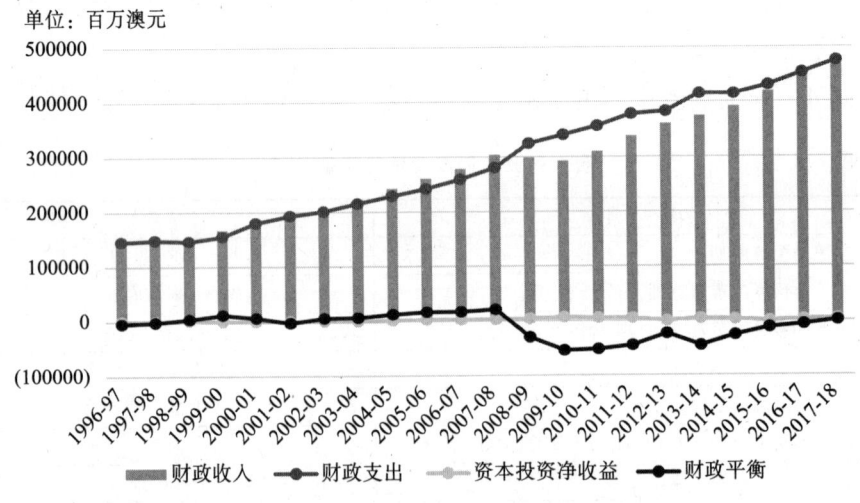

图 1-4 澳大利亚政府财政收支与财政平衡(1996—2018 年)

注:2013—2014 至 2015—2016 三个年度的数据是估算数,2016—2017 和 2017—2018 两个年度的数据为计划目标数。

资料来源:澳大利亚 2014—2015 年度政府预算报告,http://www.budget.gov.au/2014-15/content/bp1/html/bp1_ bst10-05.htm。

106.4%，OECD 总体债务水平是 110.3%[①]。另外，2008—2015 年间，澳大利亚真实 GDP 增长率平均保持在 2.6%，该增长率远远高于其他主要经济体。尤其在 2009 年，全球危机造成美国、英国、日本、意大利和欧元区等主要国家和地区的经济迅速下滑时，澳大利亚的真 GDP 增长率还能保持为 1.5%。

二是促进了政府经济和财政战略的贯彻实施。澳大利亚的中期滚动预算始终坚持以财政战略为导向，按战略目标要求进行总量控制，按战略优先顺序安排支出，为政府财政战略的贯彻实施提供了保障和控制手段。

三是加强了财政资源分配的统筹性。实行中期财政预算和相应的分配机制，要求各部门加强自身的多年度计划能力、部门间横向分配的规范化和年度间纵向分配的连续性，避免了决策的碎片化，提高了预算决策的整体有效性。

四是提高了经济和财政预期的确定性。通过中期财政预算的编制和公开，公众对政府在未来年度的财政战略和政策、政府当前和未来的财务状况有了更多的了解。而由于中期预算的公开透明和问责，政府对已有的政策和承诺进行调整时也会比较注意，有利于社会各界形成比较确定的预期和理性的经济决策。

九、中期滚动预算的争议、面临的调整和问题

但是，通过实践发现，中期滚动预算也存在一些问题。其中，批评最多的就是关于预算估计的准确性，估计可能偏差大，准确程度不高。澳大利亚每一年的预算过程均会考虑到对以往年度滚动预算预测值的调整。最终的预算报告还会解释当年真实值和以往预测值的差异，形成这些差异的原因包括新项目的推行、非经济指标的调整、宏观经济指标的改变等，部分差异的形成还受到宏观经济因素和非经济因素的共同影响。表 1-9 和表 1-10（中英文对照）列示了 2013—2014 年预算案对一般政府收入的估计、2013—2014 年中经济与财政展望报告对一般政府收入的估计，以及 2014—2015 年预算案中对一般政府收入的估计。这三次预算估计都存在一定的偏差，有由于政策原因造成的，此外还有因为各种经济和非经济的参数和变量的变化所造成的。

---

① OECD (2013). OECD Economic Outlook No. 94 database. http：www.oecd.org/eco/。

表1-9　Reconciliation of Australian Government general government receipts estimates from the 2013—14 Budget and the 2013—14 MYEFO

	Estimates			Projections	
	2013-14 $ m	2014-15 $ m	2015-16 $ m	2016-17 $ m	Total $ m
Receipts at 2013—14 Budget	375993	401171	428931	453642	1659738
Changes from 2013—14 Budget to 2013—14 MYEFO					
Effect of policy decisions	2741	-2374	-1163	-43	-839
Effect of parameter and other variations	-13804	-16054	-18684	-20783	-69325
Total variations	-11063	-18428	-19847	-20826	-70164
Receipts at 2013—14 MYEFO	364930	382743	409084	432817	1589574
Changes from 2013—14MYEFO to 2014—15 Budget					
Effect of policy decisions	-2	673	1916	2786	5373
Effect of parameter and other variations	-1432	2362	-573	1247	1604
Total variations	-1434	3035	1343	4033	6977
Receipts at 2014—15 Budget	363496	385778	410427	436849	1596551

资料来源：澳大利亚2014—2015年预算报告，http://www.budget.gov.au/2014-15/content/bp1/html/bp1_bst5-03.htm。

表1-10　从2013—2014年预算和2013—2014年中经济与财政展望至今澳大利亚政府一般政府收入估计的变化　　单位：百万澳元

	估计			预测	
	2013—2014年	2014—2015年	2015—2016年	2016—2017年	合计
2013—2014预算案的收入	375993	401171	428931	453642	1659738
2013—2014预算案到2013—2014年中经济与财政展望报告的变化					
政策的影响	2741	-2374	-1163	-43	-839
参数和其他变量的影响	-13804	-16054	-18684	-20783	-69325
总变化	-11063	-18428	-19847	-20826	-70164
2013—2014年中经济与财政展望报告的收入	364930	382743	409084	432817	1589574
2013—2014年中经济与财政展望报告至2014—2015预算案的变化					
政策的影响	-2	673	1916	2786	5373

续表

	估计			预测	合计
	2013—2014年	2014—2015年	2015—2016年	2016—2017年	
参数与其他变量的影响	-1432	2362	-573	1247	1604
总变化	-1434	3035	1343	4033	6977
2014—2015预算案的收入	363496	385778	410427	436849	1596551

附录1-1 《预算诚信章程》

《预算诚信章程》（Charter of Budget Honesty Act 1998）作为深化财政预算信息公开方面的法律，于1998年获得议会通过。该法律规定财政部应定期制定和公布财政预算报告及预算执行报告，并规定了财政预算报告的内容、编制程序、编制原则、公布时间等。

《预算诚信章程》共八章三十二条。分别就立法目的、基本原则以及诸项报告的内容作出规定（见表1-11）。第一章第1条规定："《预算诚信章程法》是联邦政府财政政策实施所依照的基本框架。该法通过要求财政策略要遵循稳健财政管理的原则和促使公众对财政政策及其表现进行监督，从而达到提高财政政策效率的目的。"《预算诚信章程法》第一章第2条就财政部应该定期编制和公开的财政报告进行了规定，包括年度财政报告、代际报告、选举前财政和经济展望报告和选举承诺成本[①]，其中年度财政报告包括年初预算经济和财政展望报告、年中经济和财政展望报告及最终预算结果报告。

表1-11   《预算诚信章程》概览

章	标题	条目
第一章	目的和总览	第一条至第二条
第二章	说明	第三条
第三章	稳健财政管理的原则	第四条至第五条
第四章	财政战略声明	第六条至第九条
第五章	年度政府报告	第十条至第十九条

[①] 选举承诺成本报告不是强制应公开的报告。每当举行大选前，联邦政府、反对党或者少数党领袖（如果首相同意，参考他们的诉求）可以要求财政部和国库部部长准备他们公布过的所有政策的开支，并随后公开这份开支报告。

续表

章	标题	条目
第六章	代际报告	第二十条至第二十一条
第七章	选举前经济和财政展望报告	第二十二条至第二十八条
第八章	选举承诺成本	第二十九条至三十二条

资料来源：依据澳大利亚《预算诚信章程》自制。

《预算诚信章程法》第三章规定了该法的基本原则——合理财政原则，第4条则规定：（1）政府的财政政策应当以保持经济持续繁荣以及促进人民福祉为导向，制定可持续发展的中期战略框架；（2）为了实现这一目标，政府应当以合理财政为基本原则制定财政政策。

《预算诚信章程法》第四章对财政战略声明的编制、公开及内容进行了规定。第7条指出财政战略声明的目的是增加公众对联邦政府财政战略的关注和建立一个评估政府财政政策执行情况的标准。《预算诚信章程法》第五章就各项年度政府报告（年初预算经济和财政展望报告、年中经济和财政展望报告和最终预算结果报告）的编制和公开主体、公开时间、报告内容及报告目的进行了规定。第六章规定了代际报告的编制主体、公开时间和报告内容。第七章对选举前经济和财政展望报告的编制主体和时间、报告目的、报告内容、各责任部门的责任分工进行了规定。第24条至25条指出选举前的经济和财政展望报告的内容不仅包括经济和财政信息，还包括各责任部长和责任秘书长就其负责的报告内容的签字声明。第26条对各责任秘书处就报告内容的责任分工进行了详细规定。第27条和28条规定责任部长和各联邦机构应该提供相关信息协助该报告的编制。第八章对选举承诺成本报告的编制请求、编制主体、编制方法、公开时间和方法及联邦机构的责任进行了规定。第32条规定各联邦机构应该提供相关信息帮助准备选举承诺成本报告。

附录1-2 《预算诚信章程》规定的财政报告体系

澳大利亚政府预算报告体系包括年度政府报告、代际报告、选举前经济和财政展望报告。

一、年度政府报告

年度报告由财政部发布，包括：财政预算和经济展望报告（Budget Economic and Fiscal Outlook Reports，预算报告）、年中经济和财政展望报告（Mid-year Economic and Fiscal Outlook Report，年中报告）和最终财政结果报告（Final Budget Outcome Report，最终报告）。就目的而言，预算报告和年中报告是规划和展望，而最终报告则主要是回顾和总结。三种报告种类共同形成了政府财政年度报告制度体系，使公众能及时全面地了解每个财政年公共预算的制定和执行情况，约束政府自身的财政行为，保障预算的有效执行。代际报告也由财政部每5年发布一次，用于评估现有的财政政策在未来40年内的持续影响。选举前经济和财政展望报告则是在大选前10天内由国库部秘书和财政部秘书发布，用于选举前财政信息的重新核实和公开。通过上述多种报告方式的结合，政府和公众就能够随时了解全面、动态的预算信息。

在各类预算报告中，年度报告是政府向公众公开财政预算信息最主要的形式，因而是三种报告中最重要的报告形式。而年度报告中的年中报告和最终报告严格来说属于预算执行报告和决算报告。因此，整个预算报告体系的核心当属财年初的预算报告。

澳大利亚年初预算报告主要由四个预算文件（Budget Paper）构成：预算战略和展望、预算措施、政府间财政关系、机构资源。和这四个预算文件一并公开的还有预算陈词、预算一览、预算概要和拨款议案。

（一）预算陈词（Budget Speech）

预算陈词（Budget Speech），目的在于阐述和论证本年政府工作的核心目标，以及实现该目标所需的各项财政投入、产出和结果的关键性指标，同时也分析中长期的经济形势并确定当前预算的总额控制目标和主要措施。以2011—2012年的预算陈词为例，它是澳大利亚副总理兼财长向议长提交的对2011—2012年拨款议案的二读文本。该年政府的核心工作是要使得更多的澳大利亚人能够分享经济增长带来的机会。围绕核心工作以及通过对全球背景中国内宏观经济的判断，制定了预算的核心任务是：培养更具生产力的劳动力人口，提供更好的教育和卫生保健服务，减轻家庭生活成本，推动可持续发展性投资，扶持小型工商业和制造业，以及在预计财政收入减少的情况下力争实现财政盈余。同时该陈词还简要论述了对各项核心任务承诺的财政投入、产出目标和预期实现的结果。

（二）预算一览（Budget at a Glance）

预算一览（Budget at a Glance），是对关键性预算总额（budget aggregates）以及政府预算优先排序（budget priorities）的一个概述。以 2011—2012 财年的预算一览为例，它首先强调政府要确保在 2012—2013 年实现约 220 亿澳元的预算盈余并努力控制财政支出的实质性增长。接着在有限的预算盘子中必须要确定哪些项目具有较高的支出优先权。这些具有优先权的支出项目和预算陈词中的预算核心任务保持一致，但更为简单明了。它以分项列支的方式着重突出本财年新增的项目和支出。该文本文字精练、提纲挈领，总共仅有两页。

（三）预算概述（Budget Overview）

预算概述（Budget Overview），是对预算一览的进一步细化。公共预算的核心并非简单的分钱，而是公共政策的论证及其政策成本的评估。预算概述实质就是围绕预算陈词和预算一览中提出的政府核心任务而展开的对一系列公共政策群的进一步详细论证。主要包括论述政策问题的形成、政策议题的重要性和紧迫性、政策方案的中长期规划和项目分解，已有的财政投入、本财年预计的财政投入和后续的财政投入，以及预计的政策产出。同时还包括政策实施所需的相关配套措施的介绍，例如政策执行机构的设立、人员配备、资金分配方式等。预算概述的一大特色是除了文字陈述外，还为相关内容配备了大量的图表信息，使公众更加直观明了。此外，在预算概述的最后还列出了和财政总额信息相关的重要附件表。以 2011—2012 年的预算概述为例，列出的附件包括：

（1）分别以收付实现制和权责发生制为基础测算的各年财政收支及结余总额。

（2）自 2010—2011 财年年中报告后的政策执行以及自然灾害应对支出对后续财年财政平衡的净影响的评估。

（3）各项减税措施对增加不同类型家庭可支配收入的贡献。

（4）所得税减免措施给不同收入水平的澳大利亚人带来的实惠。

（5）2011—2012 财年新增项目对财政结余的影响。

（6）部分项目暂缓或终止、税收优惠终止或重新调整支出优先顺序等事项所产生的各年预算结余。

（7）基于权责发生制统计的本财年财政收入结构和财政支出结构饼图。

（8）包括国民总支出、国民生产总值、境外账户、失业率、消费者物价指数、工资指数等在内的宏观经济指标预测。

（9）统计了自1978年以来的各财年的现金收支总额和财政净结余额，并对到2014—2015财年为止的未来各财年相应财政指标进行了估计。除附件7外，所有的指标都不只是对2011—2012财年的预测，而是在一个4—6年的中长期预算框架下的分年预测。

（四）预算战略和展望（Budget Strategy and Outlook）

预算战略和展望（Budget Strategy and Outlook），是在对国内外宏观经济形势充分评估基础上制定的中期预算战略规划，包括对政府财政总额、收入、支出、资产和负债以及财政风险等主要方面的具体评估和展望。本部分首先对国内外的宏观经济走势进行了详细分析，这些宏观经济变量都是影响政府公共决策和预算安排优先顺序的重要基础，也是中期财政框架下预算编制的重要依据。在2011—2012年的预算战略和展望文件中还特别分析了澳大利亚在经济转型期的机遇和挑战，正是这些因素决定着公共政策和公共支出的重点。其次，在宏观经济分析的基础上，该预算文件确定了总的预算战略是继续推动预算盈余的实现，以便为私人部门响应强劲的商品出口需求以及避免产能和价格的复合压力留足空间。具体的，文件对收入总额、支出总额、现金余额、财政余额等总额指标在中期财政框架下分别进行了估算，并特别指出要通过优化支出顺序、提高部门或项目效率来努力实现财政结余。文件对能实现结余的领域和途径进行了逐一分析，并评估了自然灾害和公共决策对预算结余带来的影响。在收入方面，文件主要包括以下几个方面的内容：

（1）对中期财政框架下的一般性政府收入总额（含税收收入和非税收入）和分类金额，按收付实现制和权责发生制分别进行了测算，并评估了测算值相较于2010—2011年中经济和财政展望报告发生的变化。

（2）详细介绍了"基数加增长"（base plus growth）的预测方法，评估了宏观经济形势、政府决策、自然灾害等参数和变量对收入变化的影响。

（3）汇总了各项收入的历史数据和预测数据（包括数额以及在GDP中的占比）。

（4）详细介绍了前三年的税收支出总额，预测了后5年的税收支出总额，并列出2010—2011年分项的税收支出额。

在支出部分，文件包括的主要内容如下：

（1）对年均2%的支出增幅上限进行了论证，说明了政府决策、经济参数等变量对中期预算支出的影响。

（2）对中期财政框架下一般性政府部门支出（general government sector expenses）的总额及在GDP中的占比进行了评估，并对比了其自上年年中经济和财政展望报告以来的变化，同时按功能和次功能分类对每类支出的数额也进行了评估，并对各类支出的具体用途、计算依据、增减情况、可能实现的结余等进行了详细说明，还列举了排名前20位的重大项目的支出金额。

（3）对一般性政府部门净资本投资（general government net capital investment）以及非金融资产的一般性政府采购（government general government purchases of non-financial assets）金额在中期财政框架下按一级功能分类进行了评估。

（4）在中期财政框架下对一般性政府支出、部门支出、净资本投资、资本拨款按机构进行了分类和评估。

（5）对应急储备金（the contingency reserve）的规模和用途进行了说明。

（6）对和行政成本有密切联系的各机构平均人员编制水平进行了说明。

在资产和负债管理部分，对有关财务状况的几个重要指标——净债务（net debt）、资金净值（net financial worth）和资本净值（net worth）——在中期财政框架下进行了评估和评价。

同时还详细介绍了主要资产和负债种类的源起、规模和变动趋势等情况。此外，还对政府有价证券市场进行了现状评估和前景展望。在财政风险（fiscal risk）部分，文件介绍了新增的和已经不复存在的或有负债（contingent liabilities），对可能引起收入减少或支出增加的财政风险进行了列举和分析。同时，按部门分类对或有负债和或有资产（contingent assets），无论是可以量化的还是难以量化的，都进行了逐一分析。本文件还列出了关于一般性政府部门、非金融性国有企业以及全部非金融性公共部门三种统计口径的若干重要的财务报表，包括：经营收支表（operating statement）、资产负债表（balance sheet）、现金流量表（cash flow statement）等。最后，文件还给出了上述三种统计口径下的澳大利亚历史财政总额数据，以供读者进行纵比。

(五) 预算措施 (Budget Measures)

预算措施 (Budget Measures)，提供了自上一财年年中经济和财政展望文件发布以来与所有政府决策引起收入、支出和投资活动变化有关的全面信息。具体包括收入措施、支出措施和投资措施三类。每类措施下面又有若干项进一步细分的措施，每项措施都可以视作一项具体的政府政策或者政府项目，它们按各自的发起部门及其下属机构排列。以卫生和养老部门为例，2011—2012 财年的该预算文件中与其相关的支出措施就有 66 项。文件对每类措施的缘起、目的、涉及的资金规模、运行情况以及在中期财政框架下的变动趋势都作了逐项说明。对于那些已经决策尚未正式颁布或者无法进行量化评估的政策措施，文件也必须作定性说明。对于每类政策措施，如果不光涉及税收、支出或投资中的一种，则在同一个列表中就可以直观地看到与其相关的收入机构、支出机构和投资机构以及相应的资金规模。因此，我们可以说该文件主要是政策导向或项目导向的，它很好地呈现了每项政策的财政成本。

(六) 政府间财政关系 (Australia's Federal Relations)

政府间财政关系 (Australia's Federal Relations)，提供了有关澳大利亚联邦政府和州政府以及地方政府之间财政关系的相关信息。2008 年 11 月 29 日，澳大利亚政府委员会 (Council of Australian Governments，简称 COAG) 达成的历史性文件《联邦财政关系的政府间协议》(Intergovernmental Agreement on Federal Financial Relations) 为推动澳大利亚各级政府在政策发展、公共服务供给以及实施全国性经济社会改革上的合作奠定了坚实的基础。2009 年的《联邦财政关系法案》(Federal Financial Relations Act) 更进一步明确了政府间财政支出的具体安排，主要包括联邦政府对州政府的国家特殊目的支出 (National Specific Purpose Payments，即 National SPPs)，国家合作支出 (National Partnership Payments) 和一般性收入补助 (General Revenue Assistance)，前两种支出被统称为特殊目的支出。以 2011—2012 财年的该文件为例，主要包括四部分内容。首先，文件对澳大利亚的政府间财政关系进行概述，介绍主要政府改革及其涉及的政府间合作，以及本财年联邦政府对州政府财政转移支付的总预算。第二部分和第三部分分别介绍联邦政府对州政府 (含地方政府) 的特殊目的支出和一般性收入补助。其中特殊目的支出细化到二级或三级子项目，一般性收入补助则主要是指商品服务税（Goods and Services Tax）。每个补助项目均列出了联邦对州的资助总额以及每个州接受的补助规模。第四部分则给出了联邦政府、州（含地方）政府以及全国政府的各项主要财务指标，使得公众对整个国家的财政规模有一个整体的认知。最后，文件还以附件的形式对澳大利亚政府间财政关系的组织、法律框架和运作体系、人口等相关参数信息、转移支付的功能性分类等进行了介绍。

（七）机构资源（Agency Resourcing）

机构资源（Agency Resourcing），提供了有关机构在财政年度内所需拨款的详细信息。文件主要包括三类报表：（1）专项拨款（special appropriation），罗列了所有法案中涉及的专项拨款将引起的支出规模；（2）专用账户（special account），罗列了每项专用账户中的现金流动及期初和期末余额；（3）机构资源，根据资金来源罗列了每个机构将获得的所有资金规模。每类报表都是按照部门和机构依次呈现，且不止包含了本预算年度的评估数字，还包括了上一财政年度的金额以作对比。其中，专项拨款是指某法案中为实现某项特定政策目标而授权支出的相关条款。每年澳大利亚的专项拨款规模都占到了政府总支出的四分之三，是机构财政资金的主要来源。和专项拨款相对应的是年度拨款（annual appropriations）。年度拨款包含在一系列法案中，它为政府经常性支出、项目支出以及资产投资和削减债务提供年度资助。之所以称作年度拨款，是因为这些为即将来临的财政年度做出的拨款必须要经过议会的年度审核，批准之后方能生效。年度拨款占据了整个政府支出的约四分之一。当年度拨款和专项拨款形式都不适宜的时候，可以设立专项账户。专项账户并非真正的银行账户，它是名义上为某些特殊目的留出的资金，如当财政活动牵涉到其他政府从而需要更高的透明度时。专项账户的资金既可能来自于年度拨款、专项拨款，也可能来自于某些非拨款资金。在上述三种资金来源外，还有一些其他来源的收入，也纳入了最终的机构资源报表中。最后，在机构资源报表中，除了按部门和机构罗列资金来源外，还按照结果（outcomes）对资金来源进行了罗列。所谓结果，即为实现政策目标而采取的政府行动的后果。因此，从机构资源报表中，公众可以清楚地了解部门和机构为实现其承诺的政策结果所需要的各项资金，即政策成本的规模。

（八）拨款议案（Appropriation Bills）

拨款议案（Appropriation Bills），是政府年初预算的议案形式，它在得到君主御准之后将成为正式的法律文件。这里的拨款议案特指年度拨款，主要包括三个子议案。第一个子议案包括对政府部门一般性年度服务的拨款，其中对议会相关部门的拨款单列为第二个子议案。第三个子议案则是对某些特定支出，包括："非运营性"成本（"non-operating"costs）、议会批准的新增政策结果所需的执行资金以及对州和地方政府的转移支付。所有议案的拨款资金均来自于统一收入基金（Consolidated Revenue Fund），并且按部门、机构，运营性支出和非运营性支出以及政策结果等分类进行罗列，使得公众能方便地按支出机构、资金的经济性质和政策领域了解政府资金的使用走向。

二、代际报告（Intergenerational Report）

《预算诚信章程》要求至少每五年提供一次代际报告。代际报告主要关注由经济增长对人口结构变化带来的影响，以及衡量延续现行政策和趋势在未来4个十年（两代）的财政影响。

此报告将会概括出政府的财政可持续性目标及其实现的方法，同时给出澳大利亚长期的人口与经济规划。根据规划，代际报告会提供未来收支计划及其相对应的预算余额。报告还包括对规划的敏感性分析及其中所使用的方法和假设的细节阐释。

报告每五年发布一次，获得了公众与媒体的高度关注。在五年的间隔期内，允许对期间政策变化及其对财政可持续性的影响进行阐释。这一时间间隔与澳大利亚五年一次的人口普查是相适应的。虽然人口的变化可能是缓慢的，但年度财政政策能够或确实会影响每年对未来的展望。另外，更频繁的发布代际报告可能会加强它的实用性。而新政府也确实把加大代际报告发布的频率作为其阳光运营（Operation Sunlight）的一部分。

预算诚信宪章要求选举前的经济和财政展望报告（Pre-Election Economic and Fiscal Outlook，PEFO）要在选举活动正式开始的十天之内发布。报告的目的在于提供更新后的经济和财政前瞻信息并防止政府在选举前的酝酿时期保留任何与真实的政府资金状况相反的信息。报告中包含着对于当前预算年度和随后三年中所有关键的经济和财政变化的预测。并且报告还要列出在最后一期的（或者是年中一期的）经济和财政展望中采用的每一种收入和支出的量度指标以及它们与预算有关的影响。

选举前的经济和财政展望报告（PEFO）包括两项责任说明，一是针对国库部长和财政部长，二是针对国库部秘书长和财政部秘书长（公务员）。部长必须申明，包含具体的经济和财政暗示的政策决定已经与秘书进行了沟通。秘书必须申明，在经济和财政信息可得的基础上，国库部和财政部已用它们最专业的判断来完成这份报告。这些责任说明的目的是阐明政治家和公务员在制作报告时各自的角色，并在此情况下赋予公务员更重要的作用。这种责任架构有助于增强报告整体的可信度。与1998年第一份OPFO发布之前由政府发布的文件相比，PEFO为政治党派在选举活动中的斗争提供更具综合性、更多的经济和预算基础。

附录1-3 澳大利亚政府预算编制和审批流程

澳大利亚的预算年度实行跨年制，从每年的7月1日起至次年6月30日止。预算编制从每年10月正式开始至次年5月国会批准，历时约为8个月时间，如加上前期准备的时间，则长达11个月。

一、9月：确定预算编制时间表

一般认为澳大利亚的预算周期从财政部发布的预算通告开始。9月，国库部部长和财政部部长向内阁提交草拟的下一个预算年度的程序与时间表，内阁反馈后，财政部发布包含具体时间表和操作准则的预算通告。预算通告是每年基本一样的技术性文件——为预算编制过程设立关键时间节点，确定处理不同提案的不同程序（如哪些提案走内阁的支出审查委员会程序，哪些提案走"低额提案"程序）等，但通告中并没有列出任何财政政策目标，也不含对宏观经济形势的预测。

二、10月：编制部门预算草案

10月，总理向各部门下发征求预算草案信，各部门开始编制本部门预算，需要注意的是征求信中并未设定收支规模或政策优先度，但各利益集团和社区组织常常在这个时期展开对相应部门的游说行动。10月底，各部门须按标准模板向总理报告新预算年度的部门预算草案和以往预算年度的花销及其相应的具体事由。

三、11月：部门预算草案初审

各部门在10月底提交部门预算草案后，部门预算草案首先由总理与内阁部、国库部、财政部三大核心机构审议，再由战略重心与预算委员会/高级部长会议审议。在部门预算草案的审核中，三大核心机构会就每份部门预算草案分别给出是否接受、是否继续完善的意见，虽然三大核心机构达成一致意见无论在时间上还是经费上均花费不菲，但实际中三大核心机构会尽可能地达成一致意见。

预算草案获得三大核心机构认可后，进入到战略重心与预算委员会/高级部长的会议审议，这通常已是11月。战略重心与预算委员会/高级部长会议通常持续数个小时，较多新政策提案会在这个环节被枪毙。战略重心与预算委员会审核结束后会将结果在正式内阁时间通知各部部长，部长可以调整政策方案后再次提交给支出审核委员会以进行申诉。

四、次年1—2月：部门预算草案修改与摘要

相较部门预算草案初审，部门预算草案再审的持续时间要长得多。1月或2月，即战略重心与预算委员会/高级部长会议初审部门预算草案之后，各部大臣需要准备各自的部门预算草案的正式文件。原则上，一个部门对应一份部门预算草案，但实际操作中，各部大臣往往在高级部长（首相、国库部长、财政部长等）的许可下，为了一些重要的提案或者跨部门的大型提案而提交单独的预算草案。预算草案必须包括提案的全部花销，且花销必须经得财政

部同意,这时候分歧容易产生在依照公式计算开销或拨款额度的项目上,更严重的分歧则产生在管理各项目的运营成本上。当争议在本级无法得到解决时,将提交给更高级别的官员处理,最高达到预算长官的级别(the level of budget director)。如果分歧是政治性的分歧,当然这很少见,提案的最终拨款额度依照财政部给出的额度确定,但这仍是在支出审核委员会的权限范围内。

各部门提交部门预算草案后,财政部将就每份部门预算草案出具所谓的"绿皮预算摘要"。"绿皮预算摘要"概括了预算草案中所有提案的信息,并给出了财政部在相应政策问题上的立场与态度。各部可在相应的支出审核委员会会议前见到本部门的"绿皮预算摘要"。"绿皮预算摘要"代表财政部专业公务员的意见,而不一定是财政部部长本人的意见,尽管如此,一些部长看到本部门的"绿皮预算摘要"后仍可能对财政部部长展开游说。

此外,部门预算将正式提交给总理与内阁部、国库部、财政部三大核心机构审核,新政策提案也可能被提交给相关部门审核。三大核心机构分别就部门预算草案给出意见,且与上一阶段不同,三大核心机构不刻意追求给出一致意见。

五、次年3月:部门预算草案再审

3月,支出审核委员会开会决定是否通过预算提案。支出审核委员会的会议一般持续四周,包含十次会议。会议期间,财政部将以单独的"绿皮预算摘要"内容为基础,提交"绿皮预算总览","绿皮预算总览"将作为支出审核委员会讨论及后续决策的框架。除绿皮预算总览与绿皮预算摘要外,每位部长还将在此阶段就各自提案发表演说,并接受支出审核委员会成员的质询。支出审核委员会将参考之前由国库部和财政部准备的经济与财政展望(基于现行政策)作出决定。形成提案将获通过、拒绝还是调整等。支出审核委员会的决议可以上诉至总理。

六、"低额提案"程序

所需资金额度低于一定上限的支出提案适用单独的审核程序——"低额提案"程序。"低额提案"的上限于2008年从之前的每年500万澳元提高至1000万澳元。部门首长的提案进入"低额提案"程序后,并不直接送呈支出审核委员会，而是先由同级的财政部长审议，再同其他所有"低额提案"打包送呈支出审核委员会乃至最后的预算内阁。一些部门认为"低额提案"程序的审核没有战略预算委员会—支出审核委员会的程序严格，故尽可能地使提案进入"低额提案"程序以求通过。

七、次年4月：预算草案三审

4月进入了预算编制的最后阶段，支出审核委员会的所有决议送交全体内阁审核。内阁审核通过后，内阁同意将预算草案提交至议会。此阶段的决议仍可以上诉，但实际中这种情况很少见。不过内阁正式批准后，高级部长会议/战略预算委员会仍可根据新进展调整预算草案。

八、次年5月：预算草案的提交

预算草案获得预算内阁批准后，将在"预算之夜"同时提交给议会两院，"预算之夜"传统上是在5月的第二个周二，而新的预算年度开始于7月1日，这意味着议会只有不到两个月的时间来审核预算。在提交预算草案的当晚，国库部长会在议会发表演讲，强调预算草案中的关键点，并就政府政策重心作出评价。国库部部长演讲是议会年历中的重大事件，每年都能获得广泛的媒体关注。反对党党魁通常在国库部长演讲两天后发表演讲，对政府预算草案作出正式回应。

九、次年5月中旬至6月中旬：众议院和主委员会审核预算

议会将休会一周，然后展开就预算草案的讨论。政府的财政战略计划书是与预算草案一并提交给议会的，制度上也没有在讨论预算草案前考虑财政战略计划书的机制设计。一般预算辩论随后在众议院全体大会上展开，通常持续一周。此轮辩论是就政治与经济的总体辩论，不涉及预算草案中的具体措施。一般预算辩论接下来在主委员会里继续进行，通常也是持续一周。主委员会并不是一个真正的委员会，而是众议院同期举行的全体大会。这项制度创新使得立法机构有两条轨道同时运转来审查预算，意图加快众议院的工

作速度。一般预算讨论之后将在主委员会进行"原则上的"投票表决，通常只用1—2天时间进行，没有时间完整地考虑整个预算草案，各部部长也并不出席。由于议会调整预算的权利比较有限，众议院通常更愿意用议程时间进行政治经济辩论而不是详细地审查预算。预算最后在众议院全体大会上进行最后表决，一般在这个时候，负责监督预算的参议院委员会提交准备好了相关报告，但相关报告并不一定被众议院正式考虑。

十、次年6月中旬：参议院委员会督查预算草案

预算草案获得众议院通过后才提交给参议院，这时已接近新预算年度的开始日期了。但在实际中，预算草案一提交给众议院，参议院就开始了对预算草案的审核，在预算草案正式送呈参议院时已基本完成审核工作。参议院参与预算审核主要是为了给反对党、少数党和无党派参议员提供向部长和官员了解政府一般运营信息的机会。需要再次强调的是，参议院很少调整预算草案。参议院对预算草案的审核是在分别各委员会进行的，审核以部门提交的部门预算书为基础进行。八个委员会各自平均审核两份部门预算书。财经委员会还将从财政政策的角度审核预算草案。每个委员会有四天的时间就部门预算草案召开听证会。委员会的所有会议都是对公众开放的。每个委员会的无党派委员数量并不固定，但都设有一名书记、执行助理和一位或多位研究官员。此外，委员会还可以咨询独立的、由八十人左右的永久雇员组成的议会研究服务。委员会的基本作用是，要求制定政策的部长和执行政策的官员到场解释支出提案并就项目的有效性和效率做出回答。委员会完成审核后，立即将他们的考虑提交给参议院。委员会成员可以对预算草案附加少数派意见或者反对意见，以作出相应结论和推荐。众议员将获得这些报告的副本。

十一、次年6月底：预算草案获得通过

最后，预算账单提交给参议院，但这更多的只是走一个过场，因为除非特殊情况，参议院都将批准政府提出的预算草案。立法过程的最后一步是预算草案获得（英联邦）总督批准，但只要议会两院批准了预算草案，（英联邦）总督总是会批准预算草案。

第二章

日本中期预算实践

自20世纪70年代以来，日本中期预算①的发展历程，经历了一个探索、尝试和逐步改进的过程。本章总结归纳了日本中期预算的三个发展阶段，就日本引入中期预算的时代背景及驱动因素做了较为深入的分析。在此基础上，具体介绍了日本中期预算的编制、实施、监督等相关环节和具体内容。特别就"经济财政咨询会议"的机构设置及相关职责，以及日本财政部门在中期预算管理中的职责权限等做了介绍和概括性分析。同时，就当前日本中期预算管理中存在的问题、最新改革情况及发展趋势等做了系统而全面的分析。最后，结合日本中期预算实施过程中的经验，提出我国改革和完善中期财政规划管理的政策建议。

2010年起编制的《中期财政框架》（2011—2013年度），被认为是日本中期预算管理制度的正式确立。就近年来的实施情况来看，《中期财政框架》虽不具有法律的强制约束力，但具有较好的实质约束力。中期预算与年度预算的有机衔接、预算限额的硬性约束机制，以及中期预算目标与国家发展战略、财政中长期规划等施政目标的高度统一，是日本中期预算管理达到较好实施效果的主要原因，也是我国今后推进和完善中期财政规划管理应借鉴之所在。

一、中期预算的发展历程、时代背景及驱动因素

日本在引入中期预算方面，一方面是受财政管理体制、预算制度等国际

---

① 日本的中期预算经历了三个发展阶段，每个阶段名称有所不同。为便于读者理解，本章统称为"中期预算"。具体到各阶段中期预算实施情况的介绍，则使用日本原文本名称。

改革潮流的影响，特别是 OECD 国家在中长期预算制度方面的改革的影响。另一方面，从日本引入中期预算的历程及各时期财政规划的实行情况来看，与其国内自身经济的景气循环和财政支出僵直化、财政潜在风险的加大等财政现状有着直接关系。以下就日本实施中期预算管理的时代背景、驱动因素和发展历程进行简要概括。

（一）发展历程—三个发展阶段

自20世纪70年代以来，日本中期预算的发展历程，经历了一个探索、尝试和逐步改进的过程。概括起来，大致分三个阶段。第一阶段：1976—2001年，财务省主导编制《财政的中期展望》；第二阶段：2002—2009年，内阁府下设机构"经济财政咨询会议"主导编制《改革与展望》（今后5年，每年须修订一次并经内阁决议）；第三阶段：2010年至今，内阁府编制《中期财政框架》（今后3年，每年滚动修订一次。），被看作是日报中期预算制度的正式确立。以下就各阶段中期预算的实施情况及时代背景、驱动因素做归纳总结。

1. 第一阶段：1976—2001年，财务省主导编制《财政的中期展望》[①]

20世纪60年代，虽然日本经济处于高度增长时期，但财政支出规模持续扩大，呈现僵直化状态。60年代中期，在英、德等国中期预算改革的国际背景下，日本政界就是否引入中期预算展开了广泛讨论。当时，内阁第1次临时行政调查会[②]下设的第1专门部会第2班（通称"预算会计工作班"），于1962年5月开展调查，于1963年10月提交最终报告。就预算编制过程、预算编制机构、预算形式、不同事业项目的预算制度、预算的执行过程、监察、契约、公共资源调配、复式簿记等预算、政府会计制度等提出改革方案。指出：应就政府财源、财政支出做未来预期，基于长期视角出发编制预算。希望大藏省（现财务省）能就中期财政框架的编制和有效利用方法进行研究。期间，由于英、德等国实行的中期预算大多以失败告终，加之日本当时正处于高速经济增长期，因经济增长而带来的税收增加基本可以弥补财政支出的需要。编制中期预算的问题也被搁置了下来。

进入70年代，受1971年尼克松危机和1973年第一次石油危机的影响，

[①] 最初1976年度名称为《财政收支估算》，1981年度起改称《财政的中期展望》，2002年度更名为《对今后年度财政收支的影响估算》（今后5年）。

[②] 总理府下设部门，设立于1961年11月，主要负责审议行政改革相关事宜。

日本经济受到沉重打击，经济增长率、物价水平、国际收支等方面处于战后最坏水平。在此背景下，日本政府开始意识到改革财政收支结构、重建财政的必要性。在此背景下，1976年2月，日本政府（具体由大藏省，现财务省负责）编制了《财政收支估算》（1976—1980年度），就今后5年的财政收支概况进行了预测，以此作为预算审议的参考资料。可以说，1976年由财务省主导编制的《财政收支估算》是基于中期视角对财政运营进行的有益探讨。截至20世纪80年代，《财政收支估算》共滚动修订了5次。这5次修订，在估算项目数、部门分类方法等方面都存在一定差异。

1978年9月，财政制度审议会下设机构"财政计划等特别部会"，开始就财政计划政策等进行审议，并于1979年7月和1980年12月提交2次报告。主张：考虑到经济社会形势的剧烈变动等，制定有关未来财政计划就显得更为困难。如果将财政计划过度规范地看待，其结果就有可能损害到财政的灵活性，有可能使财政计划所列经费既得利益化。因此，应以后几年度财政负担估算额为基础，制定的财政计划为"可调整型的财政计划"，所列财政收支也不一定一致。自1981年度起，日本财务省开始编制《财政的中期展望》，就今后5年的财政收支进行预估。通过对经济、财政等的中期展望，主要是对基础财政收支平衡、债务余额等进行估算，以确保经济和财政政策等的协调统一。之后，编制《财政的中期展望》[①]形成制度，规定每年需修订并提交国会作为预算审议的参考。就《财政的中期展望》的内容来看，主要是根据现行经济财政政策就今后几年的财政负担额等进行估算。估算内容主要包括：今后几年的财政支出（包括国债费、地方交付税、一般性财政支出项目等）、财政收入、财政支出与税收收入等的差额、公债余额等。但由于《财政的中期展望》不是基于中期宏观经济的预测，而且对下一年度预算编制过程中各省厅预算支出规模也不具有数量上的制约，作为探讨中期财政运营的线索和施政参考资料的特征明显。

2002年度《财政的中期展望》更名为《对以后年度财政收支的影响估算》，主要是对预算年度之后3年财政收支情况（主要是指中央和地方财政的一般会计预算）及影响进行预期。基本目标是：实现财政重建目标，明确财政收支差（需要调整额和公债发行额等），从而控制不断膨胀的财政支出。其

---

① 2002年度更名为《对今后年度财政收支的影响估算》（今后5年）。

中，对财政支出的估算，是以现行预算制度、财政政策等为前提，扣除国债费、地方交付税后的对今后年度负担额的推算。国债费是按照一定利率估算的，地方交付税是按照法定分配比率与税收收入一起估算的。税收收入则是假定名义经济增长率乘以假定弹性系数后的估算值。而所谓的影响估算值也只用于讨论之用，而不作为政府的施政目标；由于《对以后年度财政收支的影响估算》并不是基于对未来宏观经济预测基础上的估算，而是假定估算，其对未来预算编制也没有法的约束力。

2. 第二阶段：2002—2009年，内阁府下设机构"经济财政咨询会议"主导编制《改革与展望》[①]

20世纪90年代末以来，日本政坛出现削弱官僚体系、强化首相权限的改革趋势。如，桥本龙太郎内阁时期（1996—1998年），作为行政改革的重要内容，对中央省厅进行了重组，新设了"内阁府"，以强化首相的权限。小泉纯一郎内阁时期（2001—2006年），作为行政改革的重要一环，2001年1月在内阁府设置了"经济财政咨询会议"（合议制常设机构），作为总理的直接咨询机构，主要负责对经济财政政策的重要事项进行调查和审议。同年6月26日内阁决议通过了《关于今后经济财政运营及经济社会结构性改革的基本方针》（简称《骨太方针》，每年修订一次）。提出自2002年度起，作为财政健全化的第一步，国债发行额控制在30兆日元以下。之后争取实现基础财政收支黑字。

根据《骨太方针》，2002年1月由"经济财政咨询会议"讨论主导编制、内阁决议通过了《结构改革和经济财政的中期展望》（2002—2006年度，简称《改革与展望》[②]），提出以结构改革为核心，展望日本中期经济财政运营状况，以实现日本经济社会的发展。结合日本当时的经济财政形势，规定在今后5年内不扩大政府现有规模的前提下政府应有努力方向和改革步骤。总体目标是在今后5年内不扩大政府现有规模（指一般政府财政支出规模占GDP比重），提出了到2010年初实现基础财政收支平衡、到2006年政府支出

---

① 期间，有过三次更名。2007年1月编制的《日本经济的前途与战略》（2007—2008年），后因2008年金融危机的发生而废止。2009年1月编制《经济财政的中长期方针和10年展望》。民主党执政对原《改革与展望》和作为其参考资料而编制的《内阁府估算》进行了整合，2009年6月编制《经济财政的中长期估算》（2008—2023年），每年基本修订2次，但只作为"经济财政咨询会议"审议的参考，不作为内阁决议内容。《改革与展望》就今后5年作预算规划，每年须修订一次并经内阁决议。

② 2003年第一次修订时，将适用年度延期1年，延长至2007年度。

占 GDP 比维持在现有水平的中长期财政运营方案。具体指标：一是基础财政收支（包括中央和地方）在 2006 年度前后较 2000 年度（4.3%）减半，2010 年代初实现财政收支盈余；二是截止到 2006 年度，一般政府财政支出规模占 GDP 的比重不超过 2001 年度（38.2%）。《改革与展望》须每年修订一次，修订时须根据当时国家经济状况，重新审视财政健全化的步调。同时，作为审议《改革与展望》时的参考资料，内阁府发布了《内阁府估算》，就《改革与展望》中提到的各领域具体改革的推进方法假定各种可能性，通过建立经济和财政相关性的计量模型，就各种假定可能性下宏观经济走势、中央和地方财政状况等进行了估算。《内阁府估算》中估算的内容包括：中央和地方的储蓄投资差额、中央和地方的公债等余额、中央一般会计预算财政支出（含社会相关费、公共事业相关费及其他）和财政收入（含税收、其他收入以及公债等）、地方普通会计财政收支等（地方税、地方交付税、国库支出金、地方债等）。《内阁府估算》中有关估算值仅作为"经济财政咨询会议"审议《改革与展望》时的参考资料，但并不作为政府的施政目标。

2007 年以后，基于国际、国内经济政治等形势的变化，日本中期财政规划——《改革与展望》的编制经过几次调整和变化。2007 年 1 月，经"经济财政咨询会议"审议、内阁决议通过了《日本经济的前途与战略》（今后 5 年，2008 年废止），以取代《改革与展望》。该提案就今后 5 年如何应对经济、财政状况的变化而应采取的应对政策以及施政目标等做了展望。其中，列举了 4 种情况下的基础财政收支预期，而关于财政收支实现盈余的预期，只有在经济增长、财政支出削减 14.3 兆日元的情况下可能实现。该提案要求每年修订一次。修订时需从 PDCA 周期的视角出发（目标—执行—评价—反映），要结合对上一年度的经济、财政状况变化及其影响等的分析进行修订。今后，政策在制定其他政策时（如，国土规划、社会资本整备等重点公共事业建设项目规划、地方分权改革推进计划等）需同《日本经济的前途与战略》保持一致。2008 年，由于金融危机的发生，《日本经济的前途与战略》废止，不得不放弃设定的目标。

2009 年 1 月经"经济财政咨询会议"审议、内阁决议通过了《经济财政的中长期方针和 10 年展望》（2008—2018 年）以取代原来的《日本经济的前途与战略》。该提案指出：在世界经济急剧动荡、不确定性增大的背景下，日本应努力成为"强有力的、前途光明的日本"。应发挥日本国民的聪明才智和科技实力促进经济增长,建立使国民充分信赖的能"安心生活"的社会保障制度。为此,短期内应采取大胆对策以阻止不安要素的蔓延;建立中期财政框架,分三阶段(当前的景气对策、中期的财政重建、中长期通过改革实现经济的增长)重振日本经济。作为《日本经济的前途与战略》的新版本,《经济财政的中长期方针和10年展望》要求结合经济、财政状况的变化,并检查政策的实施和进展情况,每年进行修订。同时,作为其参考资料,内阁府编制了(2009年1月)《经济财政的中长期方针和10年展望比较估算》。就预测方法来看,假定2010年世界经济状况为三种情况(即顺利恢复、快速恢复、经济低谷)① 下,通过对宏观经济(GDP、物价、利率等)、财政以及社会保障的关联性分析建立计量模型(《经济财政模型(2008年度版)》),就未来10年日本的中长期经济财政状况进行了预测和估算。

2009年6、7月,长期执政的自明党落选,民主党执政。随着政权的更迭,民主党执政后,对2009年1月内阁府编制的《经济财政的中长期方针和10年展望比较估算》(2008—2018年),2009年1月内阁决议通过的《经济财政的中长期方针和10年展望》(2008—2018年)的参考资料)进行了改编,同年6月内阁府编制了《经济财政的中长期估算》(2008—2023年),在反映2009年度经济预期以及2009年度1—3月份GDP速报(第1次速报值)、2009年度修正预算等经济财政等现状的基础上,沿用了原估算方法和思路,假定三种不同经济运行情况下(①2010—2011年间世界经济平稳恢复、②世界经济快速恢复、③世界经济继续在低谷徘徊②),就2008—2023年度间的经济、财政状况进行了估算。

自2011年度起,《经济财政的中长期估算》(2008—2023年)基本是一年滚动修订两次(1、2月份和7、8月份),但内阁不做决议,只作为"经济财政咨询会议"审议的参考。以2011年度为例,2011年1月21日,内阁府对2010年6月22日公布的《经济财政的中长期估算》(2009—2023年)进行

---

① 顺利恢复情况的假定:日本经济实际增长率1.5%左右,名义增长率为2%左右。快速恢复情况的假定:成长战略和景气对策最大限度地发挥了作用,日本经济实际增长率2%左右,名义增长率为3.5%以上。经济低谷情况的假定:世界经济动荡持续,景气消退严重并长期化,政策效果没有体现,日本经济仍处于低迷状态,GDP实际增长率0.5%以下,名义增长率为0.5%左右。

② 2010—2011年间世界经济平稳恢复:日本全要素生产性(TFP)提高1.0%左右,女性、老年人的劳动参与率提高。世界经济快速恢复:2010年与世界经济同步,日本经济快速恢复并实现高增长;日本全要素生产性(TFP)提高1.5%左右,包括女性、老年人在内的劳动参与率提高。世界经济继续在低谷徘徊:世界经济继续处于低迷状态,日本经济不景气状况进一步恶化、长期化。

了滚动修订，依据的基础数据为2010年7—9月份GDP速报、2011年度经济预期、2011年度政府预算案等。同年8月12日，通过计量模型公式（"经济财政模型（2010年度版）"），假定两种不同经济运行情况下（慎重版本（到2020年，实现名义GDP平均增长1.5以上，实际GDP平均增长1%以上，消费者物价指数于2011年度上升为正值，中长期稳定在1%左右）和经济成长战略版本（2011—2020年度间实现GDP平均增长3%、实际GDP平均增长2%，消费者物价指数于2011年度上升为正值，中长期稳定在2%左右）），就2010—2023年度间的经济、财政状况（包括经济增长率、物价指数、利率等）进行了估算。

3. 第三阶段：2010年至今，内阁府编制《中期财政框架》[①]，被认为是日本中期预算制度的正式确立。

2010年6月内阁决议通过了《新成长战略——恢复活力的日本》（2010—2020年度），提出从环境、健康、观光、亚洲4个领域挖掘新的需求、强力推进经济复苏，提出在7个领域设定21项国家战略项目。并将"重建财政"作为优先课题。2010年6月内阁决议通过了《财政运营战略》，提出了财政健全化目标。并决定编制《中期财政框架》，就以后3年财政收支做出规定。每年滚动修订。

2010年《中期财政框架》的编制被看作是日本中期预算的正式确立。第一期《中期财政框架》（2011—2013年）的核心内容为：自2011年度起的3年间，实现"强经济、强财政和强社会保障一体化"目标。为此，应从财政收支两个层面最大限度地推进"财政健全化"目标的实现。并就控制国债发行规模、税制改革、基础财政收支的改善目标等作出具体量化规定。2015年是第4次滚动修订《中期财政框架》。

《中期财政框架》与财务省编制的《财政的中期展望》和内阁府之前编制的《改革与展望》（2009年6月整合为《经济财政的中长期估算》（今后15年））一样，虽然都不具有法的约束力。但由于就控制国债发行规模、税制改革、基础财政收支的改善目标等作出了具体的量化规定，并要求"年度概算要求"以及年度预算编制应以《中期财政框架》为基础。同时，通过与日本原有预算制度的有机衔接，从实行效果来看，具有较强的实质约束力。

---

① 就今后3年作出预算规划，每年滚动修订一次。

（二）引入中期预算的时代背景及驱动因素——以 2010 年《中期财政框架》的编制为核心

1. 国际背景

早在 20 世纪 60 年代，为了确保政府施政目标和财政的可持续发展，英、德等国家引入了以"周期性预算平衡"为目标的新型财政管理理念，推行中期预算。与传统的年度预算不同，中期预算旨在为政府部门提供下几个年度财政支出必须遵守的预算限额，从而有效控制财政支出的增长。就各国实施中期财政规划的初衷来看，主要目的是克服年度预算体制特有的短板，发挥其应有的政策功能。这是因为，年度预算的一个重要特点就是法定性。所谓法定性是指一切财政支出必须按年度向立法机关提出申请，立法机关按预算年度进行审议批准。这也是年度预算体制的核心所在。但是，法定性在促进政府政策目标实现方面是不充分的。而中期财政规划则可以弥补上述缺陷。中期财政规划使得年度预算与政府施政目标之间有机联结起来。这是各国实施 MTFP（Medium-term fiscal planning）的初衷。实施 MTFP 的最低要求是：评估和预测未来 3 年政府政策的财政效应，并且区别"现行政策"和"拟采纳新政策"。这里的财政效应是指政府施政对未来支出、收入、债务和资产等的影响，即未来几年的财政支出如何。一般来讲，法定机构在审批下一年度预算时，将一并审批其后几年度的"规划数"。但 20 世纪 60 年代英、德等国实行的中期预算大多以失败而告终。

20 世纪 80—90 年代，防范财政风险、重建财政再次成为世界各国普遍关注的问题。如何规避单年度预算下财政政策制定时的"短视"问题，从中长期视角进行财政运营，从景气循环的角度制定财政政策，从而进一步明确政府的短期和长期责任。在此背景下，OECD 部分国家再次开始关注国家的中长期财政运营状况，推行预算制度改革，并在总结过去经验的基础上引入中长期预算制度，力图通过控制跨年度的财政支出以确保财政收支平衡。而且，许多 OECD 国家还以不同形式制定有"财政重建目标"。通过一系列改革，使得政府债务余额占 GDP 比重明显下降，财政状况得到了显著改善。借鉴 OECD 国家经验，引入中期预算的理念和方法，从中长期视角出发重新审视财政运营问题，成为新时期日本重建财政、实现财政健全化的重要政策选择。

2. 国内背景

总体来看，2010年起编制的《中期财政框架》是在总结财务省编制的《财政的中期展望》（2002年更名为《对以后年度财政收支的影响估算》）和内阁府编制的《改革与展望》两个"中期财政规划"经验和不足基础上的改进，体现了日本政府对中期预算功能认识的深化。而财政状况的持续恶化、政府债务风险的增大是日本政府意识到从中长期视角考虑财政运营的重要性，并探索通过编制中期预算以控制财政支出规模的内在动因。

20世纪90年代初，随着泡沫经济的破灭，日本经济陷入了长期低迷。日本政府仍然沿用财政刺激景气的做法，先后十几次推出"紧急经济对策"，大规模发行国债以筹措财政资金。从1992至1999年度，日本发行的国债额高达142.28兆日元，8年间发行的国债相当于过去27年发行总额（184.2兆日元）的77.24%。从国际比较的视角来看，1990—2000年间，日本的财政状况由世界最好水平降至最差水平。日本的政府长期债务余额/GDP由1990年的68.6%增至2000年的136.7%，财政赤字/GDP也由1990年的1.5%增至7.6%，而2000年法国、意大利仅为1.5%和0.9%。进入21世纪，随着日本社会老龄少子化的进一步发展，社会保障费用等财政支出呈持续刚性增长的同时，由于经济增长乏力以及减税政策的实施等，财政收支状况日益恶化，政府债务依存度持续攀升。削减财政赤字、调整财政支出结构、实现财政健全化（重建财政）成为日本政府的首要课题。

具体到2010年《中期财政框架》编制的历史背景，可以概括为以下几个方面。

一是单年度预算体系下暴露出的问题越来越突出。

主要表现为：日本的年度预算编制重视当初预算和一般会计预算，而年度预算一般被认为是上一年度当初预算基础上的增长率。而在日本经济长期处于低迷状态和世界经济激烈波动时期，这就使得日本的年度预算在准确性方面大打折扣。为此，日本政府频繁实行修正预算。就1990—2000年度日本的预算来看，修正预算多达20次，年均2次。甚至有的年份多达3次。而修正预算的存在，使得实际决算额与当初预算出现很大偏离。因此，新一年度预算仅和上一年度决算或决算预计值相比较，是无法判断财政政策出发点和实施效果的。例如，当初预算为紧缩性预算，但由于修正预算的实行也可能使预算变为扩张性预算，从而增加宏观经济的不稳定性。

另一方面，日本通常以一般会计当初预算规模作为衡量政府预算的指标。

而之前实行的中期财政规划（财务省编制的《财政的中期展望》和内阁府编制的《改革与展望》）的规制对象也仅限于一般会计预算的当初预算，这和日本实行的复式预算不相称。事实上，日本政府的实际财政收支活动，除了一般会计预算外，还包括特别会计预算、财政投融资、政府关联机构预算。政府收支规模远大于一般会计预算规模。而仅仅评价一般会计预算，是很难判断对宏观经济的整体影响的。另外，上述几类预算间存在重复核算的问题。如，以2003年度预算为例，其一般会计预算支出总额为81.8兆日元，特别会计财政支出总额为369.3兆日元，政府关联机构预算（特殊法人中其预算由国会决议的政府性金融机构）支出总额6.1兆日元。如果扣除上述几类预算中的重复核算部分，政府预算总合计额为234.7兆日元。也就是说，现实中不排除存在通过不同预算间的会计结转，以达到表面上实现控制财政赤字效果的问题。

如上所述，单年度预算体系下暴露出的问题越来越突出，这就要求基于中长期视角对宏观经济和财政状况进行全面预测和验证分析，并以此建立预算控制体系。这也成为日本引入中期预算的最根本原因。

二是受2008年金融危机影响，经济复苏乏力；"强财政"（重建财政）成为日本《新成长战略》的核心目标。

2008年世界金融危机爆发后，各国经济同时陷入低迷。这使经历长期经济低迷的日本经济更加雪上加霜。据统计，2008年4—6月间，日本实际GDP为负值，10—12月和2009年1—3月较上一年度同期下降2位数。2009年3月，日本经济陷入低谷。在此背景下，长期执政的自民党失去了执政党地位，民主党首次开始执政。摆在民主党政权面前的是如何使日本经济从低谷中走出。2010年6月18日内阁决议通过了《新成长战略——恢复活力的日本》（2010—2020年度），提出实现"强经济、强财政、强社保的一体化"；从环境、健康、观光、亚洲4个领域挖掘新的需求，强力推进经济复苏。具体目标包括：创造500万人的就业，年均实际GDP、名义GDP分别超过2%和3%，2011年度争取摆脱经济下行趋势，降低失业率至3%左右。为实现上述目标，决定在7个领域设定21项国家战略项目；比照主要国家的税率水平，阶段性地降低法人税率；以亚洲为核心推动官民联合的基础设施出口；设立"国际战略综合特区"等。同时，《新成长战略》将"重建财政"作为优先课题。随后，6月22日，内阁决议通过了《财政运营战略》。提出了财政健全化目标。到2015年度末中央和地方的基础财政收支赤字额/GDP较2010年度减半，到2020年度实现财政盈余。2021年度之后稳步降低中央、地方的长期政府债务余额及在GDP中所占比重；坚持"量入为出"、"消减财政赤字"、"确保政策性财政支出的财源"的基础原则，重新审视包括特别会计预算支出在内的财政支出项目，提高预算资金使用效率；要求原则上应通过永久性削减财政支出或增加财政收入以确保获得稳定财源。另外，还提出从中长期视角出发编制年度预算，并决定编制《中期财政框架》，就今后3年财政收支做出规定。每年滚动修订。

三是财政状况的日益恶化。

日本财政状况恶化的具体表现为：年度公债发行额居高不下，甚至超过了税收收入；财政对发行公债的依赖程度与日俱增。据统计，1990年度，日本一般会计预算中财政总收入为71.7兆日元，其中，税收为60.1兆日元，公债发行额为7.3兆日元。之后，公债的年度发行额不断增加，特别是2008年世界金融危机爆发后，由于经济的再次回落以及减税等经济刺激计划的实施，使得税收收入大幅减少，2009年度以来连续多年出现公债收入大于税收收入的情况。以2012年度为例，一般会计预算财政总收入90.3兆日元中，税收收入仅为42.3兆日元，公债发行额则高达44.2兆日元。

缩减财政赤字、摆脱财政对发行国债的依赖、实现财政健全化成为日本政府面临的首要课题。多年来，日本致力于重建财政并力图缩减国债的年度发行额，但效果并不明显。与此形成鲜明对比的是，20世纪80—90年代，OECD一些国家虽然经历了经济不景气时期，但采取一系列改革措施，使得政府债务余额占GDP比重明显下降，财政状况得到了显著改善。就这些国家采取的财政改革措施来看，引入中期预算的理念和方法成为这些国家成功的重要因素。借鉴OECD国家经验，引入中期预算的理念和方法，从中长期视角出发重新审视财政运营问题，成为新时期日本重建财政、实现财政健全化的重要政策选择。

四是政府长期债务余额不断膨胀，财政风险持续增大。

为了弥补一般会计预算财政收入的不足，1965年度修正预算中，再次允许发行公债，这是战后日本政府首次发行公债。之后，日本的公债余额持续增加。1983年度公债余额突破了100兆日元，1994年度突破了200兆日元，1999年突破了300兆日元，2009年度末达到594兆日元，2014年度增至774

兆日元，占GDP比高达157.5%。根据2015年度预算，日本的国债余额将达到807兆日元，占GDP比为159.8%。日本的国债规模远超过马斯特里赫特条约中规定的60%的国债负担率警戒线。庞大的国债规模日益成为日本政府的负担，财政风险持续增大。如果政府债务规模持续扩大下去，国民将失去对国债的信心，将导致利率大幅上升、财政陷入破产境地。而一旦国家财政失去自主权，社会保障等公共服务水平将大幅缩水，国家经济和国民生活将受到极大影响。财政风险的持续增大成为日本政府力图控制财政支出规模、缩减财政赤字的执政课题和内在动因。

五是脆弱的财政结构。

消减财政支出是实现财政健全化的必要手段。而日本的财政结构相当脆弱，就财政收支总量来看，税收收入仅占国家财政支出的一半左右，每年政府不得不发行大量公债以维持财政的正常运营。另一方面，社会保障相关费用等政策性财政支出则呈持续刚性增长趋势。随着老龄化的进一步发展，日本的社会保障相关费用增长迅速，1990年度至2010年度的20年间（决算值）从11.5兆日元增加至28.2兆日元，增加了2.5倍。作为世界上老龄化速度最快的国家，日本年度社会保障相关费用年自然增加额约1兆日元。而在这20年间，社会保障相关费用在日本基础财政支出经费中所占比重则由21%上升至38%。社会保障相关费用直接影响着一般会计预算支出。而根据日本"国立社会保障和人口问题研究所"的估算，按照出生中位和死亡中位测算，65岁以上老年人口占日本总人口的比重，2012年为24.2%，2050年将上升至38.8%。未来，社会保障相关费用对日本财政支出的影响更大。可以说，如何有效控制社会保障相关费用的膨胀、提高其使用效率成为优化财政支出结构、实现财政健全化能否成功的关键因素。基于此，日本政府于2010年《新成长战略——恢复活力的日本》提出了实现"强经济、强财政、强社保的一体化"的目标。

二、中期预算的现实需求和法律依据

（一）基于改善财政状况、强化内阁权限的现实考虑

总体来看，日本在推进中期预算管理方面，经历了一个调整、改进和逐

步明确化的过程。日本中期预算管理的三个发展阶段,充分反映了日本政府对中期预算认识的不断深化过程。中期预算管理体系的改进和完善也是其在财政运营中不断检验的结果。尤其是 2010 年起编制的《中期财政框架》,是在总结财务省编制的《财政的中期展望》和内阁府编制的《改革与展望》两个"中期财政规划"经验和不足基础上的改进,体现了日本政府对中期预算功能认识的深化。同时,日本各阶段中期财政规划的年度修订,特别是 2002 年起编制的《改革与展望》以及 2010 年起编制的《中期财政框架》,主要是根据当时国家的经济发展数据,结合国家的发展战略、政府的执政目标以及对未来经济景气的预期等进行估算和调整,其修订受内阁府的施政理念、执政目标等的直接影响。

另外,2002 年起编制的《改革与展望》以及 2010 年起编制的《中期财政框架》,内阁府及其下设机构"经济财政咨询会议"发挥着主导作用。究其背景,与 20 世纪 90 年代以来日本"去官僚化、强化内阁及总理权限"的日本整个政治大背景有着必然的联系。在日本,通过民主选举产生的政府官员称之为政治家,如国会议员、内阁大臣、各都府道县知事等。通过公务员考试成为公务员逐级晋升的政府官员称之为官僚,如各省厅中的事务次官、局长、课长等官员。按照《日本国宪法》的相关规定,日本的国家政策一般由内阁向国会提交,经国会审议表决通过后成为法案,下发至内阁各省、厅方可实施。也就是说,日本的大政方针是由政治家来制定的,但具体实施又是由官僚来进行的。日本的行政首长、政府首脑是内阁总理大臣,各省的最高领导人是各内阁大臣(如外务大臣、防卫大臣、财务大臣等)。但由于长年的内阁频繁更迭,内阁总理大臣频繁更换,内阁大臣的更换更是频繁,更换最频繁的时候每个省、厅一年就会换 5 个以上的内阁大臣。而日本各省、厅的一把手"大臣"是由内阁总理直接任免的,但总理大臣却不能任免各省、厅的二把手"事务次官"。由于各省、厅一把手"大臣"的频繁更迭,不经常更换的二把手"事务次官"就成了实际的一把手。因此,自"事务次官"以下的官员就形成了"牢固的政府",日本政府的很多政策实施不得不依靠于官僚且又受制于官僚,形成独特的"官僚主导型政治"。日本很多大企业经常会高薪聘请一些卸任的政府官员(多为官僚)为顾问,利用其在政府中广博的人脉和熟悉政府运作的工作经验。而这些大企业财阀又几乎都是政治家们选举的出资方。进而,政治家、官僚、企业就形成了一个在同一利益链条上,即相互牵制，又相互利用，但又充满着矛盾的"纠葛体"。

20世纪90年代中期以来，"去官僚化、强化内阁及总理权限"成为的日本政治体制改革的总体趋势。这一时期，日本推行了旨在强化内阁职能、明确首相"内阁首长"领导地位、充实辅助内阁和首相的机构与工作人员以及重组省厅等一系列行政改革，其目标是要确立首相在多头化的行政核心中的领导作用，即首相主导体制。"经济财政咨询会议"为在此背景下于2001年新设的"内阁府"的下设机构。作为总理的直接咨询机构，"经济财政咨询会议"主要负责对经济财政政策的重要事项进行调查和审议。2002年1月"经济财政咨询会议"主导编制了《改革与展望》（今后5年，每年须修订一次）。同时，作为其审议的参考资料，内阁府还发布了《内阁府估算》。自此，因"经济财政咨询会议"的"干预"，使得日本在政府施政方针以及年度预算编制过程中更多地反映了中期预算的内容。

特别是2009年7月民主党执政后，民主党在竞选纲领中提出要改变现行的"官僚主导型政治"，实行由"国民和政治家来主导的政治"。在中期预算管理方面，先是对内阁府编制的原《改革与展望》和作为其参考资料而编制的《内阁府估算》进行了整合，同年6月内阁府编制了《经济财政的中长期估算》。接着在2010年6月内阁决议通过的《新成长战略——恢复活力的日本》（2010—2020年度）中提出"强经济、强财政、强社保的一体化"的政策目标，并将"重建财政"作为优先课题。2010年6月内阁决议通过的《财政运营战略》，提出了财政健全化目标。并决定编制《中期财政框架》，就以后3年财政收支作出规定。每年滚动修订。自此，日本的中期预算管理制度正式确立。《中期财政框架》与财务省编制的《财政的中期展望》和内阁府之前编制的《改革与展望》（今后5年，每年须修订一次）一样，虽然都不具有法的约束力。但由于就控制国债发行规模、税制改革、基础财政收支的改善目标等作出了具体的量化规定，并要求"年度概算要求"以及年度预算编制应以《中期财政框架》为基础。同时，通过与日本原有预算制度的有机衔接，从实行效果来看，具有较强的实质约束力。

当然，经济景气的低迷、财政状况的持续恶化、政府债务风险的增大是日本政府意识到从中长期视角考虑财政运营的重要性，并探索通过编制中期预算以控制财政支出规模的内在动因。（详见国内背景部分）

(二）法律依据、立法意图及其基本内容

1. 1997 年出台《财政结构改革法》

作为重建财政的重要举措，1997 年 11 月日本政府颁布了《财政结构改革法》（全称《有关推进财政结构改革的特别措施措置法》）。该法借鉴美国、欧盟等国财政改革经验，以法的形式对财政赤字目标作出了明确规定。具体规定包括：一是到 2003 年度中央、地方财政赤字占 GDP 比重消减至 3% 以下；二是逐年减少"特例公债"的发行额，到 2003 年度不再发行"特例公债"；三是社会保障、公共投资、文教等 9 个领域，根据不同领域财政支出的性质，确定改革基本方针，设定缩减财政支出的目标。作为财政重建计划的《财政结构改革法》，其有关今后年度削减财政支出的规定，在一定程度上说具有中期财政框架的作用。但之后由于 1998 年亚洲金融危机的爆发，基于国内外经济形势发展的需要，1998 年 12 月不得不停止实施该法案。

2. 2010 年 6 月 18 日内阁决议通过《新成长战略——恢复有活力的日本》

2010 年 6 月 18 日，内阁决议通过了《新成长战略——恢复活力的日本》（2010 年 6 月 18 日），指出：过去 20 多年间经济政策的失败，很大原因在于政治家没有就经济、财政、社会保障这三个课题关联起来持续性地采取应对措施。今后应吸取过去的失败经验，采取能应对现状的新的经济政策，走第三条道路。当前经济社会中存在的问题也是创造新的需要和雇用契机，为此，需要制定《新成长战略》，以实现"强经济、强财政、强社保的一体化"，具体从 7 个领域提高日本经济的活力。同时，强调《新成长战略——恢复有活力的日本》与《财政运营战略》、《中期财政框架》，以及社会保障制度改革保持步调一致，整体推进。以《财政运营战略》制定的目标切实推进财政健全化。以《中期财政框架》为基础，通过对事业项目的分类管理，减少不效率的财政支出。重视创造需求和雇佣效果好的政策和事业项目，消除供需矛盾。

3. 2010 年 6 月 22 日内阁决议通过《财政运营战略》

2010 年《中期财政框架》编制的直接法律依据是 2010 年 6 月 22 日内阁决议通过的《财政运营战略》。鉴于国内国际环境的考量和防范财政风险的现实必要，为了实现《新成长战略——恢复活力的日本》（2010 年 6 月 18 日内阁决议通过）所提出的"强财政"的目标，2010 年 6 月 22 日，民主党菅直人

内阁决议通过了《财政运营战略》。提出：为了坚决应对财政破产的风险，有必要发挥政府强有力的领导力以推进改革。

《财政运营战略》的主要内容：一是制定了财政健全化目标。到2015年度末中央和地方的基础财政收支赤字额/GDP较2010年度减半，到2020年度实现财政盈余。2021年度之后稳步降低中央、地方的长期政府债务余额及在GDP中所占比重。二是将"量入为出"（pay as you go）、"消减财政赤字"、"确保政策性财政支出的财源"作为今后财政运营的基本规则。在施政时（实施新的政策或扩充原有政策）时，原则上，应通过永久性消减财政支出或增加财政收入以确保获得稳定财源；对于养老、医疗、护理等社会保障费用这类硬性支出应确保获得稳定财源；重新审视包括特别会计预算支出在内的财政支出项目，按照事业项目的内容和性质，就其必要性和执行效率等重新审视，确实把握事业项目的执行情况并通过公示，提高预算资金使用效率，以确保预算的透明度；在推进财政健全化方面，中央、地方保持应保持协调，保持地方的自律性，不向地方转嫁负担，确保地方财政的稳定运营。三是通过制定《中期财政框架》，从中长期视角出发编制年度预算。根据该决议，2010年日本首次编制了《中期财政框架》（2011—2013年度），就以后3年财政收支做出规定。《中期财政框架》（2011—2013年度）的主要目的在于：控制国债发行额、对税制进行根本性改革、实现基础财政收支的改善目标。所使用的宏观经济指标为：《新成长战略》所设定的到2020年的目标，即名义增长率3%、实际增长率2%；2011年度消费者物价指数上升率转为正值；尽早降低失业率至3%以下。

另外，为了向国内外表明日本"重建财政"的坚定立场，日本于G20国峰会上提出了"财政健全化目标"，并作出履行承诺。为此，该年度国会（第180回）表决通过了《为确保社会保障稳定财源而推进税制根本性改革、修订消费税法等的法案》（简称《消费税修订案》），确立了提高消费税税率的时间表等。

4. 2013年8月内阁决议通过《针对当前财政健全化采取的措施——中期财政计划》（2013—2022年度）

2013年6月14日内阁决议通过《经济财政运营和改革的基本方针——摆脱滞胀、经济再生》，提出为早日摆脱滞胀，通过"大胆的金融政策"、"灵活的财政政策"、"唤起民间投资的成长战略"三项措施推进"再生的10年"战略。同时，就如何实现"强日本、强经济、富裕安全安心的生活"、"同时实现经济再生与财政健全化"等问题提出了具体设想。

为了更好地贯彻上述基本方针，内阁决议通过了《日本再兴战略》（2013年6月14日）以及《针对当前财政健全化采取的措施——中期财政计划》（2013年8月8日），以推进以民间需求为主导的可持续增长和财政健全化的良性循环。同时，将加速东日本大地震灾后重建和复兴作为最优先课题，出台重建复兴政策，有效利用"东日本大地震复兴特别会计"，切实推进必要事业项目的实施。

《针对当前财政健全化采取的措施——中期财政计划》强调在重建经济的同时实现财政健全化目标。提出：今后10年间（2013—2022年度）名义GDP平均值达3%左右、实际GDP达2%的经济增长目标。以民用为主导带动经济的可持续增长。在财政健全化目标方面，在国家和地方的基础财政收支（简称PB）方面，2015年度财政赤字占GDP的比重较2010年度减半；到2020年度基础财政收支实现盈余。之后逐步稳定降低债务余额占GDP的比重。具体措施包括：各年度预算中，财政支出方面，尽量减少浪费以控制基础财政收支对象经费。降低PB对象经费在GDP中的占比。基础财政收支至少在2014年度、2015年度削减4兆日元。财政收入方面，经济增长带动税收的增加，使税收占GDP的比重得以增长。特别是在社会保障支出方面，力图通过制度改革以实现增加收入并减少支出，以确保其财源。

三、中期预算的编制

（一）编制周期和具体时间

2010年起由内阁府编制《中期财政框架》（2011—2013年度），被认为是日本中期预算管理制度的正式确立。《中期财政框架》就以后3年财政收支作出规定，每年滚动修订。年中修订《中期财政框架》，就以后3年财政收支作出规定。第一期《中期财政框架》的核心内容为：自2011年度起的3年间，实现"强经济、强财政和强社会保障一体化"目标。为此，应从财政收支两个层面最大限度地推进财政健全化目标的实现。并就控制国债发行规模、税制改革、基础财政收支的改善目标等做出具体量化规定。

(二) 编制流程和具体环节

就编制流程和具体环节来看，日本中期预算与年度预算不同之处在于：

一是年度预算案需提交国会审议，一经国会审议通过，便具有法的效力；而无论是 2010 年起编制的《中期财政框架》，还是之前由财务省编制的《对以后年度财政收支的影响估算》（以后 3 年）[①]，以及内阁府编制的《改革与展望》[②]，每年修订并提交国会，但议会无须审议，只作为年度预算审议的参考。因此，在形式上不具有法的约束力。

二是年度预算的编制和执行中，财务省发挥着重要的协调作用。而《中期财政框架》则由内阁府负责编制，具体编制环节由其下设机构"经济财政咨询会议"全面负责。年度预算编制中，财务省在与各省厅协议的基础上，根据内阁会议确定的预算编制基本方针（《预算形成一般原则》）编制"概算方案"，经内阁会议决议形成最终的"政府预算草"后提交国会审议。而《中期财政框架》则由内阁府负责编制，其中，内阁府下设机构"经济财政咨询会议"发挥着主导作用。"经济财政咨询会议"作为总理的直接咨询机构，主要负责对经济财政政策的重要事项进行调查和审议。议长由内阁总理担任，议员一般由内阁官房长官、内阁府特命担当大臣（经济财政政策）、相关国务大臣、民间有识人士 10 人构成。就目前日本"经济财政咨询会议"的成员来看，议长为总理安倍晋三，议员包括麻生太郎副总理兼财务大臣、内阁官房长官菅义伟、"特命担当大臣"（经济财政政策担当大臣兼经济再生担当）石原伸晃、总务大臣高市早苗、经济产业大臣林干雄、日本银行总裁黑田东彦，以及民间有识人事伊藤元重（学习院大学国际社会科学部教授）、榊原定征（东丽株式会社顾问）、高桥进（日本综合研究所理事长）、新浪刚史（三得利控股株式会社代表总经理、社长）。

(三) 管理机构及其相关职责——"经济财政咨询会议"

2002 年起编制的《改革与展望》以及 2010 年起编制的《中期财政框架》，内阁府及其下设机构"经济财政咨询会议"发挥着主导作用。而一直以

[①] 1981 年起开始编制的《财政的中期展望》（以后 5 年），2002 年度更名为《对以后年度财政收支的影响估算》（以后 3 年）。

[②] 2002 年开始编制，2007 年更名为《日本经济的前途与战略》（2007—2008）。

来，日本的预算基本是由大藏省负责的。大藏省作为政府组织之一，由其全面负责预算是不恰当的。2001年中央省厅改革后，大藏省改为财务省。与此同时，在内阁府设立"特命担当大臣"①（经济财政政策担当），辅佐内阁总理大臣决策经济财政政策。而内阁府新设常设机构"经济财政咨询会议"则负责其具体事务的执行。

这一改革的目的之一就是将过去"财务省主导"的预算编制改为"内阁主导"。自此，预算编制的基本方针《预算形成一般原则》改由"经济财政咨询会议"编制，财务省则根据其指导方针完成"概算方案"，并提交内阁会议决议。从职能分工来看，"经济财政咨询会议"确定大致框架，财务省则具体负责预算的编制。而且在预算案确立阶段，"经济财政咨询会议"还参与相关会议和相关省厅的协调工作。

1. 下设机构——"专门委员"和"专门调查会"

"经济财政咨询会议"作为总理的直接咨询机构，主要负责对经济财政政策的重要事项进行调查和审议。《中期财政框架》就是在"经济财政咨询会议"的主导下编制的。"经济财政咨询会议"属合议制常设机构，其日常事务由内阁府本府下设"政策统括官"处理，其他有关机构运营等必要事项，议长经机构会议决定。如，议长认为有必要就特定专门事项进行咨询和调查时，可设立"专门委员"或"专门调查会"，当该特定专门事项的咨询或调查结束后，"专门委员"卸任，"专门调查会"解散。如，2015年12月，"经济财政咨询会议"召开的专门调查会——"经济财政一体化改革推进委员会"，旨在切实推进《经济财政运营与改革的基本方针2015》（2015年6月30日内阁决议）提出的"经济财政再生计划"，讨论通过了《经济财政再生行动纲领》（2015年12月24日决议通过），以便使改革方案和KPI更具体化。

2. 3个事务局——"政策统括官"

作为"经济财政咨询会议"的事务局，包括负责经济财政运营担当、经济社会体制担当、经济财政分析担当的3个"政策统括官"②。经济社会综合

---

① "特命担当大臣"作为国务大臣负责特定领域事务。如，冲绳及北方领土对策担当、金融担当、消费者及食品安全担当等。而这些特定领域事务的具体执行机构为设在内阁府内的"局"、"审议会"等以及外部机构（"外局"）。如，男女共同参画局、"经济财政咨询会议"、综合科学技术会议、北方对策本部、金融厅等。

② 内阁府下设有多个"政策统括官"，负责经济财政运营、经济社会体制、经济财政分析等不同领域事务。

研究所则作为"经济财政咨询会议"的合作机构,主要负责提供机构审议中所涉及资料的统计、研究等工作。具体来看,"政策统括官"(经济财政运营担当)主要是根据经济形式,从经济财政的灵活运营角度出发,企划并确立"经济对策"、"经济预期"等基本方案。同时,结合摆脱滞胀等政策课题以推进经济政策的实施。"政策统括官"(经济社会体制担当)负责企划经济财政政策的中长期方针等,交由经济财政咨询会议审议。同时,以"经济与财政一体化重建"为目标,定期探讨有关中期经济财政政策运营问题。另外,还负责促进市民活动并推进PFI的实施等。"政策统括官"(经济财政分析担当)主要负责对景气进行总体判断。一是分析国内外经济动向,每月汇总《月例经济报告》,在以总理为首的相关内阁大臣等出席的"有关月例经济报告等的阁僚会议"上汇报,作为政府景气判断的依据;二是对国家的经济财政动向进行调查和综合分析,在每年的内阁会议上发布,同时分布《年度经济财政报告》(通称《经济财政白皮书》)。

以"政策统括官"(经济财政运营担当)这一机构的构成为例,该机构下设4个官房审议官、14个参事官(分别负责总括性工作、经济对策与金融、企划、经济预期、产业与雇佣、预算编制基本方针的制定等)以及多个科室(包括政府协调苦情处理对策室、对日直接投资推进室、经济财政国际室、道州制特区担当室、地区经济活跃化援助机构担当室、地方分权改革推进室等)。

总体来看,2001年中央省厅改革后,预算编制权限,特别是预算编制的基本方针或重要决策,如,《经济财政运营和改革的基本方针》(骨太方针)、《预算编制的基本方针》等内阁决议文件的编制方面,开始由过去的"财务省主导"转向以"特命担当大臣"(经济财政政策担当)为领导核心、以"经济财政咨询会议"为执行机构、以"政策统括官"为事务处理机构的"内阁主导"预算编制体制。其中,虽然"经济财政咨询会议"10人构成中包括财务大臣,但有关预算编制方针、中期预算等重大决策的制定已经摆脱了"财务省主导",而是在综合其他省厅以及民间经济组织、学者等意见基础上,结合国家经济社会形式以及国内外经济动向等编制的,较"财务省主导"下的预算编制、中期预算规划等更体现出其综合性和全面性。

(四)编制技术和相关标准

日本的《中期财政框架》的编制主要依据的是《有关中长期经济财政的

估算》。《有关中长期经济财政的估算》是由内阁府"政策统括官"(经济社会体制担当)的"计量分析室"应用"经济财政模型"(2010年度版)进行的估算。

目前使用的"经济财政模型"有过多个改订版本,目前使用的是2010年度版本。"经济财政模型"(2010年度版)也是2010年6月22日内阁府决议通过的《新经济成长战略》和《财政运营战略》的参考资料《经济财政的中长期估算》而采用的估算模型。

1. "经济财政模型"(2010年度版)

该模型是基于对国家经济、财政中期(5—10年)展望为目的开发的时间序列参数型宏观计量经济模型。其特点之一,是从供给侧明确经济增长的长期路径,以短期需求变化与供给力的偏离就宏观经济的均衡调整过程进行了记述。由于是基于供需两个层面的比较,不仅能够对中长期路径的变化过程进行描述,同时还从供给和需求两个层面探讨财政、社会保障制度的变化对宏观经济的影响。该模型分为四大区块,即人口结构和劳动供给区块、宏观经济区块、社会保障区块、财政区块。四大区块的关联图如图2-1所示。

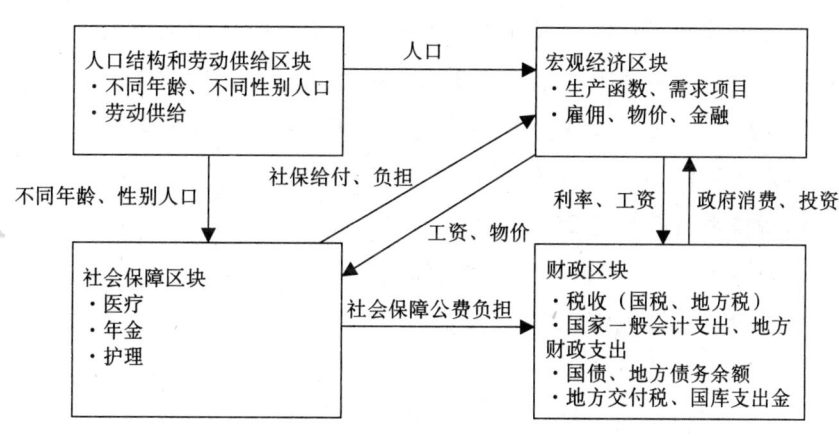

图 2-1

部分区块的说明:

(1) 人口结构和劳动供给区块。

①使用的基础统计:国立社会保障与人口问题研究所《日本将来的人口预测》(2006年12月)有关不同年龄、不同性别人口。

②劳动力人口,是按各年龄段男女劳动参加率推算的。

（2）宏观经济区块。

①总供给是通过科布·道格拉斯型生产系数加以规定的。②内生资本存量和劳动力供给以及外生的技术进步率决定经济的潜在增长率。③总需求方面，按青年、老年、老年无业者三种类型人群的消费、最佳资本存量的调整体系而设定的设施投资、实际利率等决定的住宅投资外，因进出口而引起内外价格差的价格效应、所得效应效果的变化。④基于菲利普曲线计算消费平减指数变动、投资平减指数变动，GDP平减指数变动是通过连锁指数公式求得的。⑤金融方面，估算了短期和长期利率、货币余额（M2CD平均余额），以及外汇汇率。短期利率CD（3个月）则根据物价差、供需差等变化。长期利率是根据10年期国债的利息、短期利率、物价上涨指数、政府债务余额等求出的。

2. 主要乘数说明

以下乘数是为了检验模型动态特性进行的机械测试的结果。在考虑和评价现实政策效果时，有必要考虑当时的经济环境差异，有必要在一定幅度范围内据乘数进行解释。

分以下8种情况：

① 实际公共固定资本形成相当于实际GDP的1%，仅削减1年。

② 实际公共固定资本形成相当于实际GDP的1%，持续削减。

③ 法人税（企业所得税）相当于名义GDP的1%，持续增税。

④ 个人所得税相当于名义GDP的1%，持续增税。

⑤ 消费税率持续提高2%。

⑥ 全要素生产率（TFP）上升率持续提高1%。

⑦ 原油价格持续上涨20%。

⑧ 短期利率持续上升1%。

以上8种情况假定必须满足以下条件：

①—⑧：政府消费、社会保障相关是内生变量，其他为固定。

①—⑦：短期利率为内生变量。

③—⑧：实际公共固定资本形成为固定。

3. 内生变量

（1）人口结构和劳动供给区块：168个变量。

（2）宏观经济区块：281个变量。

(3) 社会保障区块：714 个变量。

(4) 财政区块：1182 个变量。

4. 外生变量

(1) 人口结构和劳动供给区块：299 个变量。

(2) 宏观经济区块：133 个变量。

(3) 社会保障区块：464 个变量。

(4) 财政区块：660 个变量。

5. 数据来源

BOJ 日本银行《金融经济统计月报》、《物价指数月报》；

CAO 内阁府《国民经济计算年报》、《民间企业资本存量》、《海外经济数据》；

HWSA 厚生统计协会《保险及年金动向》；

ILF 地方财务协会《地方财政统计年报》、《地方财政要览》、《地方债手册》；

IMF 国际货币基金《International Financial Statistics》、《World Economic Outlook》；

KKR 国家国务院共济组合联合会《国家公务员共济组合事业统计年报》；

MHLW，SIA 厚生劳动省《每月劳动统计调查报告》、《国民健康保险事业年报》、《国民健康保险实际调查报告》、《护理给付实际调查报告》、《护理保险事业状况报告》、《社会医疗诊疗行为调查》、社会保险厅《事业年报》；

MIC 总务省《地方财政收支预期概要》、《地方财政计划》、《地方债计划》、《地方财政白皮书》、《地方公务员共济组合事业年报》；

MOF 财务省《财政金融统计月报》、预算相关资料、《一般会计各省厅预计经费请求书等》、《决算说明》、《决算参照表》、《国债统计年报》、国税厅《从税务统计看法人企业实际情况》；

NIP 国立社会保障与人口问题研究所《日本未来人口推移》（2006 年 12 月）、《日本未来家庭户数推移》（2008 年 3 月）、《社会保障统计年报》、《社会保障给付费》；

OECD 经合组织《Economoic Outlook》；

STAT 总务省的《消费者物价指数》、《劳动力调查》；

TSE 东京证券交易所《东证统计月报》。

6. 模型的方程式数（见表2-1）

表2-1　　　　　"经济财政模型"（2010年度版）的概览

	内生变量数			外生变量数
	方程式数	其中：推导公式	其中：定义式	
人口结构和劳动供给	168	0	168	299
宏观经济	281	49	232	133
财政	1182	12	1170	660
其中：国债、地方债	942	0	942	452
其他	240	12	228	208
社会保障	714	50	664	464
其中：医疗	113	21	92	88
年金	314	25	289	164
护理	273	0	273	208
其他	14	4	10	4
合计	2345	111	2234	1556

资料来源：内阁府网站公布资料，http：//www5.cao.go.jp/keizai3/econome/ef2rrrr-equ.pdf。

7. 公式推导

"经济财政模型"（2010年度版）的方程式数多达2345个。下面以总供给、总需求的推导公式为例说明。

（1）总供给。

---- < M_GDPP2：潜在GDP > ----

LOG(M_GDPP2) = M_TFP2 + (1 - M_EQLBSH) * LOG(M_EQKFP2 * M_EQCU2) + (M_EQLBSH) * LOG(M_EQLE2 * M_EQH2)

---- < M_GTFP2：全要素生产率（TFP）增长率 > ----

M_GTFP2 = DEL(M_TFP2,1)

---- < M_EQKFP2：潜在资本存量 > ----

LOG(M_EQKFP2) = (1 - M_D10C) * LOG(M_EQKFPX2) + M_D10 * LOG(M_EQKFP2.-1 * (1 + GR(SUM(M_KFP,0,1)/2,1)))
+ M_D11C * LOG(M_EQKFP2.-1 * (1 + GR(SUM(M_KFP,0,2)/3,1)))

---- < M_EQLF2：潜在劳动力人口 > ----

LOG(M_EQLF2) = (1 - M_D10C) * LOG(M_EQLFX2) + M_D10 * LOG(M_EQLF2.-1 * (1 + GR(M_LF,1)))

$+ M\_D11 * LOG(M\_EQLF2. -1 * (1 + GR(SUM(M\_LF,0,2)/3,1))) + M\_D12 * LOG(M\_EQLF2. -1 * (1 + GR(M\_LF,1)/2))$

$+ M\_D13 * LOG(M\_EQLF2. -1 * (1 + GR(SUM(M\_LF,0,2)/3,1) * 5/3)) + M\_D14C * LOG(M\_EQLF2. -1 * (1 + GR(SUM(M\_LF,0,2)/3,1)))$

---- < M_EQLE2：潜在就业人数 > ----

$M\_EQLE2 = M\_EQLF2 * (1 - M\_EQUR2 / 100)$

---- < M_EQLH2：潜在劳动时间 > ----

$M\_EQLH2 = (1 - M\_D09C) * M\_EQLH2X + M\_D09C * M\_EQLH2. -1 * (1 + GR(M\_LEH/(P\_LEM + P\_LEF),1))$

---- < M_LEH：就业人数 > ----

$M\_LEH = M\_LEHM + M\_LEHF$

---- < M_LEHM：就业人数（男性）> ----

$M\_LEHM = P\_LE1519M * M\_WT1519M + P\_LE2024M * M\_WT2024M + P\_LE2529M * M\_WT2529M + P\_LE3034M * M\_WT3034M$

$+ P\_LE3539M * M\_WT3539M + P\_LE4044M * M\_WT4044M + P\_LE4549M * M\_WT4549M + P\_LE5054M * M\_WT5054M$

$+ P\_LE5559M * M\_WT5559M + P\_LE6064M * M\_WT6064M + (P\_LE6569M + P\_LE700VM) * M\_WT650VM$

---- < M_LEHF：就业人数（女性）> ----

$M\_LEHF = P\_LE1519F * M\_WT1519F + P\_LE2024F * M\_WT2024F + P\_LE2529F * M\_WT2529F + P\_LE3034F * M\_WT3034F$

$+ P\_LE3539F * M\_WT3539F + P\_LE4044F * M\_WT4044F + P\_LE4549F * M\_WT4549F + P\_LE5054F * M\_WT5054F$

$+ P\_LE5559F * M\_WT5559F + P\_LE6064F * M\_WT6064F + (P\_LE6569F + P\_LE700VF) * M\_WT650VF$

（2）总需要。

---- < M_CPYPH：户主不满60岁的家庭消费（实际）> ----

$GR(M\_CPYPH + M\_CPPHYCA,1) = -0.29988 * (LOG((M\_CPYPH. -1/M\_YDYPH. -1)/M\_EQCPYYDY. -1))$

$(2.2099) + (\&1(I), I=0,2) * (GR(M\_YDYPH - M\_CHI/M\_HY,1)) - 0.040542 * (M\_D91)(3.5154)$

$+ 0.029561 * (M\_D01) - 0.025659 * (M\_D08)$

$(2.8989)\ (2.5477)$

ALMON DEGREE = 1 S. C = N E. C = YLAG &1

0 0.47707 (6.8856)

1 0.31805 (6.8856)

2 0.15902 (6.8856)

SUM = 0.95414

R2C = 0.73234 SE = 0.0098523 DW = 2.0401 (1989.1 – 2008.1)

- - - - < M_EQCPYYDY : 户主不满60岁的家庭的平均消费倾向 > - - - -

$M\_EQCPYYDY = EXP(-0.29712 - 0.35369 * DEL(LOG(M\_SBGVB.-1/M\_GDPV),1) + 0.0040949 * M\_TIMEST + LOG(M\_GDPP2/M\_GDP))$

- - - - < M_CPOWPH : 户主60岁以上的就业家庭消费（实际）> - - - -

$GR((M\_CPOWPH + M\_CPPHOCA)/M\_YDOWPH,1)$
$= -0.16718 * (LOG((M\_CPOWPH.-1/M\_YDOWPH.-1)/0.98961))$

- - - - < M_CPOUPH : 户主60岁以上的非就业家庭消费（实际）> - - - -

$GR((M\_CPOUPH + M\_CPPHOCA)/M\_YDOUPH,1)$
$= -0.34196 * (LOG((M\_CPOUPH.-1/M\_YDOUPH.-1)/1.4394))$

(4.4399)

$+ 0.18439 * (GR(M\_BSSVPEN/M\_HOU/M\_YDOUPH,1)) - 0.035765 * (M\_D93C98)$

(2.0754) (3.3119)

R2C = 0.52682 SE = 0.014011 DW = 2.6772 (1993.1 – 2008.1)

- - - - < M_CPPHYCA : 户主不满60岁家庭消费（实际）误差调整项 > - - - -

$M\_CPPHYCA = (1 - M\_D07C) * M\_ZERO + M\_D07C * M\_CPPHYCA.-1$

- - - - < M_CPPHOCA : 户主60岁以上家庭消费（实际）误差调整项 > - - - -

$M\_CPPHOCA = (1 - M\_D07C) * M\_ZERO + M\_D07C * M\_CPPHOCA.-1$

- - - - < M_CPY : 户主不满60岁家庭的最终消费支出（实际）> - - - -

$M\_CPY = M\_CPYPH * M\_HY$

- - - - < M_CPOW : 户主60岁以上就业家庭的最终消费支出（实际）>

　　M_CPOW = M_CPOWPH * M_HOW

　　----< M_CPOU：户主60岁以上的非就业家庭的最终消费支出（实际）>----

　　M_CPOU = M_CPOUPH * M_HOU

　　----< M_CP：民间最终消费支出（实际）>----

　　M_CP = M_CPY + M_CPOW + M_CPOU

　　----< M_VSHARE：股票时价总额 >----

　　GR(M_VSHARE/(M_KFP.-1 * M_PIFP),1)

　　= 0.73320 * (GR(((M_YCV - M_YICV)/(M_KFP.-1 * M_PIFP)),1)) + 0.38059 * (M_D86) + 0.41009 * (M_D99)

　　(3.1561) (2.3692) (2.5541)

　　R2C = 0.40806 SE = 0.16056 DW = 1.4328 (1982.1 - 2008.1)

　　----< M_IFP：民间企业设备固定资本形成（实际）>----

　　M_IFP/M_KFP.-1 - M_RRKFPX = +(&1(I),I=0,4) * (LOG(M_KFP.-1) - M_KFPST3)

　　+ 0.069873 * (M_DC87) + 0.049794 * (M_D88)

　　(7.8424) (3.4457)

　　+ 0.063537 * (M_D89C92) + 0.036014 * (M_D93) + 0.026681 * (M_D94C99)

　　(8.7275) (2.5530) (4.5143)

　　ALMON DEGREE = 1 S.C = N E.C = Y

　　LAG &1

　　0 -0.021678 (-3.7149)

　　1 -0.017342 (-3.7149)

　　2 -0.013007 (-3.7149)

　　3 -0.0086711 (-3.7149)

　　4 -0.0043355 (-3.7149)

　　SUM = -0.065033

　　R2C = 0.92131 SE = 0.014093 DW = 2.1431 (1985.1 - 2007.1)

　　----< M_KFPST3：最适资本存量 >----

M_KFPST3 = LOG(1 - (M_ITAXV + Z_TYCV + M_YWV)/M_GDPV) + LOG(M_GDPP2) - LOG(M_UCC3) - 0.38850

---- < M_UCC3:资本的使用者费用(实际) > ----

M_UCC3 = (M_PIFP/M_PGDP@)/(1 - M_TT2)
* (M_RGB/100 - GR(M_PIFP,1) + M_RRKFP) * (1 - M_TT2 * M_MPVDP - M_TINCR)

---- < M_TT2:法人实际税率 > ----

M_TT2 = (Z_TXB + Z_TXCL + Z_TXFL + Z_TXFLT)/(M_YCV - M_YICV + Z_TXFL + Z_TXFLT)

---- < M_IHP:民间住宅固定资本形成(实际) > ----

M_IHP/M_KHP.-1 - M_RRKHP
= -0.77419 * (LOG(M_KHP.-1/M_EQKHP)) + (&1(I),I=1,4)
* (DEL(M_RGB - GR(M_PIHP@,1) * 100,1))

(11.151)

+ 0.027312 * (M_D96) + 0.014311 * (M_D98C99) - 0.0087582 * (M_D01C06) - 0.039089 * (M_D07)

(4.7785)(3.5171)(3.4726)(6.5978)

ALMON DEGREE = 1 S.C = N E.C = Y

LAG &1

1 -0.0027236(-2.2308)

2 -0.0020427(-2.2308)

3 -0.0013618(-2.2308)

4 -0.681E-03(-2.2308)

SUM = -0.0068089

R2C = 0.92776 SE = 0.0057040 DW = 1.5186(1988.1 - 2007.1)

---- < M_EQKHP:平均住宅存量 > ----

M_EQKHP = EXP(0.54749 * LOG(SUM(M_GDPP2,0,2)/3) + 0.50315 * LOG(SUM(M_HY,0,2)/3))

---- < M_CG:政府最终消费支出(实际) > ----

M_CG = M_CGV/M_PCG

---- < M_XGS:货物、服务的出口(实际) > ----

GR(M_XGS,1) = + (&1(I),I=1,2) * (LOG(M_XGS/M_EQXGS))
+ 0.40299 * (MWE_GGDP)

(3.0899)

+ (&2(I),I=0,3) * (GR((M_FXS * MWE_WPI2)/M_CGPI@ ,1))
+ 0.076663 * (M_D88C92)

(4.3549)

- 0.097792 * (M_D98) - 0.14987 * (M_D01) - 0.090247 * (M_D08)

(3.6882) (5.5553) (3.5175)

ALMON DEGREE = 1 S.C = N E.C = Y

LAG &1

1 -0.15511(-6.1701)

2 -0.077555(-6.1701)

SUM = -0.23267

ALMON DEGREE = 1 S.C = N E.C = Y

LAG &2

0 0.15112(3.7395)

1 0.11334(3.7395)

2 0.075558(3.7395)

3 0.037779(3.7395)

SUM = 0.37779

R2C = 0.88800 SE = 0.025482 DW = 2.0201(1986.1 - 2008.1)

- - - - < M_EQXGS：货物、服务的平均出口 > - - - -

M_EQXGS = (M_GDPP2 * M_PGDP - M_CPV - M_IFPV - M_IHPV - M_INV - M_CGV - M_IGV + M_MGSV)/M_PXGS

- - - - < M_MGS：货物、服务的进口（实际） > - - - -

GR(M_MGS/M_GDP,1)
= - 0.038573 * (LOG(M_MGS. -1/M_EQMGS. -1)) + 0.19562 * (GR(M_EQMGS,1))

(0.94871) (5.9950)

+ (&1(I),I=0,1) * (GR(M_FXS * MWE_WPI2/M_CGPI@ ,1)) -

$0.033065 * (M\_D90C91)$

(1.3899)

$+ 0.053176 * (M\_D93C02) - 0.081080 * (M\_D00)$

$(2.9530)\ (2.2601)$

ALMON DEGREE = 1 S.C = N E.C = Y

LAG &1

0 −0.16492(−2.5786)

1 −0.082462(−2.5786)

SUM = −0.24739

R2C = 0.74309 SE = 0.030102 DW = 1.5317(1987.1−2008.1)

----< M_EQMGS:货物、服务的平均进口 >----

M_EQMGS = (−M_GDPP2 * M_PGDP + M_CPV + M_IFPV + M_IHPV + M_INV + M_CGV + M_IGV + M_XGSV)/M_PMGS

----< M_IN:在库品增加(实际) >----

M_IN = M_INV/(M_PIN * M_RPINER)

----< M_GDP:国内总支出(实际) >----

M_GDP = M_GDPV/M_PGDP

----< M_GDPDT:实际GDP增长率 >----

M_GDPDT = (M_GDP/M_GDP.−1−1)*100

----< M_CPVY:户主不满60岁的家庭的 岁未满の世带の最终消费支出(名目) >----

M_CPVY = M_CPY * M_PCP

----< M_CPVOW:户主60岁以上家庭的最终消费支出(名义) >----

M_CPVOW = M_CPOW * M_PCP

----< M_CPVOU:户主60岁以上非就业家庭的最终消费支出(名义) >----

M_CPVOU = M_CPOU * M_PCP

----< M_CPV:民间最终消费支出(名义) >----

M_CPV = M_CP * M_PCP

----< M_IFPV:民间企业设备固定资本形成(名目) >----

M_IFPV = M_IFP * M_PIFP

----＜ M_IHPV：民间住宅固定资本形成（名义）＞----

M_IHPV = M_IHP * M_PIHP

----＜ M_XGSV：货物、服务出口（名义）＞----

M_XGSV = M_XGS * M_PXGS

----＜ M_MGSV：货物、服务进口（名义）＞----

M_MGSV = M_MGS * M_PMGS

----＜ M_GDPV：国内总支出（名义）＞----

M_GDPV = M_CPV + M_IFPV + M_IHPV + M_INV + M_CGV + M_IGV + M_XGSV - M_MGSV

----＜ M_INV：在库品增加（名义）＞----

M_INV = M_GDPV * M_RINV

----＜ M_RINV：在库品增加（名义）比率（名义 GDP 比）＞----

M_RINV = M_D07C * M_RINV. -1

----＜ M_GDPVDT：名义 GDP 增长率＞----

M_GDPVDT =（M_GDPV/M_GDPV. -1-1）* 100

四、中期预算的实施

（一）中期预算的约束力及其作用机制

因《中期财政框架》无须议会审议，只是提交国会作为年度预算审议的参考。虽然不具有法律的强制约束力，但具有实质性约束力。这是因为，《中期财政框架》对财政支出作了总括性规定（"支出大框架"），特别是对于政策性经费支出规模等的规定，具有相对约束力。规定未来 3 年的新发债额不超过 44 兆日元。未来 3 年基础财政支出（一般会计预算支出中扣除国债费和决算不足补充的转入部分）的上限维持在 71 兆日元左右。虽然《中期财政框架》从法律上来看不具有法的约束力，但就实施情况来看，对未来几年财政支出规模具有实质性的约束力。这是因为，政策性经费支出一般是政府可以直接控制的支出领域，而对于政策性经费支出规模等的规定，提高了可操作性，从而容易实现缩减支出的目标。

另外，由于《中期财政框架》和年度预算编制方针都由"经济财政咨询会议"编制,因此,年度预算能较好地反映中期预算的主旨,且由一个部门制定,政策目标明确也能较好地保证年度预算更好地体现中期预算的政策目标。

(二)中期预算与年度预算的相互影响及其相互衔接

主要是:编制时间安排更科学,使年度预算的编制与中期预算衔接更紧密。就编制时间来看,《中期财政框架》的编制时间早于年度预算编制方针和"概算要求基准"的提出。日本《中期财政框架》的修订时间大致是在每年的5—6月份,内阁决议一般在8月中下旬(8月31日前)。而预算编制指导方针"概算要求基准"的决议时间大体一致(7—8月份)。之后,各省厅需根据内阁会议确定的预算编制方针和"概算要求基准"进行内部调整,向财务省提交下年度的概算请求。而年度预算的编制时间一般为9—12月份,因此,年度预算编制能较为全面地反映中期预算的主旨。

(三)动态调整

在中期预算实施过程中,当原定预算目标与现实经济财政运行发生偏差时,给予必要的调整和修订。主要体现在2009年6月9日内阁府编制的《经济财政的中长期估算》(2008—2023年,简称《估算》)的年度滚动修订方面。因为,该《估算》是作为"经济财政咨询会议"审议的参考,对于《中期财政框架》的年度滚动修订具有极高的参考意义。

《经济财政的中长期估算》(2008—2023年是在反映2009年度经济预期以及2009年度1—3月份GDP速报(第1次速报值)、2009年度修正预算等经济财政等现状的基础上,假定不同经济运行情况下(①2010—2011年间世界经济平稳恢复(日本全要素生产性(TEP)提高1.0%左右,女性、老年人的劳动参与率提高);②世界经济快速恢复(2010年与世界经济同步,日本经济快速恢复并实现高增长;日本全要素生产性(TFP)提高1.5%左右,包括女性、老年人在内的劳动参与率提高);③世界经济继续在低谷徘徊(世界经济继续处于低迷状态,日本经济不景气状况进一步深刻化、长期化)),就2008—2023年度间的经济、财政状况进行了估算。

2010年6月22日,作为《新成长战略》和《财政运营战略》的参考资料,基于明确3大课题(经济增长、财政健全化、安心的社会保障制度的构建）相互关联性的视角，内阁府修订了《经济财政的中长期估算》（2009—2023年）。该估算是在反映2010年1—3月份GDP速报、《2011年度经济动向》（也称《内阁府估算》）2010年度当初预算等经济财政等现状的基础上，假定两种不同经济运行情况下（慎重版本（当前国内外经济状态的持续）和经济成长战略版本（内外需坚挺，能够实现《新成长战略》所设定的目标：名义GDP3%、实际GDP2%）就2009—2023年度间的经济、财政状况进行了估算。

自2011年度起《经济财政的中长期估算》一年基本滚动修订两次（1—2月份和7—8月份）。以2011年度为例，2011年1月21日，内阁府对2010年6月22日公布的《经济财政的中长期估算》（2009—2023年）进行了滚动修订，依据的基础数据为2010年7—9月份GDP速报、2011年度经济预期、2011年度政府预算案等。通过计量模型公式（"经济财政模型（2010年度版）"），假定两种不同经济运行情况下（慎重版本（到2020年，实现名义GDP平均增长1.5以上，实际GDP平均增长1%以上，消费者物价指数于2011年度上升为正值，中长期稳定在1%左右）和经济成长战略版本（2011—2020年度间实现GDP平均增长3%、实际GDP平均增长2%，消费者物价指数于2011年度上升为正值，中长期稳定在2%左右）），2010—2023年度间的经济、财政状况（包括经济增长率、物价指数、利率等）进行了估算。

附：

2012年1月24日内阁府编制《经济财政中长期估算》（2011—2023年）；

2012年8月31日内阁府编制《经济财政中长期估算》（2011—2023年）；

2013年8月8日内阁府编制《有关中长期的经济财政估算》（2012—2023年）；

2014年1月20日内阁府编制《有关中长期的经济财政估算》（2013—2023年）；

2014年7月25日内阁府编制《有关中长期的经济财政估算》（2013—2023年）；

2014年2月12日内阁府编制《有关中长期的经济财政估算》（2014—2023年）；

2014年7月22日内阁府编制《有关中长期的经济财政估算》（2014—2023年）。

五、中期预算的监督

在日本,就《中期财政框架》以及财政健全化目标是否实现等情况进行监督并给出绩效评价的主体是内阁官房国家战略室。每年1月份,内阁官房国家战略室负责发布《年度财政运营战略的推进情况验证》[1],就财政健全化目标的推进情况进行绩效评价。就各年度的评价情况来看,每年基础财政收支对象经费支出预算额,都控制在《中期财政框架》的目标范围内(见表2-2)。但各年度国债发行额有所超过,这与2011年东日本大地震的发生,灾后恢复重建,以及复兴债券的发行等有关系。

表2-2　　各年度预算案与《中期财政框架》目标的对比

	中期财政框架目标	2011年预算额	2012年预算额	2013年预算额
控制国债发行额	争取不超过上年度预算(约44兆日元)	44兆2982亿日元	44兆3030亿日元	44兆2440亿日元
基础财政收支对象经费支出"大框架"	约71兆日元	70兆8625亿日元	70兆9319亿日元	68兆3897亿日元

资料来源:根据内阁官房国家战略室《年度财政运营战略的推进情况验证》整理。

六、财政部门在中期预算管理中的职责

(一)编制环节——参与中期预算编制,但不再发挥主导作用

财务大臣作为"经济财政咨询会议"成员,参与中期预算的决策和编制过程,其专业性意见充分得以反映。但有关年度预算编制的基本方针、国家经济发展规划、中期预算规划——《中期财政框架》等的制定,并不由财政部门负责或主导,自2001年起在内阁府设立"经济财政咨询会议",由"特命担当大臣"(经济财政政策担当)领导,以"经济财政咨询会议"为执行机构、以"政策统括官"为事务处理机构的"内阁主导"预算决策体制。

---

[1] 参见:《2011年度财政运营战略的推进情况验证》(2011年1月21日)、《2012年度财政运营战略的推进情况验证》(2012年1月24日)等。

(二) 实施和监督等环节——通过预算限额("年度概算要求")落实中期预算的实施

所谓"概算要求基准"是指,财务省在各省厅提交年度预算请求前下达的有关预算编制的指导方针,主要是规定限额标准。因为是对预算请求额的上限,所以也被称为"封顶"。自 2001 年 1 月中央省厅改革后,《预算编制的基本方针》需经"经济财政咨询会议"审议编制。主要就经济及财政状况、预算编制整体方针、财政支出的重点领域及支出方针等做出规定。在经济预期方面,除了明确新一年度的经济财政政策和方针外,还就新一年度 GDP 增长率等主要经济指标进行预期。

就时间安排来看,每年 6 月,根据社会经济形势及国家重点发展方向等讨论下一年度的预算编制方针及"概算要求基准",经"经济财政咨询会议"讨论后,由内阁会议表决通过(每年 7 月中下旬)。此后,通过财务省以限定目标的形式官方指导各省厅做预算请求的准备工作。每年 8 月 31 日前,各省厅根据内阁会议确定的预算编制方针和"概算要求基准"进行内部调整,向财务省提交下年度的概算请求。因为每个部门必须在"概算要求"规定的限额内提出自己的预算请求,从而有效地控制了部门出现过量请求的情况,因此,对于缩减政府支出具有重要意义。

2010 年菅直人内阁在此制度的基础上提出了"概算要求重组基准"的概念,即要求"概算要求基准"须根据《新成长战略》和《财政运营战略》等的要求,全面审视年度预算安排,全力削减财政支出规模。提出 2011 年度财政支出(扣除国债本息支出)上限为 71 兆日元,各省厅在提交概算要求时(除社会保障支出和地方交付税交付金外)在上年度预算的基础上一律削减 10%;同时设定了"特别范畴"以资助那些有利于增加雇佣和促进经济增长的事业项目[①]。以 2011 年度文部科学省的预算安排为例,包括"国立大学法人运营费交付金"在内的"大学相关预算"被作为削减对象。据此,"国立大学法人运营费交付金"(之前的年度预算约 1.2 兆日元),年度削减额约为 1000 亿日元,今后 3 年削减额达 3000 亿日元。

---

① 如,设置了超过 1 兆日元的"恢复活力日本特别支出框架",用于支持符合"新成长战略"的事业项目。

（三）财务大臣与"特命担当大臣"（经济财政政策担当）的职能分工

关于财务大臣与"特命担当大臣"（经济财政政策担当）的职能分工，有人形象地比喻为一个家庭的"丈夫"和"妻子"的关系。财务大臣作为统辖财务省的国务大臣，好比是"妻子"，重点关注的是政府资金的使用，同时要考虑国民福祉、外交等多个领域。如何分配好政府资金、不产生浪费是其主要任务。"特命担当大臣"（经济财政政策担当）则好比是"丈夫"，重点关注的是如何通过政府资金的分配，使日本经济增长、国民福祉能持续提高。如果"夫妻"意见难以统一，则在首相的领导下由官房长官[①]负责协调。

七、中期预算存在的问题、最新改革情况及发展动向

（一）存在的问题

在日本，有学者指出：虽然2010年度起编制的《中期财政框架》在很大程度上有所改进，但依然存在不足。主要表现为：

1. 《中期财政框架》仅以一般会计预算为估算对象，不涉及修正预算和特别会计预算等，没有全面反映国家财政的总体情况

究其原因，这主要是因为日本的政府预算通常是指一般会计预算，为此，中期预算的内容也仅以一般会计预算为估算对象。而在实践中，如，地震灾后复兴重建等相关费用，2011年度是计入一般会计预算的，但自2012年度起则计入了特别会计预算，因此也就不在《中期财政框架》规范之内了。

就2011年度的决算数来看，该年度新发行国债为54兆日元，基础财政支出为81.1兆日元，都超过了《中期财政框架》多规定的上限。据分析，这主要是因为东日本大地震的发生后，灾后复兴重建等相关费用的增加以

---

① 日本内阁官房长官相当于政府秘书长，负责协调沟通内阁其他部门，并作为政府发言人。如首相不能行使职务超过5天，则代理首相职位，是日本内阁中首相以下最重要的阁僚位置。以内阁官房长官为领导的内阁官房直属于内阁，是日本首相的辅佐机构（相当于办公厅）。负责内阁会议事项整理和内阁日常工作；负责综合调整内阁会议重要事项和保持行政各部门政策统一；掌管收集、调查内阁制定重要政策的情报工作。由于日本各省厅机构庞大，事务繁杂，政策的上传下达工作、各省厅之间的沟通交流工作，主要由内阁官房这一机构完成。

及复兴债券的发行而导致的。而就 2012 年度预算情况来看，该年度新发行国债 44.2 兆日元，加上"复兴债"和"年金特例公债"合计 49.5 兆日元。基础财政收支对象中，一般会计预算的当初预算加上年金差额部分，合计 70.9 兆日元，如果再加上特别会计预算中的"地震灾后复兴重建等相关费用"，总计 74.1 兆日元。今后，特别是像针对灾后复兴以及经济形势恶化等现象，实行修正预算的可能性也越来越大，如果任由这部分资金扩大，无疑会增大财政风险。而从财政资金规模和完整性来看，财政健全化措施适用范围除了一般会计预算外，还应包含特别会计预算、修正预算等在内的全部财政资金。

2. 包括《中期财政框架》在内，政府决策过程权限依然分散，不利于对预算规模的控制

在政策制定方面，事实上日本存在内阁和执政党 2 个决策主体。而且自 2004 年 1 月以来日本多次组阁过联合政府，在野党也成为政策的参与主体。表现在预算编制方面，内阁、内阁府的"经济财政咨询会议"、财务省，再加上联合政府中的在野党，事实上是多主体参与。这使得预算编制过程中合作与调整变得相对困难。而同为议会内阁制的英国，在野党在政策制定方面并不发挥实际作用，内阁最终有决策权并负有全面责任。而且，英国、澳大利亚实行中期预算较为成功，主要是中期预算框架中关于资源配置的优先顺序，主要是由总理和财务大臣等几个内阁主要成员决定的，权限相对集中。在高度经济增长期，由于税收收入充足，而政府社会公共服务供给处于相对不足状态，决策权限分散也能发挥作用。但是，经济进入低成长期，考虑将有限的资源战略性地配置到有限领域，决策权限分散则很难有效控制财政赤字规模。

（二）最新改革情况及发展动向

伴随着中期预算的编制，近年来日本在预算管理体制方面推进了以下改革措施。《关于预算编制等方法的改革》（2009 年 10 月 23 日内阁会议决议通过）就改革措施作出了具体规定。

1. 从跨年度预算视角出发，推行"自上而下"的预算编制改革

（1）由内阁官房下设机构"国家战略室"负责编制《年度预算编制的基本方针》草案，经"预算编制阁僚委员会"讨论，由内阁决议通过。这里需

要说明的是,"阁僚委员会"于2009年9月民主党联合政府执政下引入的制度。即有关国家重要政策在提交内阁会议审议前,包括总理在内的相关内阁成员讨论并进行综合协调而召开的会议,因政策课题不同而名称不同。"阁僚委员会"制度引入之前,在内阁决议前召开"事务次官会议"对决策课题进行讨论、调整。"阁僚委员会"制度的引入,实际上是强化内阁权限的一项措施。

(2)"预算编制阁僚委员会"就跨部门的预算领域给出适当的大局性方针,以排除纵向行政体制下的弊端。

2. 提高预算编制、执行过程的透明度和公开性。

(1)要求自2010年度起,各省厅官网应公布其概算请求和政策评价调整书等,财务省也应链接相关网站。

(2)内阁府下设的"行政革新会议"全面公布事业项目分类。根据事业项目的性质,积极公布预算支出单位信息以及包括人员经费在内的事业费全成本信息。

(3)预算概算决定后,财务省、各省厅应尽可能以让国民容易理解的形式公布概算,尽可能公布包括一般会计预算、特别会计预算、当初预算和修正预算等内容。

3. 避免年度末的突击花钱和预算执行中的浪费问题。

(1)各省厅应定期在网站公布预算执行情况的信息。同时,就公共事业项目以及预算执行中的重要决定等信息公示。

(2)各省厅于2010年度前设置"预算执行监视组",以自觉推进预算执行的效率。具体包括:参与重要政府采购、公共事业项目等的预算分配、补助金等发放的决定,并适时公布相关信息;关注预算执行情况的公示;听取相关部门汇报并检查是否存在年末集中花钱的行为;制定提高预算执行效率的计划,检查其实施情况,年末公布预算执行效率化情况及改进方案。

4. 自2010年度起试行"政策目标实现考核制度"

就政策目标的实现程度等进行评价。政府就政策拟实现目标、实现指标、实现计划等的文书统一规范格式,并进行事后评价,以便对预算的执行效率、效果等进行验证。应同时从内部和外部充实政策评价和验证体系。

八、中期预算管理经验借鉴和启示

(一)《中期财政框架》的年度修订时间安排科学,对年度预算的编制具有现实指导意义

从中期预算实行较为成功的国家,如澳大利亚、瑞典、英国等,中期预算案一般与年度预算案同时发布或在年度中旬发布,而且也不是基于年度预算编制的,一般依据的是现行政策和最新经济数据(经济增长率、利率、物价上涨率等)的财政收支预期。而新一年度预算的编制则是将财政收支预期作为政府财政运营的基本目标,同时结合年度预算的优先目标编制的。如果经济增长率较上一年度下降或税收预期减少,为了维持原有的财政目标,还将探讨削减新一年度的部分预算支出。日本《中期财政框架》的修订时间大致是在每年的5—6月,内阁决议一般在8月中下旬(8月31日前)。这与预算编制指导方针"概算要求基准"的决议时间大体一致(7—8月)。之后,各省厅需根据内阁会议确定的预算编制方针和"概算要求基准"进行内部调整,向财务省提交下年度的概算请求。而年度预算的编制时间一般为9—12月。《中期财政框架》的修订时间安排更加科学,使年度预算编制能较为全面地反映中期预算的主旨。

(二)强化了预算限额("概算要求基准")的硬性约束作用

所谓"概算要求基准"是指,财务省在各省厅提交年度预算请求前下达的有关预算编制的指导方针,主要是规定限额标准。因为是对预算请求额的上限,所以也被称为"封顶"。"概算要求基准"的制度始于1961年,当时叫"预算概算要求框架"。就其引入的背景来看,当时,日本的财政赤字已经攀升至一定规模,为了抑制各省厅过大的预算请求,以便控制财政支出规模而引入该项制度。1985年更名为"预算概算要求基准",1998年更名为"有关年度预算概算要求的基本方针"。自2001年1月中央省厅改革后,《预算编制的基本方针》需经"经济财政咨询会议"审议编制。主要就经济及财政状况、预算编制整体方针、财政支出的重点领域及支出方针等做出规定。在经济预期方面,除了明确新一年度的经济财政政策和方针外,还就新一年度GDP增

长率等主要经济指标进行预期。

就时间安排来看,每年 6 月,根据社会经济形势及国家重点发展方向等讨论下一年度的预算编制方针及"概算要求基准",经"经济财政咨询会议"讨论后,由内阁会议表决通过。这一时间大致在每年 7 月中下旬。而在每年 8 月 31 日前,各省厅根据内阁会议确定的预算编制方针和"概算要求基准"进行内部调整,向财务省提交下年度的概算请求。

2010 年菅直人内阁在此制度的基础上提出了"概算要求重组基准"的概念,即要求"概算要求基准"须根据《新成长战略》和《财政运营战略》等的要求,全面审视年度预算安排,全力削减财政支出规模。即提出 2011 年度财政支出(扣除国债本息支出)上限为 71 兆日元,各省厅在提交概算要求时(除社会保障支出和地方交付税交付金外)在上年度预算的基础上一律削减 10%;同时设定了"特别范畴"以资助那些有利于增加雇佣和促进经济增长的事业项目[①]。以 2011 年度文部科学省的预算安排为例,包括"国立大学法人运营费交付金"在内的"大学相关预算"被作为削减对象。据此,"国立大学法人运营费交付金"(之前的年度预算约 1.2 兆日元),年度削减额约为 1000 亿日元,今后 3 年削减额达 3000 亿日元。

(三)《中期财政框架》目标与国家发展战略(《新成长战略》)和财政中长期规划(《财政运营战略》等)的施政目标保持高度一致,有利于中期预算框架的贯彻落实

2010 年民主党执政后的菅直人内阁开始编制《中期财政框架》,之后每年滚动修订。2015 年是日本实行《中期财政框架》的第 6 年。就日本《中期财政框架》的实施背景来看,当时菅直人内阁提出的执政方针——《新成长战略》中,将防范财政破产风险、"重建财政"并实现财政健全化作为执政的最优先课题,要求在"重建财政"的前提下推动 7 大领域 21 个国家战略项目的实施。随后出台的《财政运营战略》提出"重建财政"目标:到 2015 年度将"基础财政收支"降至 2010 年度的一半,到 2020 年度实现财政盈余。并设定了 2021 年度之后降低国家长期债务/GDP 的比重目标。同时,作为《财政运营战略》的核心措施,决定编制《中期财政框架》。在第一次编制的《中

---

① 如,设置了超过 1 兆日元的"恢复活力日本特别支出框架",用于支持符合"新成长战略"的事业项目。

期财政框架》（2011—2013年）中，要求财政支出（不含国债费支出）规模控制在2010年度水平（约71兆日元），其中，"基础财政收支对象经费"（除去一般预算会计支出的国债费部分）不超过上一年度的当初预算。

　　《财政运营战略》是作为政府执政目标《新成长战略》的最优先课题提出的，而《中期财政框架》的编制则是作为《财政运营战略》的核心措施来推动和实施的。由于国家经济发展方略和财政工作目标的一致性，《中期财政框架》的目标要求也直接成为政府工作和部门预算安排的基本依据。就2011年度以来的年度预算案来看，《中期财政框架》所规定的对未来3年的财政支出规模、国债发行额等的具体限额规定都得以充分落实，达到了预期的控制财政支出规模的作用。

第三章

瑞典中期财政框架

自 1997 年瑞典政府引入中期财政框架①（the medium – term fiscal framework）以来，其所有关于宏观经济和财政发展的信息都是以三年的中期视角来呈现。本章从这一框架的实施背景、发展历程、编制及实施、成效及问题等方面，梳理了瑞典中期财政框架的基本内容。瑞典通过设立中期财政目标和使用先进的预测模型，其中期财政框架使政府和议会在决策时能够跳出年度预算的限制，在提高政策合理性的同时也有利于财政纪律的遵守。值得注意的是，瑞典的中期财政框架不等于多年预算。瑞典仍然实行年度预算，中期财政框架只是为提高年度预算质量的一种手段，并不能代替年度预算。政府提交的预算案中，除即将到来的预算年度外，还包括接下来两年的预测财政收入及支出信息。中期财政框架的引入，为瑞典政府提高财政支出效率、控制政府支出规模膨胀等提供了保障。

一、中期财政框架的实施背景及发展历程

20 世纪 90 年代中期的预算改革之前，瑞典的预算过程仅仅着眼于即将到来的下一个财政年度。随着在预算编制和审批过程中引入基于中期财政框架的一个自上而下的程序，瑞典的预算发生了根本性的变革。而瑞典引入中期财政框架的背景主要有以下几方面。

---

① 瑞典政府于 1996 年出台并实施的《中央政府预算法案》规定了政府收入、预算政策目标及支出范围、政府债务及管理等相关问题，为瑞典中期财政框架（the medium – term fiscal framework）的实施提供了依据。2011 年，瑞典议会对该法案进行了修订，形成了《预算法案 2011》，对中期财政框架的两个主要方面——盈余目标和支出上限作出了明确规定。

（一）欧盟对其成员国的相关规定

欧盟 1993 年 1 月生效的《马斯特里赫特条约》和 1997 年 6 月执行的《稳定与增长公约》，为欧盟成员国制定财政预算政策设定了基本规则。《马斯特里赫特条约》规定了成员国的财政赤字和公共债务占国内生产总值的比重不能超过 3% 和 60% 的总原则。《稳定与增长公约》详尽地阐述了《马斯特里赫特条约》这一原则，它由一个"决议"和两个"规定"组成，对成员国财政预算政策的制定、协调、监督和惩罚等作出了明确的规定和说明，形成了欧盟财政预算政策的基本框架。这些规定首先要求成员国制定和实施中期财政预算政策。欧元区成员国必须制定各自的中期经济发展稳定规划，而没有加入欧元的成员国要制定经济趋同规划。瑞典作为欧盟成员国之一，于 1997 年顺势引进并实施了中期财政框架。

（二）财政纪律的要求

20 世纪 90 年代中期进行预算改革之前，瑞典财政一度面临着债务和赤字危机。1995 年瑞典加入欧盟并第一次提交趋同计划时，其正在从 20 世纪 90 年代初的经济和财政地位的恶化中恢复，这一状况也是瑞典前所未有的历史。由于预算对经济周期的高度弹性，1993 年瑞典的预算平衡状况持续恶化，财政盈余从占 GDP 的 5.7% 变化至财政赤字占 GDP 的 -10.8%。但从周期性调整后的数据显示，这种状况并不完全由经济萧条导致。同时，债务水平也从 1990 年占 GDP 的 42.9% 上升至 1994 年的 78.3%。因此，在成为欧盟组织的一员时，瑞典财政实际上存在着超额赤字。

为重塑财政纪律，减少政府开支，提高政府支出效率，瑞典政府引入了自上而下的预算程序并确立了支出上限（expenditure ceiling）和盈余目标（surplus target）等财政目标。支出上限覆盖了中央政府所有支出（债务利息支出除外）以及养老金支出。由于支出上限是提前三年设定，可靠的宏观经济运行与政府支出预测数据是议会设定合理支出上限的先决条件，因此，三年期的中期财政框架的运用久显得尤为必要。除此之外，一个经济周期内的一般政府盈余目标设为年 GDP 的 1%[①]，不排除某个年度财政盈余偏离的可

[①] The Swedish fiscal policy framework，2011。

能。议会不仅关注中央政府的收支,还关注着一般政府的财政发展情况及养老金支出情况。而这些都需要以一个跨越年度预算的视角来审视和预测,中期财政框架应运而生。

(三)财政政策的时滞与延迟效应

众所周知,一项财政政策的酝酿出台到真正发挥效力是需要一定时间的,这就造成了许多政策的不及时和干预的失效。财政政策的时滞分为内部时滞和外部时滞,其中内部时滞又包含认识时滞和决策时滞。认识时滞是指从政治经济形势提出采取财政措施进行调节的时间,而决策时滞是指从国家同意采取一定的财政措施到进一步明确具体的调节目标、选定调节手段、政策出台的时间。以瑞典的反周期政策——失业计划为例,如果能提早获得有关失业水平的预测性信息,政府就能够出台及时、合理的反周期财政政策进行干预,如对失业者的救济、多样的转移支付等。实行三年的中期财政框架,有利于在合理预测的基础上尽可能早地获得宏观经济运行的信息,从而减少政策的认识时滞和决策时滞。与此同时,许多财政政策的效应也是延迟的,政策实施所带来的影响在短时间内并不能完全体现。因此,基于三年的中期视角,才可能全面客观地分析和评价政府支出的效益。

(四)瑞典中期财政框架的发展历程

自1997年以来,瑞典预算受到一个名义支出上限的规范,这个上限涵盖中央政府预算的全部支出(不包括政府债务的利息支出)和预算体系外的养老保险支出。政府和议会需要提前获得支出发展的准确信息,以便为三年预算周期中新增加的年份设定一个合适的支出上限水平。另外,对于已经设置好支出上限的年份,有必要对支出进行紧密的监控,以确保支出不会突破上限。

21世纪初的许多年份,瑞典经常出现预测支出超过上限的现象,这很大程度上是由于政府性津贴,如失业救助金和与健康相关的转移支付出现大规模增长。为此,政府不得不减少支出以避免超过支出上限。鉴于这些限额不仅适用于当前的财政年度,还适用于即将到来的下一年度和额外的第二、第三财年,政府被迫考虑支出的中期发展。相反,2006—2008年期间瑞典宏观经济出现积极的发展,伴随着健康的增长速度、低于预期的通货膨胀率和逐渐衰减的与健康相关的转移支付，这为政府提供了低于支出上限的财政资金空间，在预算支出方面争取新的政策主动权。

二、中期财政框架的法律依据

瑞典作为欧盟成员国之一，其中期财政框架体系受到国际国内法律的影响和约束，并在此基础上形成了自己的特点。

（一）《稳定与增长公约》的规定

《稳定与增长公约》的出发点是欧盟成员国必须制定中期经济发展稳定规划和中期经济趋同规划，确定实现中期财政预算目标的时间表，努力在较短的时间内实现预算接近平衡或略有盈余。成员国负责制定和实施各自的财政预算政策，但必须遵循欧盟规定的总原则。第一，通过限制预算开支，而不是增加税收，实现减少财政预算赤字的目标。第二，财政赤字和公共债务相对较高的国家，必须加快降低财政赤字占国内生产总值的比重。第三，预算支出必须提高效率，改革和控制公共消费支出、公共养老金支出、医疗保健和失业补贴、加大国有企业民营化步伐等，把更多的政府开支用于基础设施建设、人力资源开发和劳动力市场建设等生产性经济活动。中期规划具体内容包括，当年和今后三年经济预期增长的总体设想和影响经济增长的各种因素分析，如政府投资、就业、通货膨胀、经济增长率等；实现经济预期目标的经济政策；财政预算政策目标以及实现目标的措施；经济预期目标对财政预算和公共债务的影响等。每个成员国必须在每年三月份前将规划报告提交欧盟委员会和欧盟理事会进行审议。

（二）《预算法案》与《瑞典财政政策框架》

瑞典政府于1996年出台并实施的《中央政府预算法案》规定了政府收入、预算政策目标及支出范围、政府债务及管理等相关问题，为瑞典中期财政框架的实施提供了依据。2011年，瑞典议会对该法案进行了修订，形成了《预算法案2011》（Budget Act 2011），同时停止实施《中央政府预算法案1996》。

《预算法案2011》规定了一般政府放款净额目标（盈余目标）为一个经

济周期内年均 GDP 的 1%。由于经济发展状况和经济周期形势难以准确地估计，因此盈余目标是由一系列的指标加以反映。从中期的角度来看，偏离于盈余目标的财政状况应该加以调整，但是调整偏差的具体方式和时间需要基于对财政情况的稳定性及结构性政策目标的总体考虑。预算盈余需足以弥补三年或有支出和预算预测错误，其中第 1 年为上限的 1%，第 2 年为上限 1.5%，第 3 年为上限的 2%，第 4 年为 3%。除盈余目标外，《预算法案 2011》也对支出上限作出了明确规定。由瑞典政府在每年的预算案中提出即将到来的第三年支出上限，并提交瑞典议会审批。支出上限水平应该保证中央政府支出的长期性发展，其设置为盈余目标的实现提供了重要条件，也有助于防止政府支出的无效膨胀带来的税负水平提高。

根据《预算法案 2011》的相关规定，瑞典春季财政政策法案（Spring Fiscal Policy Bill）与预算案（Budget Bill）都要包含对未来 3—4 年经济状况的预测。瑞典中期财政框架的基石在于宏观经济框架，它提供了 GDP、家庭消费量、失业率和通货膨胀率等一系列经济变量的情况，依据这些变量能评估整个经济体是否处于均衡状态和如何偏离其均衡位置。宏观经济预测的假设会被用于财政收入和支出预测，帮助政府构造出总体财政和单个预算项目的发展趋势，从而制定相应的财政政策。

《瑞典财政政策框架》（The Swedish fiscal policy framework 2011）是财政政策制定和实施的行为准则，也是对《预算法案 2011》的细化和补充。它明确地对瑞典中央政府的预算原则、预算目标和规则、衡量稳定性政策和金融市场干预政策有效性的核心原则以及财政政策的公开透明性作出了规定，也较为详细地阐述了中期财政框架的实施细则。这一法案对中期财政框架尤其是中期预算具体工作的开展提供了详细的参考依据。

三、中期财政框架的制定

（一）中期财政框架的形式

瑞典中期财政框架不仅包括当年预算，还有对未来 2—3 年的预计。预算的第一年为提交议会审议的预算年度，后续的 2—3 个预算年度为计划年度。中期预算对三年期间的每一年政府支出的方向和收入来源做了详细、全面的安排。其中预算第一年和第二年着重实际预测,数据的准确性较高,可以作为政府各部门的绩效考核的标准;第三年和第四年着重规划,旨在对宏观经济形势进行政策性指导。此外,在编制2016年预算草案时,预算收入和支出都会同时列示2014年的预算执行结果、2015年的预算执行预测结果以及2016—2019年的预算建议。以2016年瑞典预算案(Budget Bill for 2016)为例,多个表均包括2015—2019共5个年度的财政实施及预测数据。2015财政年度是正在执行的预算数,2016财年是预算数,而2017—2019三个财年的是预测数(见表3-1)。

表3-1　　　　Expenditure Ceiling 2015—2019
(2015—2019年支出上限)　　　单位:SEK billion(十亿克朗)

	2015年	2016年	2017年	2018年	2019年
The government's proposed expenditure ceiling levels(政府提议支出上限水平)	1158	1215	1274	1332	1392
Expenditure ceiling, percent of potential GDP(支出上限,占潜在GDP的百分比)	28.0	28.3	28.5	28.6	28.7
Expenditure subject to ceiling(实际支出水平)	1113	1198	1241	1273	1301
Budgeting margin(预算利润)	45	17	33	59	91
Budgeting margin, percent of expenditure subject to ceiling(预算利润,占支出的百分比)	4.0	1.4	2.7	4.6	7.0
Budgeting margin, percent of GDP(预算利润,占GDP的百分比)	1.1	0.4	0.7	1.3	1.9
Net lending in the public sector, percent of GDP(公共部门净贷款,占GDP的百分比)	-0.9	-0.9	-0.5	0.0	0.3

资料来源:Budget statement for 2016, www.government.se/information-material/2015/09/。

根据《预算法案2011》的相关要求,瑞典每年的春季财政政策议案和预算案中都会包含当年及未来三年的经济发展状况及财政收支情况预测。春季财政政策议案应当在每年的4月15日之前提交,并根据当前经济发展状况讨论全部财政政策的优先顺序，经济目标，未来经济面临的挑战，财政政策的可持续性和预算议案中具体建议的出发点等。与此同时，瑞典政府应于9月20日再次向议会提交预算案，该预算案与当期春季财政政策议案基本方向一致，但会对下一个预算年度的相关信息作出更为详细的规划，按照政策的优先顺序确定拨款范围和额度，同时根据经济发展各方面情况的变化，对有关经济指标和财政收支指标进行必要的调整。此外，瑞典中期财政框架涵盖了中央政府的全部收支以及社会养老金系统，中央政府各类性质收支（除债务利息支出）均涵盖其中。

（二）编制方法和编制流程

瑞典中期财政框架建立在对经济发展情况科学合理的预测数据之上，而较为准确的预测数据依赖于一套行之有效的预测方法和体系，这是中期预算编制的基础。瑞典中期财政框架编制以财政可持续发展为目标，以基线评估（baseline assessment）为基本方法，同时注重绩效评价。其中预测体系主要包括宏观经济预测，财政支出预测以及财政收入预测。宏观经济预测假设会被用于财政收入和支出预测，帮助政府构造出总体财政和单个预算项目的发展趋势，从而制定相应的财政政策。而支出预测由整个行政体系共同完成，具备较高的可信度。

就具体编制流程而言，瑞典中期财政框架在每年春季财政政策预算议案与预算案中体现，采用自上而下的预算编制方法，其具体编制流程如下：

1—3月，财政部根据各支出部门提交的预算提案更新中期预算框架；

3月中旬，财政部向内阁提交下年度及后续两个财政年度的预算建议；

3月下旬，内阁召开预算会议，讨论并通过下年度及后续两个财政年度的支出总水平，并决定27个支出领域各自的指导性支出总水平；

4月15日，内阁向议会提交政府春季财政政策草案；

4—5月，各支出部门决定所负责支出领域内支出总额在各单项拨款项目间的分配情况；

6月15日，议会批准政府的春季财政政策草案，必要时进行一定的修正；

6—8月，各部门起草预算提案并交财政部审核；

9月上旬，内阁审议并通过向议会提交的最终预算草案；

9月20日，政府向议会提交下一年度的预算草案。政府总支出分成27个支出领域，并细分成约500个拨款项目；

10月7日前，议员向议会提出修改预算的建议；

11月底，议会审议27个支出领域各自的支出水平，并逐一投票通过；

12月15—25日，议会审议27个支出领域内500项拨款的支出水平，并按27个支出领域逐一投票通过；

1月1日，财政年度开始。

就中期预算框架的更新而言，在具体编制下一年度的预算时，需要对27个支出领域中的每一个进行重新评估。采用基线评估的方法，首先对基线进行更新。相关数据更新情况会在每年的春季财政政策法案与预算案中加以反应。同时，每年通过开展多达5至6次的内部检查，以达到以下几个目的：一是检测第 y 年的支出情况，防止其超过支出上限；二是通过更新数据来分析第 $y+1$ 年的政策提议空间和效果；三是有利于进行中期基线评估，以提高第 $y+2$ 和 $y+3$ 年的预算决策质量。基线的计算是按照事先批准的基于产出的模型（价格、工资、生产率等），所以基线基本不存在协商余地。

以瑞典中期财政框架中典型的支出上限为例，在预算文件中，包含了接下来的一年及其后两年政府在27个支出领域的支出。因此，预算不只包含三年支出上限，还暗含着预计支出。这种整体政策上的支出上限分配不具约束力，但在接下来的预算中会对分配做出更新。随着财政赤字和债务水平的迅速增长、主权信用评级恶化与利率的不断升级，很大一部分的预算支出被债务还本付息所消耗。在短期乃至中期，政府的财政政策和债务利息方面的开支之间缺乏直接关系是支出上限不包括此类支出的原因。同时，利率和汇率的市场波动，导致每年在偿还巨额债务时产生了大量且不可预知的变化。若在支出上限中包含债务利息支出，则需要一个大的缓冲区以吸收可能的利率波动。

1. 支出上限应对通货膨胀的调整

中期支出上限以名义价格设置，即使更新的通胀预测显示出更高或更低的通胀，也不对支出上限作出相应的调整。虽然在一定程度上显示了支出上限的不确定性，但使用名义上限是确保透明度的要求。以名义价格定义支出上限，消除了在比较其与支出预测二者间的模糊性。名义上限也消除了关于通胀调整方法的争论，避免了产生物价指数机会主义的风险。

尽管采用名义中期支出上限，难以预测的通胀水平变化对财政政策产生的不稳定影响也十分有限，其原因有以下两点。首先，虽然名义价格对工资增长的影响存在一定的滞后性，但一般通货膨胀的上限限制支出弹性大约为单位1。而政府消费主要包括工资，这在短期内是预先确定的。同时，在考虑到工资通胀水平的前提下，大多数的津贴都于预算年度的前两年加以指数化。因此，通胀的短期影响是有限的。当然，在确定新增的第三年支出上限时，会对通胀水平加以考虑。所以只有在当前年度，以及接下来的第一、二年，预期之外的通货膨胀会影响支出上限。其次，瑞典相对稳定的通货膨胀水平也是降低其对支出上限影响的原因。在没有政府干预的情况下，中央银行将通胀目标设定为2%。自1997年引入支出上限以来，基于规则和制度的货币政策为瑞典低而稳定的通货膨胀做出了重要贡献。

2. 对上限波动的管理机制

难以预测的支出变化产生的潜在问题，促使政府严格监控本年度及在中期框架中的随后三年的支出上限。尽管政府已经具备了一定程度的预测能力，但预期之外的事情仍然不时发生。预算利润（支出上限与预测支出之间的差额），就是政府为任何特定时间增加的意外支出设定的缓冲区。在支出上限的前提下设置未分配的预算差额有着较为明显的优势，但政府仍难以维持一个足够大的预算来抵消估计的支出波动。这一看似不合理的行为可能的解释源于短期政治决策的需要。如果从预算谈判的政治经济学层面进行分析是合理的，那么就不应期望预算利润能解决中期支出波动产生的问题。

预算若存在超出支出上限的风险，则应采取削减支出的相关措施。对于未来年份，可以通过改变政策路径来实现削减支出的目标。相应的，由于存在着隐性或显性的承诺需要兑现，政府在短期实现大幅降低支出的方案则较为有限。假定支出上限与一般政府财政盈余目标一致，同时年度之间支出延期相互抵消，那么采用预算利润和支出限制来管理支出的临时波动不会威胁到财政的可持续性发展。问题在于可能很难确定增加的支出在何种程度上是暂时且合理的，在何种程度上是永久的且需要政策变化加以调整的。在劳动市场上应对高失业的财政政策尤其如此。例如在2005年，尽管支出上限下没有足够的预算调整空间，政府仍然增加支出以刺激劳动市场的需求。同时，劳动力市场的一揽子计划主要是通过税收抵免来实施的，并未削减其他项目的支出。

3. 支出上限设置的时间轴

支出上限是以中期的视角设定的，因此编制即将到来的下一年的预算会受到几年前设定的上限限制。例如，在 y 年 9 月向议会提交的 y+1 年的预算案中，政府会首次为 y+3 年设定一个支出上限。同时，该预算案也包含了议会确认的 y+2 与 y+1 年的支出上限，而这两年的限额在之前的预算案中已经出现过。自引入中期财政框架以来，政府在四种情形下可以只包含两个年度而不提供新增的第三年的预算支出上限信息。其理由在于由于经济潜在增长率与税收的不确定性，政府难以预测支出空间；或者是在政府换届时没有足够的时间对新增的第三年整个宏观经济和财政支出状况作出明确彻底的分析等。若中期财政框架设定支出上限包含的时间更短，一方面，可以以更加灵活的财政政策来应对宏观经济和财政状况。考虑到上限涵盖范围的广泛性以及政府对于劳动市场政策的模糊性，中期的不确定性将会很难进行管理。另一方面，较短期间的支出上限可能对财政纪律产生不良影响。政府不仅要保持较大调整的空间以应对支出的周期性及可能的随机因素，而且要避免由于新的改革空间有限而造成的政治协商的困难。缺乏新增第三年的支出上限还可能使得财政分析的前景变得越来越短。现存的所有政策和新的提案都必须进行仔细评估，以确定它们是否符合支出上限。若不存在第三年的支出上限，政府也不会公布这一年的宏观经济和财政预测情况。因此，人们对于政府政策的中期财政可持续性的关注度也会相应下降。由于提议的具有递延影响的预算案没有得到充分讨论，一个更短时间的规划可能会引发财政风险。

4. 支出上限确定原理

为了使财政框架在改善财政可持续性方面产生预期的结果，在决定支出上限水平时应考虑支出与其他财政参数的关系。鉴于在一个经济周期中，一般政府年度盈余目标平均为 GDP 的 1%，我们可以得出上限限制下的支出最高水平。与一般政府盈余目标一致的中央政府基本支出计算公式如下：

$$\hat{E}_{y+n} = R_{y+n} - (0.01 \times GDP_{y+n}) - E^{oc}_{y+n} - \gamma_{y+n} + \Delta T_{y+n}$$

其中，R_{y+n} 是 $y+n$ 年的一般政府收入；E^{oc}_{y+n} 表示一般政府支出不包括在支出上限内的部分，即利息支出和地方政府支出；γ_{y+n} 是根据 ESA 95 的相关规定，由于会计记账基础收付实现制和权责发生制的不同导致的财政支出差异调整因子；ΔT_{y+n} 表示没有包含在收入预测中的预计税收的增加部分。考虑到并没有以三年视角为基础的经济周期预测，这种关系中了结构性和周期性的财政收支是一致的。但以结构性 GDP 盈余的 1% 来设定支出上限这样一种方法并没有被政府采用。相反的，支出占潜在 GDP 的比重经常被用来作为设定合理支出水平的导向性原则。

在中期框架中编制下一年预算的具体做法如图 3-1 所示。

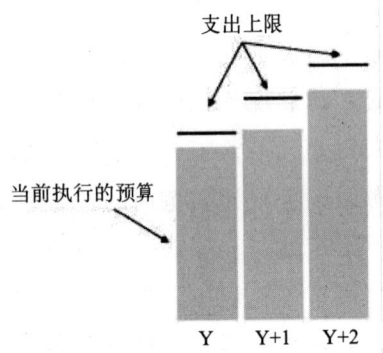
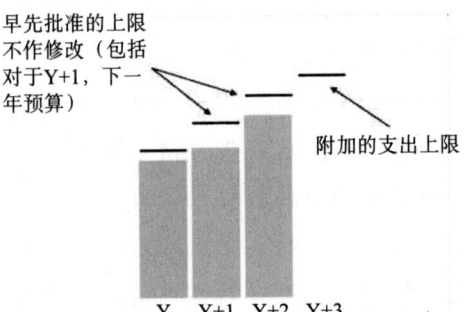
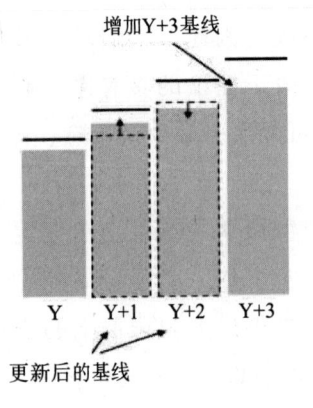
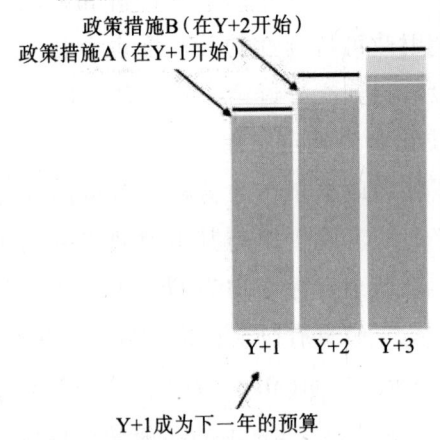

图 3-1 中期预算框架下一年预算编制的具体方法

（三）编制主体

瑞典自 1997 年引入中期财政框架后，其中期财政框架即是年度预算的一部分，编制中央政府预算的过程包含了制定中期财政框架的过程。因此，这一编制过程体现了各支出部门、财政部与议会的关系及博弈。

1. 财政部的功能

财政部在预算编制的过程中除了制定中央政府预算外,还担负着制定时间表,预算工作大纲以及预算协调等工作。预算过程以基线评估未来四年的支出开始,财政部要保障各部门预算汇总结果与预算政策目标的一致性和适应性。如果二者出现不一致,则应该提出巩固措施。财政部是中期财政框架的制定主体及协调者。财政部首先对下一年度的宏观经济前景进行重新评价,以决定在中期财政框架内所采用的经济假设是否依然有效,并对预算中第二年的有关资料和信息进行更新,经过更新的宏观经济前景预测对确定预算政策将起到关键作用。同时,各预算支出部门也将开始重新审定预算框架内与各指导性支出水平相关的经济假设,在2月上旬向财政部提交下一年的预算提案及对未来四年的有关预测(其中只有前两年的预测将被应用到更新后的预算框架中)。预算提案包括两部分:一是关于"维持现行政策"所需要的资金;二是关于"新政策项目"所需的资金。财政部将对各部门提交的预算提案进行严格审核,重点关注可能出现异常变动的转移支付项目,并将就具体的技术问题与各部门官员进行讨论,以澄清对提案中有关经济预测的分歧。3月中旬,财政部开始起草向内阁提交的预算建议,内容包括下一预算年度和后续两个年度内政府总支出水平以及27个支出领域各自的指导性支出水平。同时,财政部还须向内阁提交各支出部门向其提交的所有预算提案供内阁参考。

2. 各支出部门的作用

各支出部门负责确立不同的公共部门和支出领域在中央政府预算优先顺序的基础以及评估公共部门承诺的履行情况。各部门总的支出水平已经确定,而各支出领域内的有关决策由各部门负责,所以财政部在这一步骤中已基本退出预算编制程序。这一阶段实质上就是已经确定的部门支出水平在不同支出领域内的各项拨款的调剂,这使各部门对各自的预算提案有了更大的自主权,使它们能够在相关的支出领域内确定首选的拨款项目,并有权从相对次要的项目中调拨资金支援重点项目。

3. 议会的作用

议会在中期财政框架的制定过程中起着重要作用。瑞典中期财政框架的主要内容——盈余目标和支出上限的设置都由议会进行审批。在春季财政政策议案中，由政府提出经济和预算政策指引并提交议会做出决议。与预算有关的主要是议会下设的财政委员会，它是最重要的委员会之一，由17名资深的议员组成。除此之外还有按各部门划分的委员会，如农业、工业、医疗委员会等。财政委员会与其他部门委员会有着明确的分工：财政委员会负责对财政预算进行总体把关，主要工作是就预算的支出总水平（包括收入和支出两方面）和其在27个支出领域的分配向议会提出建议；各部门委员会负责与其部门相关领域内单项拨款项目的资金分配情况进行审议。在第一个阶段中，议会要决定27个支出领域的支出框架以及估计的预算收入，由财政委员会起草一份用于议会投票的综合性提案。27个支出领域各自的支出水平一经议会审批通过，财政委员会将不再直接参与预算审批程序，会把涉及的各支出领域部分送到专门的部门委员会进行审议，如农业方面的预算案送到农业支出委员会，由它们对其相关支出领域内单项拨款项目间的资金分配情况进行讨论。第二阶段中，常务委员会要斟酌不同支出领域的拨款计划，此时在第一阶段确立的支出框架就会成为约束条件，影响不同部门和支出领域具体拨款额度。这样的分工合作使得议会审议各支出领域目标及上限，设定拨款顺序等更为高效和有序。

以上部门和机构都不同程度地参与制定中期财政框架。

（四）预算估计及预测

中期财政框架的制定及发挥作用依赖于对当前及未来经济发展状况及财政收支情况的可靠预测。瑞典经济预测体系主要包括宏观经济预测，财政支出预测和财政收入预测，这三者构成了瑞典中期财政框架的基础。

1. 宏观经济预测

瑞典中期财政框架的基石在于宏观经济框架，它提供了国内生产总值（GDP）、家庭消费量、失业率和通货膨胀率等一系列经济变量的情况，依据这些变量能评估整个经济体是否处于均衡状态和如何偏离其均衡位置。瑞典宏观经济预测由财政部所属的经济事务部（The Economic Affairs Department）下属的预测部门（The Forecasting Division）完成。由20位专家组成经济事务部的预测部门，负责财政政策制定和预算编制所需全部变量的独立预测。每年4次或5次的预测周期中，该部门对GDP增长情况进行完整的评估，将GDP分解为消费、投资和净出口，同时对整个经济体不同部门的产出缺口、失业和通货膨胀情况进行评估。在当今经济全球化的背景下，评估对象还包括可能对瑞典宏观经济发展造成重要影响的世界经济发展状况。政府对以它为基础的财政政策，及预算所列的收入和支出预测结果全权负责。就不同预测主体的历史数据来看，瑞典财政部具备高水平的专业素质，其预测结果的准确性至少不低于其他预测机构。此外，国家经济研究所（National Institute of Economic Research）每个季度也就宏观经济发展和财政情况向社会公众公开发布独立性预测，该机构还在各个经济领域内开展研究，对政府采取的财政政策进行评论。相比于官僚性质的财政部，专业性国家经济研究所出具的预测结果受政治影响的程度较小，一定程度上能质疑和制约前者所作预测的准确性。

2. 财政支出预测

由于盈余目标的设立及支出上限的要求，财政支出的预测在整个预算编制的过程中显得尤为重要。政府和议会需要提前获得支出发展的准确信息，以便在三年新预算周期中所增加的年份为支出上限制定一个合适的水平。另外，对于已经设置好支出上限的年份，有必要对被上限所严格限制的支出进行紧密的监控，以确保支出上限不会被突破。瑞典的财政支出预测主要具备如下两个特征。

首先，瑞典行政部门每年都以一个三年的中期视角对全部中央政府支出和单个拨款项目进行 5—6 次完整的预测。这表明财政部和政府不断能获得关于支出发展的更新数据，包括当前财政年度、即将到来的下一年和额外两个财政年度。这四年的支出预测是同时进行的，各年份所采取的预测方法、所耗费的资源和得到的重视程度均相同。也就是说，预测的准确性并不会因时间增加而有所下降。当然，不同年度的目标和重点有着细微的差异。各职能部门和财政部通过仔细监察预测结果来评估预期产出，尽量保证在支出限额下有足够的剩余。其中，一个有利于预测的重要工具为预算执行数据。每月末结束后不超过两周，一份关于预算执行情况的报告就会递交给瑞典财政部。通常，这些数据在年初没有多少价值，但随着时间推移，依据预算执行情况进行推断逐渐成为估计年末结果的一种很好的手段。鉴于每个拨款项目的支出趋势在各月份有所差异，财政部只能为当前年度的拨款项目提供一份粗糙的预测，即预测结果只是根据以前年度的月度支出趋势得到的预算执行数的推测。预算编制的关键出发点在于对预期支出和支出上限差额的估计，为了得到预测结果，最初的预测需要建立在一定的假设之上，即已经向议会提交的政策提案将继续被执行。也就是说,在预测时不考虑由于政策改变所导致的支出增加或减少,这种基线评估方法的目的在于将既定政策的影响和新政策分离开来。当然,一旦进入政府政策调整过程,预测时就需要考虑到新政策提议所带来的支出影响。

其次,支出预测由整个政府行政体系共同完成。瑞典支出预测牵涉中央政府的各个行政级别,从财政部到政府各职能部门。支出预测的时间表提前一年就制定好:每年11月或12月初,财政部提出一份各个预测阶段的同步时间表,除经济事务部进行宏观经济预测的议程,还规定了政府行政机构应何时登记中期支出预测数,职能部门何时将对这些预测的修改纳入统一的计算机管理系统,以及财政部何时呈报最终的预测结果。第一阶段,由政府预算单位对各自负责的支出做出预测。然后,这份预测将递交给负责的职能部门进行再评估并在系统中注册部门的预测数。第二阶段尤其关键,能监测和纠正预算单位预测中出现的明显错误。第三阶段,财政部预算部门对职能部门的预测数进行审核,除了确认没有明显的错误外,一般会进行再调整来减少单位和部门高估行政性经费的这种系统性倾向的影响。此外,国家财政管理局(National Financial Management Authority)也定期进行财政收入和支出预测,并向社会公开预测结果。其预测和财政部提供的预测具有相同的结构,和相同的时间跨度,即当前年度和接下来三个年度。因此,两种预测结果具备可比性。

3. 财政收入预测

收入预测由经济事务部下属的财政部门(the Division for Public Finances)负责,和支出预测有相同的时间周期。由此,瑞典政府可以每年获得5—6次中期视角下的财政收支发展的完整信息。不过,和受支出上限严格约束的支出情况有所差别,收入预测关注的重点更多被放在较长的中期范畴,较少落在当前年度。

瑞典财政收入可被分为税收和其他收入来源。其中,税收进一步被分为劳动所得税、资本税、消费产品税和投入产品税等,不同类型税收的预测方法有着相当大的差异。与支出预测的基础相同,所有收入预测也同样依靠宏观经济框架。此外,来自国家税务董事会(National Tax Board)关于当前纳税情况的重要信息也用于持续性地分析税收发展。当前纳税信息按月进行报告,具体有企业缴纳的雇主税,增值税及家庭企业为了防止年末纳税赤字的补充性纳税。这一做法还体现了不同税种间的另一差异,即按月还是按年进行评估。对于那些按年评估的税种（如个人所得税、公司所得税），每月的预备性纳税为最终的税收评估提供了重要信息。

四、中期财政框架的实施

（一）中期财政框架的约束力

瑞典的财政框架不是固定的立法，它是建立在外部人员强烈期望的政治承诺基础上。在每年的预算文件中，政府都为议会通过的中长期财政可持续性发展政策列出了提纲。改变以前的评估或承诺没有困难，但若对既定的做法产生根本性偏离，将极有可能在议会和公众中引起强烈反应。2014年12月，瑞典由于各党派政治共识的瓦解和在野党的反对，由少数派政府提交的下一年度预算案遭到议会的否决。执政左翼社会民主党提出的预算案中包括加大政府开支创造职位，提高富人税率等措施，但极右民主党表示极力反对。由于双方无法达成政治共识，执政联盟在国会的349席中只占138席，即使连同左派政党的21席，仍少于反对派，其预算案在议会中没有通过。这一案例表明了中期预算在没有法律地位的前提下，其约束力相对而言取决于政治共识和政治承诺；若这一前提受到了破坏，则中期预算的约束力也难以为继。

在这一点上，支出上限是由议会决定的，具有相应的法律地位，同时，已通过议会审批的支出上限也只有议会有权修改。为保证已确定的支出上限在一般政府财政结构中不受变化的影响需要进行常规性技术调整，这些调整不需要任何特殊的程序。尽管相对而言缺乏形式上的障碍，但只有在为财政政策提供运作空间时，政府才能建议对现有的支出上限进行修改。例如，2006年政府提议降低2007年与2008年的支出上限额，正是为财政政策减税和削减政府开支进行导向。

作为20世纪90年代中期瑞典预算改革的一部分，系统的预算法得以出台。这项法律并没有明确要求政府向议会提出一项支出上限，但对影响支出上限的相关因素作出了明确规定，如预算和会计准则、支出预测的介绍及投资支出的资金来源等。但在2011年修订的预算法案中，就明确规定了支出上限的相关问题。如果支出上限一经确定，政府就应确保遵循。更具体地说，如果有迹象表明支出可能会超过上限，那么政府必须采取削减支出的措施，如果该措施还不足以应对，那么政府就应该向议会提出预算调整。当然，某一年支出超过了支出上限该如何处理，并没有在预算法案或其他任何文件中有相关规定。鉴于支出上限的法律地位，如若违反很可能会产生大量的政治成本。自设定支出上限以来，瑞典政府总支出其实一直低于上限（见图3-2）。

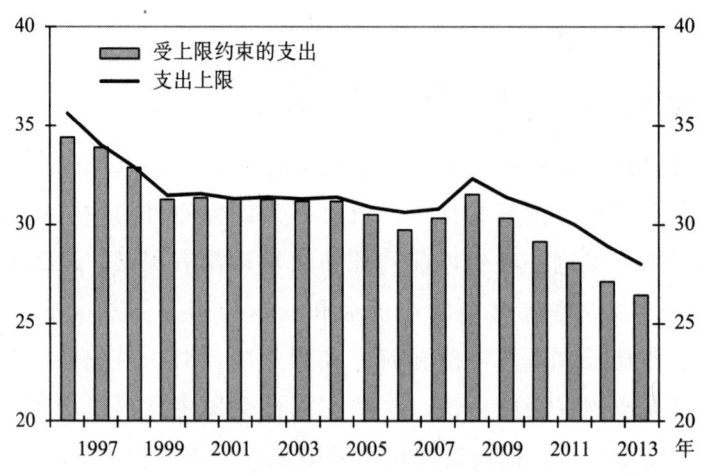

图3-2 各年度瑞典政府总支出与支出上限

资料来源：OECD数据库数据经整理得，http://stats.oecd.org/#。

1997年以来，中期财政框架逐渐成为年度预算体系的基础。中期预算是对预算年度之后三年所有收支的滚动预测。当预算年度结束，第一年的中期预算成为下一年预算的基础，同时中期预算再向后顺延一年。年度预算案经议会的表决批准后成为正式的法定文件。中期财政框架中的预测部分虽不具有正式的法律效力，但也要经议会讨论通过。尤其是瑞典未来三年支出上限的设立，更是由议会根据具体的经济发展状况加以确定。事实上，年度预算的编制要参考中期预测结果，因此中期预算也对年度预算起到直接的影响。

由此可见，瑞典中期预算并非一个法定的年度资金分配方案，而是导向性的或指示性的。中期预算代表着根据目前情况确定的政府未来三年的支出决策。中期预算核算了政府于现时情况下在所有支出领域的支出情况。考虑到经济社会处于不断变化发展之中，因新情况出现和新政策推行所导致的财政支出情况会与预测状况发生出入。这些差异被解释为政府新政策决定（比如新项目或扩大现有项目）、非经济因素变化（比如养老金等项目的申请人数）、宏观经济因素调整以及其他变化。因此中期财政框架处于不断修正过程中，从而确保其准确性和可靠性。

（二）中期财政框架与年度预算的衔接及调整

瑞典政府目前致力于构建一个相互衔接的宏观经济框架。对宏观经济参数的预测不能仅仅依赖于 GDP、通货膨胀和失业率的历史发展数据，因此需要对潜在 GDP 和自然失业率做出一定的假设。较之以前，这一做法是一个明显的提升，使得宏观经济预测变得更加精确和可靠。除此之外，也应考虑到政府政策对宏观经济参数的影响。获得可靠预测数据的一个重要的方面是考虑经济参数与政府财政收支的相关性。宏观经济的发展有利于改善政府财政情况。更高的 GDP 能够增加就业岗位从而增加个人所得税，而更高的居民收入可以促进消费，进一步增加增值税收入。从支出角度，失业率的降低有助于减少政府失业救济支出。实际上几乎所有的政府支出项目都在某种程度上受到宏观经济状况的影响。与此同时，宏观经济发展也受到政府预算的反作用。政府投资和消费水平直接影响 GDP 的发展水平；改变了家庭可支配收入的税收和项目支出也会改变消费模式。此外，税收和年金系统也会对居民行为模式产生间接的影响，这直接改变了劳动供给和消费的跨期偏好。尽管政府政策对宏观经济的影响难以衡量，但编制政府预算时也需要加以考虑。瑞典为保证宏观经济与财政收支预测的一致性而付出了诸多努力，通过对宏观经济框架的不断更新来确保将政府政策考虑在内。当然，经济事务部与预算部门的通力合作是该做法发挥效用的关键。

确保年度预算与中期预算衔接的另一方面是所有的预算收支项目均在同一个宏观经济假设前提下进行预测。用来计算政府支出增长的预测性通货膨胀率应该与用于计算税收收入的相同。实践中通常在每一轮预测中设定一系列的宏观经济假设，但并不足以保证各支出部门在预测时均按照经济事务部提供的假设进行。因此，预算部门有必要对此进行监督。

由于中期财政框架建立在当前对未来经济发展情况的预测基础上，随着经济状况的发展变化，中期预算也应该相应地作出动态调整，以期更好地符合实际情形。从立法的角度来看，很多法律提案都会对中央政府的收入与支出产生影响。

中央政府收入的预测，不能独立于税收立法和其他影响中央政府预算收入的立法。新的或修订法案也经常影响用于不同目的支出预算的拨款。近年来，对支出有影响的税收及立法提案越来越多地在预算案中加以反映。在决策过程框架下讨论审议这些提案，有助于降低预算决策与立法决策不一致的风险。议会常务委员会认为，如果立法提案对预算案有明显的影响，那么二者就应该在决策过程框架下加以讨论。

《瑞典议会法案》明确规定，在政府认为存在例外的经济状况背景下，可以在提交预算案之后向议会提交一个关于中央政府收入或支出的议案。这是影响预算的提案能够在预算案中加以体现的法定条件（见图3-3）。然而在实践中，即使缺乏必要的经济背景，预算案中也经常反映了立法对于即将到来的预算年度的影响。这种做法是建立在人们认为既然预算案中已经反映了立法对中央政府收入（支出）的影响，那么就不必再提交单独的议案的基础上。常务委员会默认这种做法可以在将来继续运用，但前提是立法提案对预算的影响完全在预算案中得到了体现。这就要求从中期的视角来考虑预算的后果（见图3-4）。

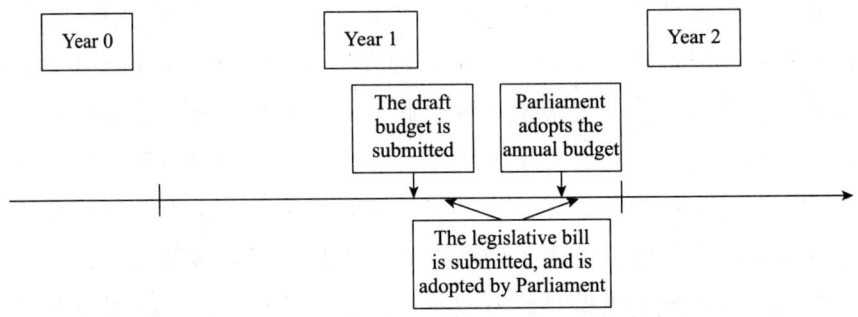

图3-3 议会考虑新的立法提案对年度预算案的影响

注：此图说明了在特殊的经济政策背景下，立法提案在预算案之后提交议会，此时议会需要考虑新的立法提案对年度预算案的影响。

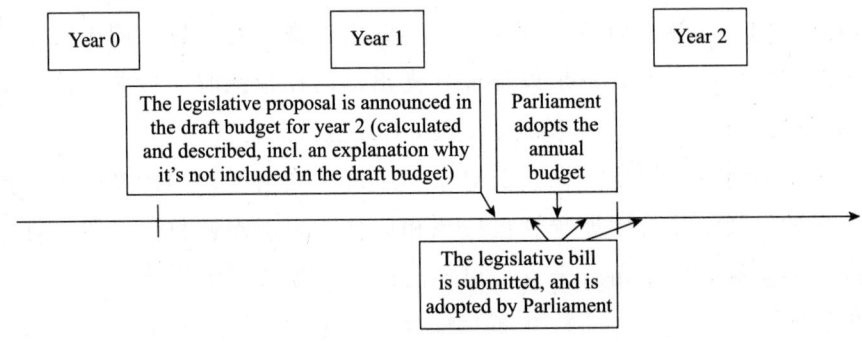

图3-4 新的立法提案反映在第二年的预算案

注：此图表明了立法提案在第二年的预算案里加以反映的情形，人们认为既然预算案中已经反映了立法对中央政府收入（支出）的影响，那么就不必再提交单独的议案。

有时会出现这样的情况：政府提出、议会采纳对来年预算有明显影响的提案的时间提前到了春季。例如，对于那些扩展性的、复杂的立法提案或者是家庭和企业需要一定时间来适应和接受的法案，其提交日期就会提前至春季。这一方式有利于政府更好地考虑议会对于中央政府预算的决议。然而，其不利之处在于可能会对政府和议会之前制定的拨款优先顺序产生扰动，从而影响下一财政年度的支出顺序（见图3-5）。

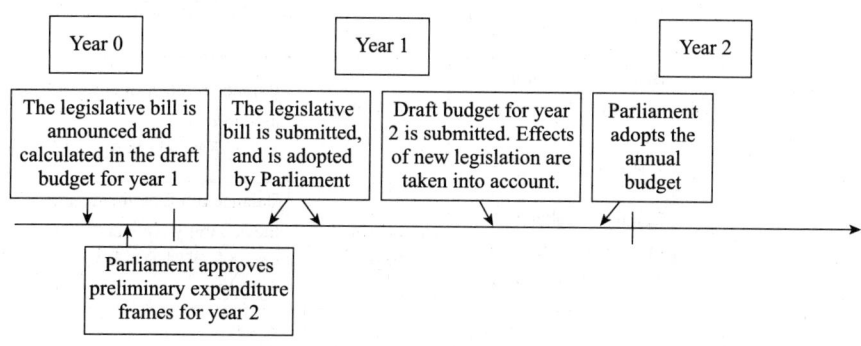

图3-5　立法提案在当前预算年度提出并影响接下来两个财政年度

注：此图反映了立法提案在当前预算年度提出的情形，这样在起草下一年度的预算草案时会将其对预算收支的影响纳入考虑范围。同时若该立法提案提交议会并通过，那么在起草第三年预算草案时也需考虑其影响。

从对盈余目标的调整来看，在评估盈余目标偏离是否应该被调整时，应该考虑到经济周期的影响。假设净贷款额预计会长期高于盈余目标要求因而一定程度上需要通过减税和增加政府支出予以降低，但这一做法在经济繁荣时期就是不恰当的。严格意义上说，财政政策不能顺周期就意味着政府储蓄若高于（或低于）盈余目标在周期转折点到来前都是无法有效调整的。因此，适当的调整规模将取决于当前的经济形势下，净贷款额估计超过盈余目标的程度，改革对需求的影响以及随着时间推移的变化情况。另一个考虑就是预期的措施在结构上是否适当，即他们可以在多大程度上提高经济的运行的有效性。考虑到宏观经济周期性，财政政策在调整盈余目标时会遇到的目标冲突的可能性总结于表3-2。

表 3-2 Correcting surplus target deviations with allowance for the business cycle
（以经济周期的修正调整盈余目标偏离）

		Assessed surplus target compliance（盈余目标遵从性）		
		Above the target（高于目标）	On target（等于目标）	Below the target（低于目标）
Resource utilization（资源利用）	High（高）	Balance-weakening measures when the economy slackens（经济萧条时的平衡弱化措施）	No measures（无措施）	Balance reinforcement at a high rate（高度平衡强化措施）
	Normal（常规）	Balance-weakening measures at a moderate rate（中度平衡弱化措施）	No measures（无措施）	Balance reinforcement at a moderate rate（中度平衡强化措施）
	Low（低）	Balance-weakening measures at a high rate（高度平衡弱化措施）	No measures（无措施）	Balance reinforcement as the economy recovers（经济复苏时的平衡强化措施）

资料来源：The Swedish fiscal policy framework 2011。

表 3-2 简单地归纳了不同的决策情形。如果公共部门净贷款预计将持续高于盈余目标，与此同时又没有充分利用资源，那么就应该实施较高程度的弱化平衡的措施，如左下角所示；其他的措施也是相同的道理。实际中，其他没有在上述表格中反映的情况也应该在评估目标偏离程度时加以考虑。例如，经济可能是被非对称的周期性冲击所影响，然而我们却事先认为该冲击是对称的。若政府部门净贷款额被评估为持续低于盈余目标并且经济呈现萧条之势时，上述表格建议必要的强化措施可以等到下一个周期性经济复苏的阶段再加以实施，以使得财政政策不会加剧经济下行的状况。然而在实际中，另一个负面经济冲击可能在资源利用率回升至正常水平前发生，这种情况下，避免财政政策顺周期的目标就要与公众眼里公共财政的长期可持续性目标进行比较权衡。这就可能会导致在资源利用率低的状况下采取预算强化措施。

（三）中期财政框架的监督

1. 国际监督

对长期公共财政可持续发展而言，来自国际国内有效的外部监督是非常必要的。国际监督主体为欧盟，但也包括 OECD 和 IMF。欧盟理事会是对欧盟成员国财政预算协调和监督的最高决策机构，对成员国财政是否出现过度赤字和是否实施惩罚具有最终决策权。其主要职能是：严格实施《马斯特里赫特条约》和《稳定与增长》的所有规定；把《欧盟理事会关于加快实施过度财政赤字程序和对有关问题说明的规定》中消除过度赤字的期限作为最后时限，除非特殊情况，必须督促成员国在确定其存在过度赤字之日起一年内予以纠正；在成员国没有按要求消除财政赤字后，决定对该国实施惩罚等。欧盟委员会负责对欧盟成员国的财政预算进行协调和监督，行使提出各种动议的权利，监测成员国的经济财政状况，在某成员国财政赤字占国内生产总值的比重超过3%时，实施过度赤字程序，提出可供欧盟理事会决策的报告、意见和建议。成员国政府的主要职责是，实现各自的中期经济发展稳定规划和中期经济趋同规划规定的中期财政预算目标，在实际财政状况与目标出现偏差时，立即采取措施进行纠正。

和其他欧盟成员国相同，瑞典也受到《稳定与增长公约》的约束。最核心的原则是不得突破预算赤字（GDP的3%）和公共债务（GDP的60%）的参考值。同时，成员国还应该建立一个和公约要求一致的净贷款额中期目标（medium-term objective）。欧盟主要通过以下三个阶段对成员国进行监督。第一阶段，监督各成员国制定中期经济发展规划和中期经济趋同规划。欧盟委员会根据欧盟理事会通过的《成员国和共同体经济政策指导大纲》对成员国的规划报告进行审议并提出修改意见，最后由欧盟理事会批准。欧盟经济财政委员会也参与对成员国规划报告的审议。第二阶段，实施财政预算政策的过程协调和监督。欧盟委员会负责监督成员国财政预算执行情况和公共债务的变化情况，监测财政赤字的变动。如果某一成员国的财政赤字可能超过或已经超过3%的限制，欧盟委员会就着手准备有关该国经济和预算的报告，并由欧盟经济财政委员会就报告提出意见后，提交欧盟理事会和该成员国政府。第三阶段，确定出现过度财政赤字后应采取的措施。欧盟理事会在接到欧盟委员会有关成员国财政赤字可能超过或已经超过3%的报告后，必须在三个月内就该成员国是否存在过度财政赤字作出决定。欧盟理事会一旦确认某成员国已经存在过度赤字，就向该国提出在一定时间内纠正的建议。一般情况下，成员国必须在四个月内采取有效措施消除过度赤字，欧盟理事会的建议不对外公开。若成员国没有在规定的时间内执行欧盟理事会的建议，欧盟理事会将再次向该国提出迅速纠正的建议，并将建议公布于众。如果成员国仍不执行，欧盟理事会就决定对该成员国进行惩罚。一般来说，成员国的过度财政赤字可以持续两年。如果两年后仍存在过度赤字，就要面对惩罚。罚金由固定部分和附加部分两部分组成，固定部分相当于国内生产总值的0.2%，附加部分则按当年财政赤字占国内生产总值的比例超出3%的部分的十分之一，最高罚金不超过国内生产总值的0.5%。

2. 国内监督

瑞典国内许多政府部门都担负着监督中期财政政策及中期预算不同方面的职责，包括国家金融管理局，财政政策委员会，劳动市场政策评估机构、国家审计署和国家经济研究所等。财政政策委员会负责监督政府中期目标的完成程度以及公共财政长期是否可持续发展，这里的中期目标是指由瑞典议会决定的目标。对于财政政策委员会的观点，政府的评论及回应都包含在预算案内。瑞典议会下设的国家审计署负责监督中央政府的活动。根据《瑞典议会法案》相关规定，政府在收到来自审计署的评估报告后的四个月内，应向议会提交一份报告，阐述政府就该评估已经采取或计划采取的相关措施。

五、中期财政框架的实施成效

自1997年引入中期财政框架以来，中期的观点就在瑞典预算准备阶段的各个方面得以贯彻和体现。不仅仅局限于当前和接下来的预算年度的视角，有力地保证了更好的财政纪律，也为政府及时调整财政政策创造了先决条件。首先，中期展望不仅规范和明确了政府和议会的关系，也是管理当局进行规划的核心特征。根据《预算法案2011》的要求，政府每年应至少两次向议会报告一般政府净贷款额目标（盈余目标）的实现程度。这一后续要求在考虑到各种被提议或者已通过的预算政策的前提下，以中期视角检查衡量盈余目标的完成情况。因此，预算政策措施对目标的影响以及偏离情况都需要政府提供较为合理的解释。政府长期以来公布了中期预算对公共财政的影响以及在支出上限限制下的支出情况。这一信息对评估财政政策方向的稳定性非常重要，同时也为政治优先措施和预算整合所需的财政空间提供了信息。

其次，中期财政框架改善了政府财政平衡状况，加强了财政可持续性。采用中期财政框架以后，瑞典很快实现了预算收支平衡和盈余。在21世纪全球金融危机以后，较快地减少了财政赤字和债务，由于经济较为稳定的增长提供了动力,与欧盟其他国家相比,瑞典的财政赤字和债务都处于较低水平。在引入盈余目标及支出上限后,瑞典广义政府净贷款额与政府支出额发展变化情况如图3-6所示。

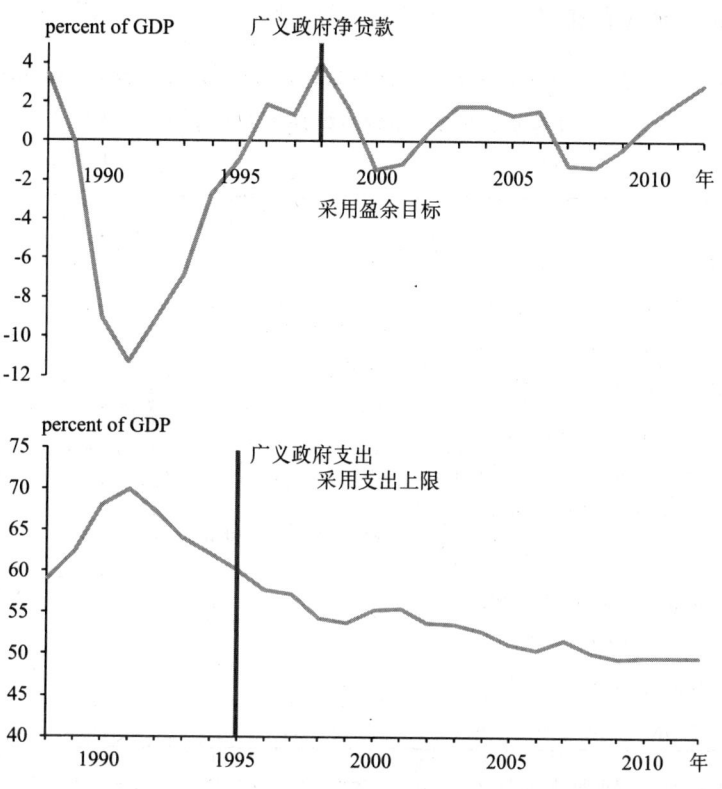

图3-6 瑞典广义政府净贷款额与政府支出额发展变化
资料来源:OECD 数据库数据经整理得,http://stats.oecd.org/#。

最后,中期财政框架提高了经济和财政预期的确定性。通过中期预算的编制和公开,公众对政府在未来年度的财政战略和政策、政府当前和未来的财务状况有了更多的了解。而由于中期预算的公开透明和问责,政府对已有的政策和承诺进行调整时也会比较注意,有利于社会各界形成比较确定的预期和理性的经济决策。

六、当前中期财政框架存在的问题及发展

瑞典中期财政框架的基础和核心在于增强对宏观经济参数以及政府收支进行真实、可靠预测的能力。若政府和议会能够以中期财政框架为基础进行

决策，那么高质量的预测就是必须且关键的。到目前为止，瑞典虽然已经形成了较为成熟的一套宏观经济预测体系，但数据表明预测与实际情况仍然有着一定的差距。表3-3反映了2015年春季财政政策议案与2016年预算案对相关指标进行调整的汇总。

表3-3 Reforms in the 2015 Spring Policy Bill and in the Budget Bill for 2016
（2015年春季财政政策法案和2016年预算案中的变化）

单位：SEK billion（十亿克朗）

	2016年	2017年	2018年	2019年
Total reforms, 2015 Spring Policy Bill（总变化，2015年春季政策法案）	19.97	22.41	23.07	18.83
Total financing, 2015 Spring Policy Bill（融资总额，2015年春季政策法案）	20.41	25.24	25.97	24.02
Impact on public finances, 2015 Spring Policy Bill（对公共财政的影响，2015年春季政策法案）	0.44	2.83	2.9	5.19
Total reforms, Budget Bill for 2016（总变化，2016年预算案）	24.57	30.21	30.7	30.01
Total financing, Budget Bill for 2016（融资总额，2016年预算案）	24.66	30.42	32.04	35.96
Impact on public finances, Budget Bill for 2016（对公共财政的影响，2016年预算案）	0.09	0.21	1.34	5.95

资料来源：Budget statement for 2016, www.government.se/information-material/2015/09/。

从表3-3中我们可以看出，在4月提交的2015年春季财政政策议案与9月提交的2016年预算案仅隔了5个月的时间，但二者部分预测数据随着经济社会的发展已经发生了改变，需要进行调整。虽然这不能说是预测方法存在问题，但预测的准确性仍需提高。

《预算法案2011》对支出超过设定的支出上限的后果作出了明确的规定，但却并没有规定盈余目标未能完成的相关后果。作为财政政策的限制，这一目标与支出上限的不同之处在于它的预期性和远见。若未能达成当期盈余目标，则需规定另外一些应承担的后果。对盈余目标而言，何时调整、如何调整都应该考虑到当时的经济状况以及风险的不确定性。虽然政府对此作出了原则性的规定，但在实践中仍然较难把握和实施。

综上所述，瑞典中期财政框架经过近二十年的发展已经相当成熟与完善，其成功的经验值得我国加以借鉴和应用。

首先，将中期财政框架以法律形式固定下来，使得中期预算的编制和实施有法可依是推行中期预算的前提条件；作为欧盟的成员国，瑞典为响应《稳定与增长公约》的要求，修订的《预算法案2011》第二章第一条明确规定了政府应当设置盈余目标；第三条就对政府提前设置第三年支出上限提出了要求。而盈余目标和支出上限构成了瑞典中期财政框架的主要内容。同时，《预算法案2011》第九章关于后续和预测的相关规定中，把经济预测对支出上限和盈余目标的影响也提到了一个相当重要的地位。这些规定就为中期财政框架的实施提供了具体依据。此外，《瑞典财政政策法案》对这些问题作出了更加细化的规定，直接成为中期预算实践的指导。较之于瑞典，我国的2014年修订的预算法并未对中期预算做出相关规定，只有2015年国务院第三号文件《国务院关于实行中期财政规划管理的意见》对中期预算的实施与推行作出了指示。由于相关规定较为笼统和模糊，实践中也很难将之落到实处。

其次，制定有效的中期财政框架依靠先进的预测方法。从预测内容上看，瑞典经济预测体系主要包括宏观经济预测，财政支出预测和财政收入预测，这三者构成了瑞典中期财政框架的基础。宏观经济预测是整个预测体系存在的前提，通过一系列预测模型的使用与及时更新，以潜在GDP模型试图分离导致充分就业水平偏离的周期性因素和结构性因素，服务于政府逆周期财政政策的决策，使得宏观经济预测的准确性大大提高，从而为财政收入支出预测提供了参考和依据。从预测主体上看，既有财政部领衔的整个政府行政体系，也有独立于政府的第三方机构，后者的存在从一定程度上可以制约政府部门，并提供预测结果的对照。从预测结果来看，支出预测结果是否可靠也直接依赖于预测技术的高低，包括预测模型的准确性、预测假设的一致性等。此外，还应考虑不同影响因素之间存在的相互依赖情况。比如，由于宏观经济预测通常被作为财政收支预测的基础，两者间是否协调和一致也将影响预测结果，尤其是财政收支预测的准确性。这具体涉及宏观经济预测部门和收支预测部门间的信息共享，不同支出预测部门使用由同一个预算管理信息系统所支持的相同的宏观经济预测假设等，即需要制度因素和技术因素等的相互协调。整体而言，瑞典经济与财政收支预测经过多年发展，其预测体系已经比较完善和高效，值得我国学习和借鉴。

再次，议会在中期预算过程中发挥了重要的作用。瑞典中期财政框架的主要内容——盈余目标和支出上限——的设置都由议会进行审批。与预算有关的主要是议会下设的财政委员会,它是最重要的委员会之一,由17名资深的议员组成。除此之外还有按各部门划分的委员会,如农业、工业、医疗委员会等。财政委员会与其他部门委员会有着明确的分工:财政委员会负责对财政预算进行总体把关,主要工作是就预算的支出总水平(包括收入和支出两方面)和其在27个支出领域的分配向议会作出建议;各部门委员会负责与其部门相关领域内单项拨款项目的资金分配情况进行审议。27个支出领域各自的支出水平一经议会审批通过,财政委员会将不再直接参与预算审批程序,会把涉及的各支出领域部分送到专门的部门委员会进行审议,如农业方面的预算案送到农业支出委员会,由它们对其相关支出领域内单项拨款项目间的资金分配情况进行讨论。这样的分工合作使得议会审议各支出领域目标及上限,设定拨款顺序等更为高效和有序。

最后,在中期财政框架实施过程中财政部门与议会等机构需要发挥有效的监督作用,避免其成为一纸空文。

第四章

英国中期支出框架

英国建立中期支出框架起步较早,从 20 世纪 60 年代中期开始就实行了中期支出框架(Medium-term expenditure framework)[①]。一方面是需要控制日益增长的财政赤字,维持财政的可持续性;另一方面是为了满足提高财政透明度和政府运行效率的要求。中期支出框架提供了对于财政支出和经济情况多年期的预测。有关英国中期支出框架的制定方法一直在不断变化,但均都有相应的法律提供保障。本章对于英国中期支出框架的实施背景及发展历程、法律依据、编制及实施、成效及问题等方面进行介绍。英国的中期支出框架的实施为英国带来诸多益处,它有助于提高国家中期预算目标的透明度,使人们更好地了解政府未来的发展趋势,还可以在决策过程中更好的考虑预算对未来造成的影响。

一、中期支出框架的实施背景及发展历程

英国建立中期支出框架起步较早,从 20 世纪 60 年代中期开始就实行了中期支出框架。一直到最近,它的目标、结构和绩效评价方式一直处于演变和发展中。在发展过程中,几个主要的驱动改革的背景与事件如下。

(一) 20 世纪 60 年代的 IMF 救助

1. 经济环境

20 世纪 60 年代后期是英国经济史上的一个转折点。此时世界陷入空前的

[①] 中华人民共和国财政部:《英国中期支出框架实践情况》,http://www.mof.gov.cn/mofhome/guojisi/pindaoliebiao/cjgj/201303/t20130320_783306.html。

经济危机中,英国作为主要资本主义国家在经历战后长达二十多年的经济相对稳定与繁荣的时期后也无法逃脱厄运,通货膨胀严重,失业率高,国际收支恶化等一系列问题困扰着这个曾经的老牌帝国。1967年的英镑危机是继1949年英镑贬值之后的第二次贬值,这意味着英国在国际贸易和金融中的地位下降。

在1967年,英国有了5.4亿英镑的赤字,同时英国外汇储备降低至3.67亿英镑(负债大大超过资产)。因此,英国1968年预算目标是消除赤字,同时还兼顾以偿还负债为目标的大额国际贸易顺差、重建外汇储备和取得可以抵消未来浮动的小额资金。政府希望可以减少公共和私人消费支出、减少进口的需求,并利用货币贬值来刺激出口。

2. 1968年的预算

在1968年的预算中,英国政府决定增加9.23亿英镑的税收收入,其具体做法如下:

(1) 对于可以获得超过3000英镑回报的投资征收一次性税;
(2) 设立工资增长不超过3.5%的限制;
(3) 消费者物价指数(CPI)上升不超过5%;
(4) 对国企的投资下降,公务员数量不再增加。

3. 政策评价

就当时的目标来说,英国政府采取的措施是成功的。这些措施有效地削减了支出,得到了IMF的贷款,并使得英镑兑美元的汇率保持在平价水平。但是,在长期来看,英国政府所采取的措施不能从根本上解决问题。在1970年早期,布雷顿森林体系崩溃,英国的公共支出明显上升。

(二) 20世纪70—90年代的撒切尔奇迹

1. 经济环境

20世纪70年代末是英国工业动荡和经济混乱的时期。1978年7月,为打击通胀和控制上升的公共开支,卡拉汉政府试图将工资增长限定在5%的上限以内,这个约束被称为第四阶段(Phase Ⅳ)。但是此举遭到职工大会(YUC)的强烈反对。1979年,英国出现了大规模的罢工,造成了巨大的社会损失。接着,1979年的石油危机又导致了工人动乱、高通胀持续、失业率上升以及经济衰退等一系列问题。

1981年英国的经济与财政经历了从第二次世界大战结束后最严重的衰退，与高峰相比，GDP季度下降5.9%（甚至比20世纪70年代的经济衰退的总影响还严重），同时，失业人数上升到三百万。在1974年5月，英国的结构性赤字已达到GDP的8.1%，1975年8月通货膨胀到达峰值26.9%。直到1980年1月，赤字仍占GDP的3.4%，此时英国政府的核心政策目标是降低在1980年6月重新升高的通货膨胀。

2. 货币和财政政策

在这一时期，货币和财政政策并不是分别设置的。对于政府赤字的控制，尤其是对于公共部门借款需求（Public Sector Borrowing Requirement，PSBR）的控制被当作是货币政策的一部分。撒切尔政府称自己为"货币主义者"——将通胀看作货币超额供给的结果，所以认为通过控制货币供给可以控制通胀。

1980年3月，英国政府引入了中期财政战略（Medium Term Financial Strategy，MTFS），其主要的目标是降低通胀，创造可持续的增长和就业环境。MTFS设立了关于公共部门借款需求和广义货币供应量的目标，采用了减少货币供给的方式，1983—1984年货币增长率为每年6%左右。这个政策工具是通过对货币控制的绿皮书（Green Paper on Monetary Control）公布的。它认为限制公共部门借款需求是实现货币供给目标的主要工具。

3. 1981年的预算

由于政府实施了提高税率，减少支出增长率，为PSBR设立可以持续的低目标等措施，所以政府财政状况从结构性赤字占GDP的3.4%过渡到1.5%的结构性盈余。其中，提高税收的方法主要有以下几个方面：

（1）收入税：个人现金津贴的冻结，这代表着支出的实质性削减，可以从中获得19亿英镑；

（2）消费税：大幅上升，获得12亿英镑；

（3）银行暴利税（windfall tax on banks）：对银行的无息活期账户存款收取2.5%的暴利税，获得大约4亿英镑。

此时英国财政主要处于总量计划阶段。对政府的主要支出（包括政府债务支出）做一个为期3年的滚动计划，所涵盖的财政支出大约占政府总支出的85%，并且每年都对计划进行修正更新。

4. 政策效果

截止到1981年10月，工资支出有了显著的下降，利率在1981年3月下降了2%。与此同时，政府也逐渐完成了1981—1982年设立的货币供给目标。美元对英镑的汇率从1980年的最高点开始下降，经济开始恢复。

在之后几年（1985—1989年），政府的政策逐渐改变。1985年政府预算规定保持低支出，并在1987年彻底放弃了广义货币供应量 M_3 的货币目标，用流通中的现金来实行货币政策。政府政策重心从关注单独的货币总量变为关注一系列货币总量，并逐渐放弃了货币目标，只关注财政目标。在预算周期结束时，政府有了盈余。工党政府在20世纪70年代一开始就通过卖英国石油（BP）股份来私有化项目，这些项目的私有化使得政府可以减少公共部门借款需求。国有公司被私有化，并对私有化的公司获得的利润进行征税。此外，减少公共支出支出也是一种方法，比如减少转移支付和补贴。

与此同时，英国政府还进行了一系列的税收改革。1984年的财政法案在个人和公司所得税中进行了结构性改变。1985—1988年，高收入人群的收入大概下降了40%—55%。除此之外，由于北海石油税和GDP增长超过了预期，1980年税收收入的增长也为财政调整作出了巨大贡献。

（三）1992—1998年的赤字修正

1. 经济环境

1980年底，英国公共财政正常运转。在1988—1989和1989—1990这两个财政年度，预算都有盈余，总管理支出（Total Management Expenditure（TME））降低至GDP的39%（与1982—1983年的48%对比），一般性政府债务低于35%。但是到1993—1994年间，预算赤字又达到了GDP的8%，直至1995—1996年，一般性政府债务上升至GDP的50%。造成财政赤字有两个原因：首先，公共支出上升，总管理支出在两年内上升10%；其次，特定支出领域（如医疗等）支出的增加。同时，受到经济危机的影响，GDP增速下降了2.5%，失业率增加，税收收入减少。

从1994年开始，英国进入总量控制阶段。该时期仍然是对政府支出总量作一个为期3年的计划，所涵盖财政支出总量仍约占政府总支出的85%，不同的是这个3年计划是固定的，每3年调整一次。

2. 货币和财政政策

20世纪90年代初期的衰退有以下三个特点：

（1）在经济衰退以及 GDP 下降的时期都维持着较高利率。1988 年中期到 1992 年中期，利率高于 10%，而在 1989 年 10 月到 1990 年 10 月，利率高于 15%。

（2）欧洲货币汇率机制（ERM）是一个准固定汇率，这要求英镑不能低于 ERM 设定的名义汇率的 6%。英国在 1990 年 10 月加入了欧洲货币汇率机制。到 1992 年 9 月，通货膨胀率下降到 3.5%，而利率仍维持在 10% 左右。

（3）从 1989 年到 1993 年，虽然房价在 80 年代末明显增长，但是在 1989 年达到顶峰后开始下降，至 1993 年，整体房价在名义上下降了 14.7%。

退出 ERM 之后，英国确立了将通胀率保持为 1%—4%，并且逐渐降低到 2.5% 的目标。同时，政府新的利率目标是在 1994 年降为 5.25%。

3. 1993 年预算

1993 年有两个预算，分别是春季和秋季预算。预算中在支出方面有以下变化：

（1）在 1993—1994 年期间设立了管理公共支出的新系统，通过提前管理限制支出总额，使支出的增长低于经济的增长，称为控制总量（Control Total）；

（2）在 1992 年秋季声明中宣布每一年的支出削减计划，比如交通领域支出从 67.5 亿英镑减少至 58.6 亿英镑；

（3）在中央政府对地方政府的资助上施加了更多的限制，资助额度从 1991—1992 年期间的 197 亿英镑减少到 1994—1995 年的 178 亿英镑；

（4）国防支出在名义上保持不变；

（5）中央政府的运行成本不变，政府运行更加简洁高效。

4. 政策结果与效果

赤字占 GDP 的比例由 1993—1994 年的 7.7% 下降至 1995—1996 年的 4.7%，一般性政府总债务在 1995—1996 年时达到顶点峰（占 GDP 的 50.7%）；总管理支出每年增长 2%，税收收入从 1993—1994 年占 GDP 的 35.4% 上升至 1995—1996 年的 37.2%。截止到 1996 年 11 月提交预算时，GDP 的增长率回升至正常，对于支出的控制也有了效果，赤字水平得以降低。因为选举的原因，许多人希望有税收减免和支出增加的政策，因而所得税的基础税率有少许下降，并限制了总体税收措施。

以实际价格计算，总管理支出在 1995—1996 年、1996—1997 年和 1997—1998 年中都有下降，1999—2000 年间支出比 1995—1996 年还低。1998 年及其后三年，财务报表都有盈余，最高达到 GDP 的 1.8%。

这一时期的一个特点是在繁荣时期对实际支出进行削减。这是"自动稳定"的政策体现——让消费在经济衰退时上涨，同时在繁荣时期有削减支出的预期，从而通过相反的举措抵消繁荣和衰退的影响。然而这在实际中很难实现，因为在繁荣时期支出会由于政治压力而不可避免的增加，但在 20 世纪 90 年代则相反，支出在衰退时期上升，并在繁荣时期下降，从而达到"自动稳定"的效果。

这些政策反应在短期内是成功的，20 世纪 90 年代早期的衰退在历史上并不严重，尽管财政有高额的赤字，但其稳定政策是有效的。1994 年经济开始繁荣时，对于支出的控制就更加严格，根据对冲抵消的影响，支出在 20 世纪 90 年代晚期事实上是下降的。这种策略使得新工党更强调财政的中性。但是，随着 20 世纪 90 年代和 21 世纪初经济的繁荣，财政支出剧烈增长，之前为平衡财政政策所作出的努力和良好的规定都付之东流。

（四）1998 年的经济危机与改革

1. 经济环境

1997 年，随着经济危机的到来，由于没有明确和透明的财政目标以及有效的公共监督，政府面临着高额的结构性赤字，较低的投资额，不断增加的公共债务和公共部门净贷款额的减少等问题。因此，政府决定采取新的财政政策框架。该时期最大的变化是，不再对政府的支出总量进行控制，而是对政府 25 个部门的支出规模分别设定上限。这些支出总额大约占政府支出总额的 60%。在预算形式上，仍然是编制一个为期 3 年的固定财政支出框架，每 3 年调整更新一次。

2. 采取措施与效果

1997 年，工党承诺将继续紧缩公共支出计划。布朗进一步减少财政部门的支出，其中大部分是减少经常性支出，同时公共部门净投资也有所下降，其占 GDP 的比例从 0.7% 下降至 0.5%。

1999 年以后，政府决定以"谨慎为目标"的思路来减少借款，并放弃了削减公共支出的政策。随着支出的上升与税收收入的减少，财政收支情况明显恶化。2001 年后的第一个财政预算案中包含了税收增加措施，以改善财政收入下降和支出增加的情况。但是，税收的增加（增加国民保险税）与卫服务支出的增加相抵消。2005年，虽然政府采取了进一步的增加税收收入的措施，但其他因素（如金融板块行情较差与股市的疲弱）抵消了这些财政收入的增加。2007—2008年，政府的收入占整个国民收入的38.7%，回升至2000—2001年的水平。但与此同时，政府支出占国民收入的比重却也持续增长。

（五）2008年经济危机与改革

1. 经济环境

随着雷曼兄弟的倒闭，金融市场的动荡和经济的衰退对英国的公共财政产生了不利影响。2007—2008年的全球信贷紧缩之后，英国财政开始进入衰退阶段，这造成了长期的低增长率和高失业率。在2007—2008年，公共部门借款增加，结构性赤字的比例上升至国民收入的2.6%，这其中仅仅有一小部分可以被税收收入的暂时增加和支出的暂时减少所抵消。2008年和2009年是财政状况最差的两年，公共财政出现了一定程度的财政危机。与此同时，为了实施政府认为必要的暂时性的财政刺激手段，额外的借款增加至国民收入的6.7%。在2010—2011年，几乎所有的临时性财政刺激都取消，从而减少了政府赤字总额。由于2007—2008年产生了大量借贷，意味着公共部门的净债务在2010—2011年度将会上升，预计公共部门的净债务将达到国民收入的63.6%。政府收入与支出间的结构性差距在2007年至2010年间上升，表明了财政危机和经济衰退会对英国的生产和长期价格有持续影响。

2. 财政政策

政府停止使用之前确定的财政准则，采取了新的财政框架，并通过了2010年的财政责任法（Fiscal Responsibility Act），这一法律要求政府稳定公共财政。政府提出的财政整合计划（the Fiscal Consolidation Plan（FCP））为政府确立了财政目标。

（六）小结

纵观英国中期支出框架的发展历程，我们可以发现英国的中期支出框架的产生和改革背景几乎都是经济衰退和发生严重的财政赤字。中期支出框架的出现一方面是需要控制日益增长的财政赤字，维持财政的可持续性；另一方面是为了满足提高财政透明度和政府运行效率的要求。

自 20 世纪 60 年代早期起，年度公共支出便在英国经济中占据主要地位，这种方式使得以投入要素为基础不如以产出为基础的计划有效率，进一步造成了在公共和私人供给方面的过度偏离以及在当前消费和未来投资之间的偏离。由于这种碎片化的预算方式，财政政策不利于英国的长期发展。在之前的经济周期中，经常性支出超过经常性收入从而造成了严重的代际负担；同时，考虑到一些其他原因的影响（如私有化影响和维持储备金发展等），公共投资降至较低水平。此外，年度预算还有其他的不足，例如之前的财政结构没有给予经常性支出和资本性支出之间足够的区分，无法说明未来的人需要为今天的公共支出付出多少；同时，也导致了对资本性支出的轻视，使得政府因为短期内的支出压力而减少投资。这一做法更加不利于英国经济的长期发展，在经济衰退和财政赤字的危机背景下，政府开始从整体上考虑预算支出及财政政策的可持续性，中期支出框架应运而生。其主要发展历程如表 4-1 所示。

表 4-1　　　　　　　　　　英国中期财政框架发展历程概览

时间段	监管制度			覆盖面		固定性	
	名称	控制单元	预算基准	政府覆盖面（%）	未包含的主要（支出）条目	时间跨度	调整频率
1967—1980 年	总量规划	中央政府总的主要支出	名义现金	87	债务利息	3 年	一年一度
1981—1983 年		中央政府总的主要支出	实际现金	87	债务利息	3 年	一年一度
1984—1993 年		中央政府总的主要支出	名义现金	85	债务利息	3 年	一年一度
1994—1997 年	总量监控	中央政府结构性支出	名义现金	83	债务利息 养老金	3 年	三年一度
1998 年至现在	设定部门支出上限	25 个分部委预算	名义权责发生制	60	债务利息 地方政府自主支出社保	3 年	两/三年一度

资料来源：财政部网站，http://www.mof.gov.cn/mofhome/guojisi/pindaoliebiao/cjgj/201303/t20130320_783306.html。

二、中期支出框架的法律依据

(一) 普洛登委员会报告

第二次世界大战后,英国在 1961 年根据"普洛登委员会报告"对公共预算进行了重大改革,确立了一系列原则,其中之一便是提出了实施与年度预算相结合的多年度中期滚动预算。这一原则要求编制公共预算时政府的收支规划应该是多年度的,但只有预算年度的计划具有法定效力。除此之外,还有以下几方面的原则要求:

(1) 统一原则。年度预算必须包括全部公共收支,以便综合考虑国家的资源供给能力和占用水平。

(2) 重要原则。年度预算支出必须考虑各类支出的相对总支出水平的重要性。

(3) 分类原则。公共预算收支应按功能和经济性质分类。

(二) 1976 年的工业法案 (Industry Act)

1976 年 11 月,英国国会首次公布了工业法案,要求政府每年公布两次经济预测。它提供了一个在政府和主要公司之间的计划合约 (Planing Agreement),以确保公司制定这些预算计划,并且可以接受国家设立的目标;同时,公司要确保能够有效利用政府的财政补助。

(三) 1998 年的财政稳定法典 (CFS)

1998 年开始实施《财政稳定法典》(Code for Fiscal Stability,CFS),此法典为英国的财政预算管理提供了一个强有力的制度框架。

该法典指出,信息质量低下是导致公共政策失误的一个重要原因,因此其主要目的是提升财政预算的透明度、明确财政责任和提高信息质量。

法典的主要内容包括:要求财政部发布先期预算报告 (Pre - budget Report (PBR))、财政报告和预算报告 (Financial Statement and Budget Report (FSBR)) 以及经济和财政战略报告 (Economic and Fiscal Strategy Report (EF-SR));邀请国家审计署修订关于财政预测的主要假设和传统做法;发布财政和债务管理报告;向议会国库委员会汇报所有发布的报告;确保公民有足够的渠道获得这些报告信息；制定财务报表和预算报告以讨论主要预算决策以及短期财政经济情况；公布财政与经济信息，包括根据周期调整的财政政策；接受国家审计署关于财政目标变化的审计。上述法典规定的预算报告总结为表4-2。

表4-2　　　　　　　　《财政稳定法典》规定的预算报告

频率	类别	名称	内容	报告时间	报告主体
一年一次		预算前报告（PBR）	提供经济和财政预测、税收变化政策	每年秋季（十一月）	财政部
一年一次		经济和财政战略报告（EFSR）	阐述政府的长期目标、未来战略和政策改变	每年春季（三月/四月）	财政部
一年一次	包含在年度预算中	财政报告和预算报告（FSBR）	包括政府的中期财政战略、短期经济预测、预算案中的税收举措分析和包括在"公共部门借款需求"（PSBR）中的公共财务分析	包含了未来按照三年期制定的支出计划	财政部

资料来源：依据英国《财政稳定法法典》整理。

财政报告和预算报告（FSBR）包含了未来三年期的支出计划，它不是独立的文件，而需要与年度预算一起提交到议会。中期预算不单是政府收支计划，还为经济发展总方向提出建议，同时也是收入分配规划及调节经济的依据。此外，该法典还规定了政府实施财政政策的五大原则：

（1）透明。在设立财政政策目标、实施财政政策和公布公共账户过程中都要求透明。

（2）稳定。财政政策的制定和实施过程要连续、稳定，预算必须考虑对宏观经济稳定运行的影响，要将经济增长率和就业率稳定在较高水平。

（3）责任。在预算管理过程中要体现政府对财政管理和社会负责任的态度。

（4）公平。要保证代际公平。

（5）效率。在设计和实施财政政策时要保证其效率，应从收支两方面保证能达到预期的政策目标。

在《财政稳定法典》规定了政府需要发布的预算报告及实施财政政策原则的基础上，相关规定使得政府预算计划及监管制度出现了四个新的特点：

总的支出计划建立在坚实的经济基础上，同时区分经常性和资本性支出。总管理支出（Total Managed Expenditure，TME）包含了所有公共部门的支出。经常性支出大多为当代人提供好处，反映每年都需要资助的项目，因此公平和严谨性要求这项支出由当代的回报来支付。相应的，投资性创造出了资产，可以同时为当代和未来的纳税人提供服务和好处。为了表明区别两项支出的重要性，政府引入了两个财政法则：一是黄金法则（golden rule），要求政府在经济周期的过程中只可为资本预算进行借贷；二是可持续投资法则（the sustainable investment rule），在整个经济周期中，公共部门的净债务量要保持在一个稳定和审慎的水平。对经常性和资本性支出进行分别管理和安排，能够满足财政支出日常需求并防止投资由于当期支出压力而减少。只有在特定情况下，有关部门可以将资本性支出用作经常性支出。

固定的三年计划可以为长期计划和管理提供确定性和灵活性。在这些计划中，政府会为部门支出和运行成本设立严格可行的多年限制，并使多年限制覆盖三年的周期。通过加总这些多年计划可以得到部门支出限额（Departmental Expenditure Limits，DEL）。这个限额内设立了一个小额储备金以应对一些紧急情况，但政府并不能像过去那样在每年的年度公共支出调查（Annual Public Expenditure Survey）中获得额外资金。因此，部门需要严格地计划自己的支出。DEL还将包含资本收益计划（Capital Receipts Initiative）和工作福利（Welfare to Work）所提供的资金，这些都将在部门预算内依据特殊的规定进行管理安排。这种限制会激励部门控制自己的现金支出额度，部门只有在通胀时才能进行调整，这就有助于政府建立更稳定的资金控制机制。

部门支出限额（DEL）外的支出年度审查。其他不能合理的受到多年期限制的支出被称作按年管理的支出（AME），包括社会保障收入，地方政府自己提供资金的支出（LASFE），共同农业政策（Common Agricultural Policy）提供的支出，对欧盟机构的净付款等。

按年管理的支出（AME）受到相关限制。AME的估算是基于谨慎的预测和严格的审查，这也是年度预算和为未来三年设立部门支出限额（DEL）的一部分。若政府无法确保AME的政策影响能够被财政政策所抵消，则不能使用可能会影响社会稳定或其他方面的AME政策。

（四）2011年的预算责任和国家审计法

预算责任和国家审计法（Budget Responsibility and National Audit Act）确

立了预算责任办公室的法定地位，并要求财政部在预算责任宪章中列出其实施财政政策的方式。它还规定了国家审计署的新结构，并废除了2010年财政责任法。主要内容如下：

（1）法案第一章（Section1）要求政府制定预算责任宪章（Charter for Budget Responsibility，CBR），将财政政策的形成、实施及管理国家债务的政策连接起来。同时规定了预算责任宪章应当确立政府财政政策的目标和管理国家债务的目标、财政权限、财政声明及预算报告的最低要求。

（2）第一章第二条［Section1（2）］要求财政部于每个财政年度发布年度预算文件——财务报告和预算报告（Financial Statement and Budget Report，FSBR）。

（3）法案第六章第一条［Section 6（1）］规定了预算责任办公室（OBR）的法律地位及其相关责任。

（五）预算责任宪章

根据预算责任和国家审计法，财政部需要每年准备预算责任宪章（Charter for Budget Responsibility，CBR）。预算责任宪章包含了政府的财政政策框架，同时为OBR提供指导。

根据2015年秋季公布的CBR，其主要内容包括以下几方面：

英国政府使用OBR[①]的财政和经济预测作为预算报告（CBR）的官方预测。但是政府仍有权否定OBR的预测，一旦否定，政府应当向议院（Parliament）说明。财政部将通过必要的分析向政府提供建议。

OBR需要提供与预测周期相一致的经济和财政预测。为了使OBR可以充分评估政府的表现，预测周期需要足够长，一般来讲是当前财政年度后的5个财政年度。每次预测报告文件都要包含前两年的财政总量。

OBR应当至少每两年提供一次年度持续报告（annual sustainability report），其中包含了公共财政的长期目标以及对公共部门资产负债表的评估结果。

从以上内容可以看出，尽管英国中期支出框架相关的法律处在不断的变化发展中，但在每一个阶段，都有相应的法律对中期支出框架的编制主体，编制方法，预测方法及内容等相关问题进行明确的规定。这就为中期支出框架的实施提供了有力的法律支撑。

---

① 英国预算责任办公室（Office for Budget Responsibility）。

三、中期支出框架的编制

（一）中期支出框架的周期

最初时期，与多数国家一样，英国3年期中期支出框架的主要作用也是建立部门支出限额，并在经济与财政战略报告中公布。中期支出框架覆盖预算年度后的三年。支出部门当年未用完的支出限额可结转至下个年度继续使用。由于环境和政策因素的变动，实际的开支与支出预算限额总会产生偏差。为此，英国财政部建立了预算储备基金以应对预算执行过程中不可预测的变动。在2010年之后，由英国预算责任办公室（Office for Budget Responsibility，OBR）来负责五年期的预测，并将预测结果与财政部编制的年度预算一起公布，对于部门限额的估计一般每两到三年公布一次。

（二）编制部门职责

2010年以前，财政部负责中期预算的编制，并通过每年发布两次预算报告公布财政预算。财政部门的主要任务是为财政支出各部门提供建议和帮助；汇总各部门提出的预算申请数；按照预算编制的基本原则，测算出实际应采用的支出标准。财政部门提出的预算编制原则是整个预算过程非常重要的一环，对各支出部门预算编制有着指导作用。

2010年，英国预算责任办公室（OBR）成立，主要负责对英国公共财政进行独立和权威的分析（见图4-1）。预算责任办公室将负责确定经济和财政预测，这也是过去20年内英国预算和预算前报告的核心内容。以往财政部对经济和预算作出的预测报告都将转向这个独立的部门，其设立原因是前任工党政府在借贷数据预测上的隐瞒举动。同时，受到经济危机的影响，预算与实际有较大偏离，政府希望通过独立的部门对经济进行预测以使得预算更加符合实际情况。OBR在每个财政年度需要进行财政和经济预测，这些预测通过经济和财政展望（Economic and fiscal outlook，EFO）向公众披露，并且评价政府完成财政目标的可能性。同时OBR提交的财政可持续性报告则为政府支出、收入和金融交易设立了长期目标。在分析这些目标是否可以使公共部门债务维持可持续性时，不仅要考虑过去公共部门活动带来的影响，还要考虑未来50年中公共部门活动,需要预测未来50年中支出和收入的变化路径及其对于公共部门净债务的影响。财政可持续性报告用传统的国民经济核算方法(NA)和商业会计原则编制政府整体报表(WGA),并分析了公共部门的资产负债表。从2016年开始,财政可持续性报告改为每两年发布一次,这反映了国家统计局更新人口预测的频率。此外,OBR还需提交福利趋势报告,对各种驱动福利支出的因素进行评价。表4-3总结了OBR在每个财政年度均需要提交的报告。

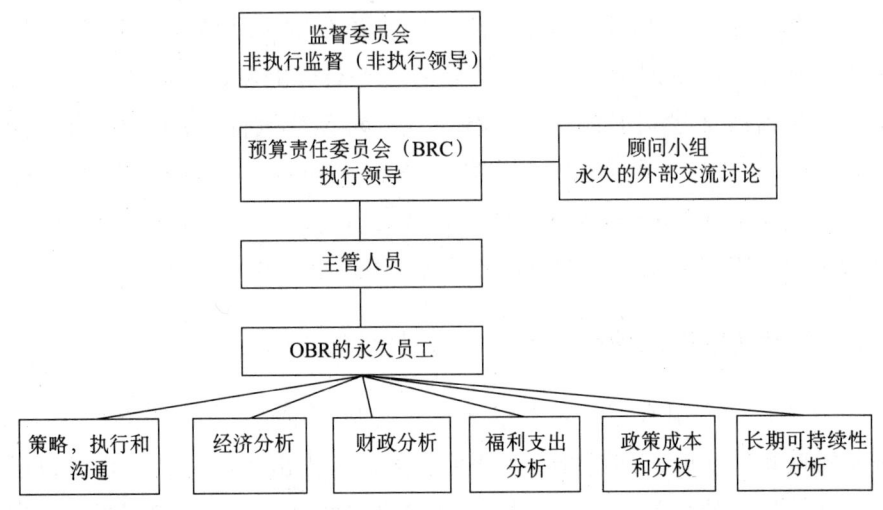

图4-1 OBR的组织结构

资料来源:OBR网站,http://budgetresponsibility.org.uk/about-the-obr/what-we-do/。

表4-3　　　　　　　　OBR每个财政年度需要提交报告

频率	名称	内容	日期	编制部门
一年两次	与预算和秋季声明(财政部编制)一起公布	经济和财政展望	对经济和财政进行五年预测并评估政府是否可以完成财政目标	三月/十一月	OBR
一年一次	独立报告	预算评价报告	分析解释对于最近一年的经济财政数据的预测误差	每年秋季	OBR
一年一次	独立报告	财政可持续性报告	分析公共财政的可持续性	六月	OBR
一年一次	独立报告	福利趋势报告	评价包括在限额内外的驱动福利支出的因素	七月	OBR

资料来源:依据英国OBR网站整理。

（三）预算编制流程

英国政府的预算年度采取四月制，即自每年 4 月 1 日开始，一直到第二年 3 月 31 日。预算编制过程一般包括以下四个阶段：

第一阶段（4—10 月）：财政部门发出详细的指导性文件，向各部门解释预算编制的基本原则。据此，各部门搜集基础数据和资料，并按要求在规定的日期内将这些数据反馈到财政部，以保证需要优先保障的服务能够得到合理的资源配置。

第二阶段（10—11 月）：财政部门搜集并仔细审核各部门上报的预算申请后，各部门的预算将分别递交到相关的委员会去审议。财政部门也需要同时向财政委员会上报一份预算报告，提出对于基本经济趋势及其影响的估计。11 月份直到圣诞节以前，政府都要准备提供秋季报告。根据经济预测系统所提供的新预测结果、税收政策的变化等，讨论公共支出计划并形成初步方案。这一方案包括最新的短期经济预测以及后 3 个财政年度公共支出的关键数额。

第三阶段（12 月—次年 1 月）：这一阶段各委员会审议并投票通过预算，一般在 1 月底 2 月初，各部门将收到自己部门支出标准的估计数额及下年度补助金的使用权限，这一估算结果包括了基本支出和额外支出。基本支出是指在现行政策保持不变的前提下，各部门所需要的经费。额外支出是指政策调整导致支出有所增加时，各部门可以向财政部提交申请书（又称为"标单"）来竞争的额外支出经费。

第四阶段（2—3 月）：这是预算编制的最后一个阶段。财政部门收集汇总各委员会关于财政预算的最后调整数，并向议会作陈述报告；经议会投票通过后，财政部门向公众公布政府预算支出状况及税收水平。2010 年之前英国的财政预算是 3 年滚动性预算，当前财政年度收支预算最为详细，后两年收支具有概算的性质。

（四）预算估计及预测

1. OBR 的预测过程

OBR 的中期预测主要包括五个环节，如图 4-2 所示。

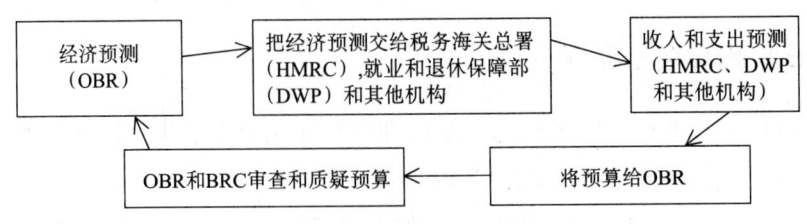

图 4-2 OBR 预测在预算编制中的环节

由此可见，经济预测和财政预测是独立的。在财政大臣向财政部提交预算或秋季声明之后，OBR 就要在《经济和财政前景》（Economic and fiscal outlook）中公布它对经济和财政预算及其可能产生影响的估计。OBR 进行预测的主要步骤如下：

财政部至少在公布预算或秋季声明前十周通知 OBR。公布预算日期一旦确定，OBR 和财政部会相应地确定时间表来交换 OBR 预测时所必需的信息，财政部也需要相关信息来制定实施政策的成本"记分卡（scorecard）"。OBR 首先利用之前的预测结果和对于经济状况的初步判断获得的数据，准备进行第一轮先期预测（Pre-measures）。

收入和海关总署、英国就业和退休保障部、英国财政部等部门拿到经济预测结果，进一步得到英国收入和海关总署（HM Revenue and Customs）等机构预测的个人所得税收入及支出流状况。

OBR 需整理这些独立的预测结果，并将其作为预测总收支以及公共部门债务情况的基础；此外，OBR 还需要预测宏观经济变量（如增长、通胀和失业率等）的变化情况。

OBR 的第一轮经济和财政预测结果，以及对政府财政可能实现目标的评价（在没有实施新政策的情况下）需于预算公布的前五周提交至财政大臣处。

OBR 将对财政经济进行的先期预测过程再重复两次，每次补充新获取的数据，同时考虑海关总署、就业和退休保障部以及其他部门的专家提供的各种合理意见，但最终选择哪一种模型、如何解释近期数据，其决定权在于 OBR 下设的预算责任委员会（Budget Responsibility Committee，BRC）。

财政大臣将于预算公布前两周收到第三次修改后的预算，并据此调整之前遗漏或忽略的财政目标，这有利于制定可靠的财政政策。预测的同时，OBR 还要审查税收和福利支出的措施。关于税收措施的讨论集中在确定相关税基，以及判断该措施可能带来的影响等方面。

在预算声明（Statement of Budget）公布的最后一周前，OBR 将进行最终预测。因此，最终预测结果将随着预算声明一起公布。

2. OBR 使用的预测模型

（1）预测方法。

全面的财政预测并不是高度集中的自上而下的行为。在经济预测基础上，它需要对不同领域的收支状况及财政交易费用进行分散预测。这种分散的预测要求 OBR 与不同的政府部门合作。特别的，考虑到收入和海关总署和英国就业和退休保障部在单独税种和福利领域具有天然优势，对于模型中影响税收收入的主要因素及福利开支的预测需要分别由这些部门完成。除了一些机密的个人层面数据之外，OBR 有权获得与预测模型有关的信息。在预测过程中，所有的假设和判断及最终的预测结果都由 OBR 中的预算责任委员会（Budget Responsibility Committee，BRC）决定。

在收入预测领域，税务海关总署分析和情报司致力于了解和监督税收收入，并使用模型进行税收预测和成本估计。OBR 的税收协调和预测分支和 OBR 中的预算责任委员会（BRC）一起审查这些部门预算收入情况，最后得到总体的收入预测。在支出方面，DWP 的预测部门将对社会保障支出进行预测。OBR 的公共支出分支和 BRC 一起审查相关预算，并将其汇总到年度管理支出（AME）中。

（2）财政总量基础。

财政总量是基于国民账户得到的。预测过程中的财政总量没有考虑经济变化对财政的暂时性影响，但包含了永久性影响。在此基础上，英国国家统计局（ONS）公布借款和债务的相关数据，政府依据这些数据估计财政总量。

（3）总预测模型。

每一种所得税和年度管理支出的财政预测模型都是特定的。这些模型有许多不同的形式：一些是基于经济方程，另一些是基于微观模拟的个人所得税和收益记录。对于一些税收的预测，是基于税率会在政策宣布后一段时间仍上升的假设下进行的。比如，假设燃油税率会随着零售物价指标（RPI）上升。

在大多数情况下，税收收入预测不考虑未来不能遵从政策的风险。通常情况下，对于政策的不遵从的程度，在整个预算周期中被认为是占税收收入的固定比例。在预测增值税（VAT）时则采用了一个不同的方法，需要准确地衡量"增值税差距（VAT gap）"，这一差距衡量了理论上增值税应纳税额和真实税收收入的不同。

同时，由于宏观经济状况是财政预测的基础，所以 OBR 也需要预测宏观经济发展情况。OBR 使用一系列宏观经济模型进行预测并不断改进这些模型。2010 年 6 月起，OBR 和财政部均采用这些宏观经济模型进行预测，模型中的方程描绘了经济变量的关系，这些关系可以分为以下三种：

会计恒等式（accounting identities）：在国民账户中确定和定义的方程。例如按照定义实际国内生产总值等于消费、投资、政府支出与净贸易之和。

行为（或计量）方程［behavioural（or econometric）equations］：计量方程是基于经济过去的表现而进行的理论和统计分析。比如，居民消费行为方程假定它随着实际收入、利率和财富的变化而变化。

技术关系（technical relationship）：此类方程包括基于经济理论校准的关系、广泛的历史趋势或独特的预测假设。例如，假设雇员对于退休金计划的贡献按照工资总额和工资份额保持不变，模型中的变量一般基于自身过去的数值或其他变量的近期状况，为简化起见，OBR 假设外生变量等于其自身近期的数值。

（4）收入模型。

税收收入的预测依据不同的税种有不同的计算方法，但只包括技术关系和外生给定的变量。下面以例子来具体说明。

所得税占政府总收入的比例最高。2009—2010 年间，所得税达到 1470 亿英镑，而在 2010 年 11 月的预测中，其 2015—2016 年预测值大约为 2100 亿英镑。其中代扣代缴所得税（PAYE）占所得税总收入的 80%。代扣代缴所得税按照收入来源计算，从雇员获得工资中直接扣除。对于代扣代缴所得税的预测是在基线预测的基础上，通过加入导致变化的因素进行预测。工资和薪水的增长可以被分解为收入的增加和雇员的增长。税务海关总署的个人税收模型（Personal Tax Model，PTM）是一个基于对纳税人法律责任调查的微观模型，它在考虑救济和津贴的情况下计算边际税率（Marginal Tax Rates，MRTs）。预测模型接着利用预测出的边际税率计算收入增长额，并通过平均税率去估计雇员增长，最后得到基于基年上代扣代缴税额的增加。预测所采用的方法也会考虑其他模型外的因素。该模型估计了基于历史趋势，按照现金收入计算的代扣代缴的应计税项目。

在编制未来五年预算时,需包括上一年的数据、当年的预算指标以及对未来五年的预测数据,如表4-4所示。

表4-4 经济与财政展望(Economic and fiscal outlook)示例(一)

		估计	预测				
		2014—2015年	2015—2016年	2016—2017年	2017—2018年	2018—2019年	2019—2020年	2020—2021年
个人所得税(税收抵免总额)		163.7	170.2	184.8	192.6	205.8	219.9	234.6
	所得税预扣法	140.0	145.2	155.1	165.4	175.0	186.5	198.9
	自我评税	23.6	25.3	31.3	29.2	33.1	35.6	37.7
国民保险税		110.3	114.8	125.8	131.2	137.4	144.2	151.6
增值税		111.3	115.9	119.2	123.1	127.9	132.9	139.2
公司所得税2		42.9	43.1	43.4	47.7	45.9	43.7	44.8
	在岸	40.8	42.5	42.8	47.2	45.4	43.4	44.5
	离岸	2.1	0.6	0.6	0.5	0.5	0.4	0.4
石油收入税		0.1	0.0	-0.1	0.1	0.0	0.2	0.1
燃油税		27.2	27.1	27.3	27.8	28.3	28.8	29.4
营业税		27.3	28.0	29.0	29.4	30.6	31.7	32.9
家庭税		27.9	28.4	29.0	29.7	30.4	31.2	32.1
增值税退税		13.7	13.6	13.8	13.7	13.6	13.8	14.7
资本所得税		5.6	6.4	7.4	8.3	9.1	10.0	10.8
遗产税		3.8	4.2	4.6	4.8	4.9	5.2	5.7
印花税3		10.9	11.5	12.6	13.9	15.7	17.3	18.9
股票印花税		2.9	3.2	3.3	3.5	3.6	3.8	4.0
烟草税		9.3	9.1	9.0	9.0	9.2	9.3	9.5
啤酒和果酒税		3.6	3.5	3.4	3.6	3.6	3.7	3.7
航空旅客税		3.2	3.1	3.2	3.3	3.5	3.7	3.8
保险保费税		3.0	3.5	4.5	4.7	4.7	4.8	4.9
气候变化税		1.6	2.3	2.4	2.3	2.2	2.1	1.9
其他HMRC税		6.6	6.9	6.9	7.0	7.2	7.5	7.8
汽车消费税		5.9	5.6	5.5	5.7	5.8	6.0	6.3
银行税		2.8	3.7	3.1	2.8	2.6	2.4	2.2

续表

	估计	预测				
	2014—2015 年	2015—2016 年	2016—2017 年	2017—2018 年	2018—2019 年	2019—2020 年	2020—2021 年
银行附加税	0.0	0.0	0.9	1.5	1.5	1.3	1.3
牌照费收入	3.1	3.1	3.2	3.2	3.3	3.4	3.4
环境税	3.6	6.0	7.3	8.3	10.2	12.3	13.6
欧盟 ETS 拍卖收益	0.4	0.3	0.3	0.4	0.4	0.5	0.6
苏格兰税	0.0	0.6	0.7	0.8	0.9	1.0	1.1
被转移的利得税	0.0	0.0	0.3	0.4	0.3	0.4	0.4
烈酒税	3.0	3.2	3.2	3.4	3.6	3.7	3.9
其他税	6.2	7.1	7.1	7.2	7.4	7.6	7.8
国民账户税	603.6	628.9	665.2	693.5	724.4	757.3	796.3
对欧盟的较少自有资源贡献	-3.0	-3.1	-3.2	-3.1	-3.1	-3.2	-3.5
利息和股息	5.8	5.8	6.6	8.6	10.2	11.8	12.6
总经营盈余	36.9	39.2	41.1	43.1	44.8	46.9	49.0
其他收入	3.0	2.0	1.5	1.6	1.6	1.7	1.7
经常性收入	646.4	672.8	711.2	743.7	777.9	814.4	856.1
备忘录：英国石油和天然气收入	2.2	0.7	0.5	0.6	0.5	0.5	0.5

资料来源：2015 年 6 月中经济与财政展望（Economic and fiscal outlook），http://budgetresponsibility.org.uk/docs/dlm_uploads/July-2015-EFO-234224.pdf。

(5) 财政支出预测模型。

支出依据以下国民账户总量进行预测：公共部门的经常性支出（PSCE）；公共部门总投资（PSGI）；总管理支出（TME = PSCE + PSGI）。

每一项经常性和资本性支出预测都是用部门预算的支出控制框架计算的，该支出框架包括部门支出限制（DEL）和年度管理支出（AME）。经常性支出按照经常性（资源）部门支出限制计算，加上经常性年度管理支出；资本性支出按照资本 DEL（CDEL）计算，加资本年度管理支出。

为了控制公共支出，部门的经常性支出和资本性预算被分为 DEL 和部门的 AME。DEL 是固定的，某些特殊情况下，才能在财政部的控制和规范下使用中央未分配的预留储备金来增加。由于部门 AME 的不稳定性，其需求与部门大小有关，因此它没有固定数额，大多 AME 受经济变量（如通胀，失业率和利率等）的影响。部门 AME 在预算报告和预算前报告中都会接受审查，一年审查两次以反映 OBR 最新的估计。

使用综合在线信息系统（COINS）的数据：

支出的预测不仅需要考虑 DEL 和 AME 的管理结构，还需要考虑其经济性质。经济性质不同的支出领域对于预测的准确性很重要，因为一般性政府消费和投资占 GDP 的 25%。DEL 支出的经济性质区分都是依据 COINS，它是由财政部收集来自全国各地的公共部门收支计划财政数据并汇总整合而成的数据库。已经确定的 DELs 的经济性质分类只在 COINS 可得，但对于后几年的财政预测，COINS 则没有支出的详细计划，需要 OBR 通过模型加以确定。

COINS 也可以用来在部门预算期间对小额 AME 进行预测。这是一种例外情况，但仍受到 OBR 审查。大多数部门直接提供其调整后的预测 AME 支出给 OBR。

部门未分配储备（Departmental Unallocated Provision）：

这一规定是鼓励部门在每个财政年度不完全将 DELs 分配给每个项目，而是留下部分资金以应对没有预料到的压力。这些没有被完全利用的预算份额称为部门未分配储备（Departmental Unallocated Provision（DUP））。DUP 作为预算约束与分配到特定项目间的差额部分，会在主要预测中进行公布。

储备金（reserve）：

部门可以为了使支出在限制内而管理自己的 DEL 预算。如果一部分 DEL 不能满足需求，那么部门可以使用 DUP；重新确定项目使用资金的优先次序，并在预算的其他地方抵消超过的支出；推迟其他地方预算支出；转换资源性 DEL 到资本性 DEL（如果是资本性 DEL 需要支出）；除此之外，还可以寻求储备金的帮助。作为支出计划的一部分，部门可以用储备金解决自己无法解决的资金需求。资源和资本 DEL 有独立的储备金，但是都很少。从储备金方面的支持是非经常性的，所以不会影响部门的支出审查的基准线。

如果政务司司长同意用储备金向部门提供支持，那么金额需要在以后几年通过减少 DEL 的方式被返还。

表 4-5 展示了 2014—2015 年度上述关于公共部门各项支出的估计值以及 2015—2020 五个财政年度的预测值。

表 4-5　　经济与财政展望（Economic and fiscal outlook）示例（二）

	估计	预测					
	2014—2015 年	2015—2016 年	2016—2017 年	2017—2018 年	2018—2019 年	2019—2020 年	2020—2021 年
公共部门当期支出（PSCE）							
PSCE 的 RDEL1	317.4	315.1	318.8	316.7	316.2	320.3	345.1
PSCE 的 AME	351.2	360.1	366.9	381.7	395.2	408.1	419.7
其中包括：							
福利支出	214.3	216.9	213.8	216.5	219.4	222.2	227.3
其中包括：							
内部福利上限	119.1	120.6	115.2	114.6	114.0	113.5	114.9
外部福利上限	95.1	96.4	98.6	101.8	105.4	108.7	112.4
公司和其他税收抵免	2.0	2.2	2.4	2.5	2.5	2.6	2.6
净公共服务退休金支付	12.1	11.1	11.5	12.9	14.5	16.0	16.1
国家彩票	1.4	1.4	1.4	1.4	1.5	1.5	1.5
BBC 当前开支	3.9	3.9	3.8	3.8	3.7	3.6	3.5
网络铁路其他当前的开支2	1.1	1.3	0.8	0.5	-0.1	-0.1	-0.1
部门 AME 的其他 PSCE 支出	1.2	1.2	1.1	1.1	1.1	1.1	1.1
到欧盟机构的支付转移	10.4	11.3	10.4	9.5	10.8	11.3	11.7
地方资助的当期收入	35.2	38.5	40.2	42.1	43.7	45.1	46.4
中央政府的债务利息，净 APF	33.0	34.6	40.8	47.7	50.7	53.2	54.3
其中包括：							
中央政府债务总额利息	45.4	46.7	51.1	55.9	57.2	58.5	58.6
由于 APF 债务利息的减少	-12.4	-12.1	-10.3	-8.3	-6.5	-5.3	-4.3
折旧	27.2	29.5	31.0	32.6	34.2	35.9	37.8
当期增值税退税	11.5	11.5	11.6	11.5	11.3	11.4	12.2
研发开支	-7.5	-8.2	-8.2	-8.1	-8.1	-8.2	-8.9
一次性使用军事开支	0.3	0.2	0.2	0.2	0.2	0.2	0.3
环境税	3.2	5.7	7.3	8.5	10.7	13.2	14.9
地方政府将养老金	1.8	1.8	1.9	2.0	2.1	2.3	2.4
其他国民账户调整	-0.1	-2.9	-3.0	-3.1	-3.2	-3.3	-3.4
公共部门当期支出	668.6	675.2	685.7	698.4	711.4	728.5	764.8
公共部门总投资（PSGI）							
PSGI 的 CDEL	37.5	36.1	36.2	37.0	42.2	44.5	46.6
PSG 的 AME 方面	29.4	31.0	32.3	32.7	30.7	31.4	33.1

续表

	估计	预测				
	2014—2015年	2015—2016年	2016—2017年	2017—2018年	2018—2019年	2019—2020年	2020—2021年
其中包括：							
国家彩票	0.5	0.5	0.5	0.5	0.5	0.5	0.5
网络资本支出	6.0	7.0	6.3	6.0	4.8	5.0	5.3
部门AME中的其他PSGI项目	0.4	0.3	1.3	1.7	2.2	2.6	3.3
地方资助的资本支出	7.9	7.0	7.8	8.2	6.5	6.5	6.5
公共企业资本支出	8.5	7.4	7.7	7.7	7.7	7.5	7.6
研发开支	7.5	8.2	8.2	8.1	8.1	8.2	8.9
其他国民账户调整	-1.4	0.7	0.6	0.4	0.8	0.9	0.9
公共部门总开支	66.9	67.1	68.6	69.6	72.9	75.5	79.7
减折旧额	-36.0	-38.4	-40.1	-41.9	-43.6	-45.5	-47.6
公共部门净投资	30.9	28.6	28.4	27.8	29.2	30.4	32.1
总管理支出	735.5	742.3	754.3	768.0	784.3	804.4	844.5

资料来源：2015年6月中经济与财政展望（Economic and fiscal outlook），http：//budgetresponsibility.org.uk/docs/dlm_uploads/July-2015-EFO-234224.pdf。

3. OBR采用的周期性调整

在财政稳定法案下，政府需要公布经过经济周期调整后的财政总量。从1998年开始，先期预算报告需要公布调整后的经常性预算盈余及公共部门的净借款额（PSNB），以说明经济周期对主要经济总量指标的影响，从而提高实施财政政策的透明度及决策效率。同时这一做法也可以评价公共财政的可持续发展程度。从经济上看，周期性调整有两种方法。OBR对于公共财政的预测数据是根据1995年的临时文件——《公共财政和周期》——确定的。这一文件提出了"一步法"，直接把产出差距回归到公共支出与收入上。其计算周期调整后的主要财政总量公式如下：

周期调整的净借入＝净借入＋0.5×当期财政年度的产出差距＋0.2×之前财政年度的产出差距

周期调整的当期预测＝当期预测－0.5×当期财政年度的产出差距－0.2×之前财政年度的产出差距

4. OBR的动态调整

当资源预算部门支出限额（DEL）、资本预算DEL、资源预算年度管理支出（AME）和资本预算 AME 的最终执行结果违背了最初设立的限额时，OBR 需要对各项预测指标进行动态调整。

若部门支出限额出现缺口，该部门负责人应于年终尽快通知政务司司长说明违约的数额、违约原因、部门提议的补救措施（包括财务管理可以采用的处理违约方法的改进和整体预测路径的提升）以及当期超额的数量将在以后年度减少的数额等相关问题，并提供给部门委员会和财政部相关证据以证明这些改进的可能性。

若部门年度管理支出出现缺口，相关法规并没有规定自动的惩罚措施。但是发生了无法预见的变化说明了部门在财政管理方面的薄弱，需要同样说明上述相关事项，其中主要包括如何抵消 AME 超额的方法。

（五）预算报告

英国在每个财政年度向议会提交或对外公布年度预算报告。每年 12 月，财政部向各部门下达预算分配任务，明确预算提交的时间和信息。次年三四月份的预算日，财政部向议会提交预算报告，议会授权核准。下议院核定后于每年三四月份的预算日对外公布。英国财政部公布的年度预算报告由两部分组成。

《经济与财政战略报告》（Economic and Fiscal Strategy Report，EFSR）。《经济和财政战略报告》阐述了对经济和公共财政状况最新的评估和预测，并报告了政府现行政策在实现长期目标方面的进展情况。《经济与财政战略报告》主要概括了经济与财政预测、财政原则要求（最重要的是"黄金原则"和"永续投资"原则）和政府拟采取的预算措施，并说明当前的财政收入、支出及政府融资情况。经济与财政预测部分需要说明所采用的预测假设，并说明相关的税收和支出政策变动情况及其对预测的影响。宏观经济展望是这份文件的核心内容之一，它是进行预测和编制预算最重要的基础信息。部门支出限额也需要在《经济与财政战略报告》中公布。此外，最近 5 年的支出预测额以及即将到来的下一财政年度的支出限额需要分别披露。

如果一个财政年度中有多个预算，则只需要制定一份 EFSR。在财政管理的原则规定下，EFSR 需要阐明政府的长期经济和财政战略，包括长期的目标和主要财政手段；评估财务报表（Financial Statement）和预算公告（Budget

Report）中长期策略的近期成果以及短期经济财政状况；评估长期和短期策略是否与政府的欧洲承诺（European commitments）相一致，尤其是是否遵循《稳定与增长公约》（Stability and Growth Pact）的要求。

《财政公告与预算报告》（Financial Statement and Budget Report，FSBR）。其主要内容包括：经济和财政预测结果；解释预算中主要实施的财政政策；解释相关预算措施如何使当前财政状况与确定的财政政策目标相一致，如何与政府的欧洲承诺（European commitments）相一致。

（六）预算审批与执行

1. 预算的审查与批准

对政府预算的审查主要由政府内阁进行，审查的内容是财政的指导方针和目标，其重点是支出的效益和效果。内阁审查完毕后提出提案，由下议院讨论审批通过，上议院对下议院"表示认可"，主要权力集中在下议院。预算中既定支出部分是依法列支，并以"拨付资金决定"通知国库依法如数拨付。因此，预算中需要批准的是议定支出部分。对于议定支出，下议院将年度预算草案提交拨款委员会。委员会对支出项目进行审核，提出审核报告，经全体议会表决批准，最后由财政和内务委员会对核定拨付的资金以"拨款法"形式加以具体化。至于预算收入和国债，则由财政委员会审议，再以"筹资法"予以规定。

2. 预算的执行与追加

支出预算由财政部指导并监督各政府部门执行，财政部主计长负责按"拨款法"规定的项目和数额拨付款项；收入预算主要由关税和货物税局以及国内税务局负责执行；国库出纳业务由英格兰银行代理。预算执行管理，首先是保证不得突破当年支出计划的总额；其次是对现金限额范围的管理；最后是特殊情况下财政年度内允许拨转（一个部门可以在一个拨款决议的两个款项之间进行拨转，但不能将一个拨款决议转到另一个拨款决议），这种转拨须经议会批准。经常性支出的拨款必须在该拨款决议下达的年度内使用。根据年终的"灵活性计划"，不超过中央政府现金限额资本总数的5%的资本支出可以结转到下一个财政年度。

追加预算需要先报财政部审核后，再报议会审批。在议会没有批准之前，包括首相在内，任何人都无权同意追加支出。由于追加支出涉及资金的再分配，因此议会像对待正式预算案一样对待追加预算案；重新编制的追加预算案称为修正预算。

（七）综合开支审查与预算约束力

1998年首次推行英国预算程序中的支出审查（Spending Review），是公共支出框架的核心。支出审查是一项按照政府间优先顺序，在财政部的领导下将资源在政府部门间进行分配的过程。它为每个部门设立未来3—4个财政年度中固定不变的支出预算额度，之后由部门独立决定如何在履行责任的前提下使用和分配这些支出。这些部门支出上限报告附带着一些跨年的"效果导向性"的绩效目标，同时这些目标通过一系列的公共服务协议（public service agreement，PSA）加以规定。

综合支出审查主要有两个方面：一是审查长期的政府支出情况；二是审查未来部门预算资源分配情况。1998年夏季首次进行综合支出调查，并形成了一份详细的三年期的支出审查报告（comprehensive spending review，CSR）。而中期部门支出上限报告不需要通过议会投票，不具有法律地位。支出审查是由政府领导，交给议会审查，为部门的未来支出设立固定的限制。法定的支出拨款程序仍然是年度性的，需要经过议会供给评估的程序。各个支出部门会在向议会提交各自的年度预算（提交议会前应该先得到财政部的批准）时参考中期的部门支出上限报告（见图4-3、图4-4）。

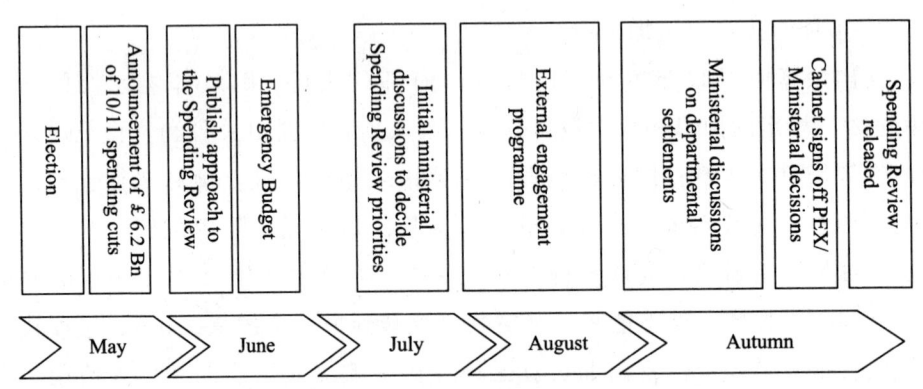

图4-3 支出审查编制过程

资料来源：2010年《支出审查框架》，http://webarchive.nationalarchives.gov.uk/20130405170223/http://www.hm-treasury.gov.uk/d/spending_review_framework_080610.pdf。

第四章　英国中期支出框架

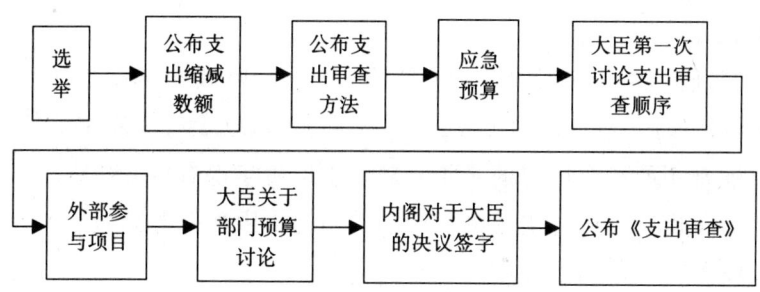

图 4-4　支出审查编制过程

支出审查为部门在当年和未来中的经常性和资本性总的支出设定总数额。对于当期的财政年度，OBR 在使用考虑到无法完成计划的可能性调整后的情况进行预测。对于未来几年，OBR 则假设可以完全完成 DEL 的计划。DEL 在两年一次的支出审查中确定。DEL 是固定的，只允许在特殊情况下通过使用中央没有分配的预留储备金来增加，这需要财政部控制和规范。

对于超过支出审查预测年度的后几年，DEL 按照余量被计算。OBR 在政府宣布的总支出增长计划的基础上预测总的公共部门的经常性支出和公共部门总投资。

DEL 主要特点：

在支出审查中，严格的 DEL 计划是按照三年期制定的；

各部门可以将上年开支限额内的结余资金转下一年使用；

经常预算和资本预算分开，以确保政府财政法则的一致性；

由财政部门管理各部门开支限额的储备金，以供部门应对不可预见情况时之用；

中期计划在中央和地方层面都能实现，部门支出限额让部门有更强的动力去控制其成本，每年底的灵活性也让部门不会在年底突击花钱。

与 DEL 相对的是 AME，由于部门 AME 的不稳定性，需求与部门大小有关，因此它没有固定限制的数额。大多 AME 受经济变量（如通胀，失业率和利率等）的影响。部门 AME 的组成不是固定的，在预算和前预算报告中都会审查，一年审查两次，反映出 OBR 最新的估计。

AME 主要的组成包括社会保障福利、税收抵免、学生贷款、英国广播电视公司国内服务、净公共服务养老金等。此外，AME 开支中还包含其他非政府部门在 PCSE 和 PSNI 内公共支出的，例如，地方自筹支出（LASFE），欧盟的净支出转移，上市公司自身融资的资本支出等。

AME 的主要特点如下：

(1) 管理大宗、波动性以及以需要为主导的财政支出项目计划，如社会保障开支等；

(2) 通常不能符合固定的多年限额要求，每年都有所变化；

(3) 对年度管理的开支预测，影响部门开支限额资源总量。

总管理支出 TME 主要有特点为：

(1) TME 是 DEL 和 AME 的总和；

(2) 整个公共部门的开支，包括中央政府、地方政府以及公共法人；

(3) 包含经常开支与资本开支。

覆盖范围：

《支出审查》大体覆盖了整个政府部门的支出，也包含了考虑到风险之后的年度管理支出中的主要项目，为这些领域的改革设立方案。

如图 4-5 所示，大部分公共支出（绿色阴影部分）都被包含在支出审查中。

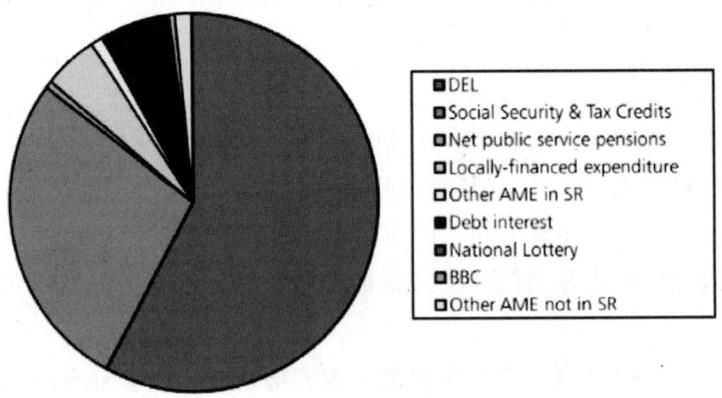

图 4-5 支出审查覆盖范围

资料来源：The Spending Review frame work, http://webarchive.nationalarchives.gov.uk/20130405170223/http://www.hm-treasury.gov.uk/d/spending_review_framework_080610.pdf。

对于支出审查，政府将承担基本的支出审查，这是为了确保这些领域的支出可以达到经济回报的最大化。部门也会按照要求去统计财产和计划如何有效率地使用资金。

责任分担：

《支出审查》也决定了国家在未来的角色和政府的改革计划。这不是财政部加在这些部门上的，财政部也不仅仅是要承担这些财政目标的唯一部门。

政府希望一起努力实现对支出的恰当削减。

为了使用这个政府合作的方法,首相制定了一个由高级内阁委员会组成的委员会——公共支出委员会[the Public Expenditure (PEX) Committee],其由财政大臣主持,秘书长支持。委员会将为内阁关于支出审查中作出的决定提出意见和建议。

委员会将确保政府会投入一定的时间共同考虑关于支出优先权不同的意见。在夏天过后,委员会会审查和质询部门的计划,同时确保与外部意见相一致。部门和财政部之间更细致的讨论将为这些审议提供补充和说明。

特别的,PEX委员会会考虑:政府处理跨领域问题的方法,包括公共部门工资、养老金和地方政府支出;每个部门的主要目标是确保考虑到足够的优先排序,确保主要的服务得到保护;如改革福利制度的战略策略(见表4-6)。

表4-6 《支出审查》发布和覆盖时间

发布时间	覆盖时间(年)	为部门设立支出上限时间
1998年7月	3	1999年4月—2002年3月
2000年7月	3	2001年4月—2004年3月
2002年7月	3	2003年4月—2006年3月
2004年7月	3	2005年4月—2008年3月
2007年10月	3	2008年4月—2011年3月
2010年10月	4	2011年4月—2015年3月
2013年6月	1	2015年4月—2016年3月
2015年11月	1	2016年4月—2020年3月

资料来源:根据Survey of public spending in the UK和spending review整理。

四、预算执行组织体系

(一)财政部的职能

财政部(HM Treasury)是国库管理的主要机构,是英国负责公共收支预算及管理的部门;同时,财政部也向各部门分配预算、监督各部门财政资金的分配和使用,并负责制定有关财政经济政策。此外,财政部还承担控制政府债务、管理中央财政账户的职责。英国实行委托国库制,由英格兰银行委托银行代理国库业务,负责财政收支的出纳、保管和划拨等工作。

财政部采用OBR预测结果编制五年中期规划,提交政府内阁审核;内阁对预算进行审核后提交议会审议,由议会批准政府当年预算及调整计划。议会批准后,财政部将预算资金拨付到皇家总支付办公室为各部门开设的账户上,再由支付办公室支付到各部门。

根据国库审计法案和国家贷款法案,财政部最高监督机关为英国议会,在议会下设置审计机关——国家审计署(National Audit Office, NAO),监督并审核各机关是否遵守议会通过的预算。除财政部外,英国的预算执行机构还包括政府内阁、议会、国家审计署、银行服务部门及债务管理办公室等。

(二)各预算组织间的制衡与博弈

目前,在英国的预算程序中,财政部和内阁发挥着主导作用。其中,财政部是英国中央政府中具体管理预算事务的部门。财政部负责编制预算草案,监督和指导预算的执行,协调和管理对预算的内部控制。财政部除了负责管理全国税收和支出、公债发行、制定有关公共开支的长期计划外,还要管理英国中央政府的其他经济事务和经济政策,包括货币政策和金融管理政策。这些年,随着政府经济管理的负责化,财政部的权力和地位受到一定程度的削弱,其他部门的相对独立性在逐渐增强,但是财政部仍在预算中发挥巨大作用。

内阁作为最高行政机构,负责制定政府预算的指导方针和目标并对预算草案进行审查。内阁审查的重点在于支出的效益和有效性,审查各部门对所规定各项任务的完成情况,也检查具体的政府部门管理者是如何进行活动和履行职责的。同时,内阁也对预算支出是否超过限额、社会保障资金的运用等进行全面审查。内阁是最高行政机关,同时又是下议院的一个委员会,对政府预算高度负责。

内阁对支出和收入的责任不同,下议院可以削减内阁提出的预算支出,拒绝内阁的收入建议,要求内阁再提供另一预算选择方案等,但是这些行为并不表明对内阁信任的丧失。而如果下议院提议增加支出,则意味着对内阁信任的丧失和组建新政府,因此,决定政府支出上限被认为是内阁最关键的预算责任。

英国只有下议院才具有批准预算议案的权力。一般情况下,先是公共账户委员会和审计长相互配合和支持,对预算草案进行审批前审核。然后,在批准过程中,对每一项拨款都会任命一个会计官员,这个会计官员一般都是常任秘书,对下议院的公共账户委员会负责。在政府预算的执行过程中,议会拥有最高权威,政府只负责政绩和钱款,所有的财政资料都需定期呈送议会并由公共账户委员会在专家指导下进行详细审查。公共账户委员会是议会的一个下设机构,主要收集和公布与财政相关的详细信息资料,为议会控制财政提供服务。

国家审计署(NAO)直接向下议院负责。国家审计署中的审计长由首相提名,在征得议会下议院公共账户委员会主席的同意后,由英国女王任命,从而在一定程度上保证了该机构的独立性。国家审计署不仅对大部分的政府部门和依靠财政拨款的准政府部门的会计账目进行审计,也要关注各部门使用资源的有效性和经济性。审计署通过公共账户委员会与议会联系,并要定期在下议院公共账户委员会的听证会还是那个报告其审计结果。财政年终结后,由各政府部门负责编制决算报告,然后,由财政部负责汇编成政府决算,经国家审计署审核,将审计报告提交下议院,由下议院表决通过。

五、绩效评估

英国政府一直被认为在实行政府绩效管理实践方面走在世界前列。英国政府目前的绩效管理主要是围绕着其建立的公共服务协定(PSA)体系来开展的,目的是建立一种现代的公共支出和绩效管理框架,为制定谨慎、有效的中长期支出计划服务。该制度始于1998年,终止于2010年,并以一个分散式的绩效管理体系进行替代。

(一)绩效预算流程

英国的绩效预算过程主要有以下几个环节组成:

设立绩效目标。实行绩效预算首先要明确部门的战略目标,然后根据战略目标确定绩效目标和指标。在英国,战略目标、绩效目标和具体的绩效指标在政府与各部门签订的公共服务协议(public service agreement,PSAs)中明确规定。各部门的战略目标由财政部与各部门协商决定,其他内容主要由各部门负责制定,财政部审查并提出改进建议。一般情况下,各部门具体的绩效任务、衡量指标和标准由财政部门与该部门进行讨论协商制订,确保绩效目标最终转变为具体的可操作任务并取得预期效果。

分配资源（预算资金）。各政府部门在获得预算资金的同时也签订各自的PSA，明确规定部门用这些资源要实现协议中规定的绩效结果。资源分配与绩效任务最终由内阁委员会决定，其要求各部门提供有关资金需要与其产出或绩效改进情况的信息。在此基础上财政部编制政府总开支计划，并随附各个部门的支出限额以及绩效合同，以白皮书的形式发布并提交议会。议会选择委员在PSAs基础上召集某个部门部长和公务员就某些问题进行质询，以加强监控。

对预算绩效完成情况进行监督。财政部、内阁委员定期对各部门和机构在完成绩效任务过程中存在风险进行定期检查和监控。负责公共支出的内阁委员会，每年两次召集各部门负责人汇报该部门当前绩效目标的完成情况、存在的风险，以及控制风险的计划。如果某个部门的绩效下降，内阁部长会与该部门找出解决办法，确保绩效回到正常轨道上来。财政部每季度收集一次各部门绩效任务的进程信息，定期发布，并向内阁委员会报告。

提交绩效报告。为了便于权力机构和政府领导阶层和公众及时了解各部门完成绩效任务的进展情况，政府部门略目标确定绩效目标和指标。

每年两次向议会提交绩效报告。一是春季提交的部门年度报告（Annual Departmental Report，ADP），年度报告是一个财政年度结束后提交的报告，要求说明部门绩效任务的最终完成情况；二是秋季提交的秋季绩效报告（Autumn Performance Report，APR），一般在每年的12月份提交，属于预算进程报告。对外公布各部门执行PSA各项任务的进展情况和已经取得的业绩。公众和其他组织可从财政部或各政府部门的网站上获取相关绩效信息。

进行绩效审计。绩效审计是绩效预算的重要内容，通过绩效审计可以准确了解各个部门预算支出所取得的实际效果，通过与预期绩效目标对比，可以发现部门是否完成预期任务。权力机构通过审计机构提交的绩效报告加强对政府的监控，同时绩效报告也为未来政府部门预算决策，提供了参考依据。在英国，每个预算年度结束后，各部门根据各自预算执行情况，提交部门绩效报告，并由隶属于议会的国家审计署进行绩效审计。审计结果向议会公共账目委员会报告，并反馈给政府部门，同时也对外公布。

使用绩效信息。各部门的绩效信息为下一轮预算中资金分配决策提供了科学依据。英国在绩效结果与预算之间建立了直接联系，对于绩效好的部门或地方政府，实行适当的"奖励"。如果地方政府在未来3年里绩效良好，将得到奖励，一部分是财政利益奖励，另一部分是扩大地方自治权。这样给各部门和地方政府提供了更大的激励，促使它们关注支出结果，不断提高支出绩效。而对于绩效不好或未完成规定的绩效任务的部门，内阁委员会会给该部门提供支持和建议，帮助其分析原因、找出改进方法和措施，以保证按规定完成绩效任务。

（二）绩效审计的含义

绩效审计通过检查掌握和使用公共资源组织的行为，评价绩效，确认好的做法，提出改善公共服务的建议；绩效审计的目标主要是检查公共资源的经济性（Economy）、效率性（Efficiency）和效果性（Effectiveness）；绩效审计源于主计审计长就公共账目向议会提出审计报告的责任；绩效审计的对象是任何组织使用和掌握的公共资源；绩效审计仅限于对政策的执行情况进行审计，对政策目标本身不提出任何质疑；绩效审计以财务审计为基础，以特定审计项目的设定目的为标准。

（三）支出和成本管理

实行管用分离支出制度，加强财政支出管理。为了更好地控制和管理财政收支，英国的公共支出遵循支出管理者与决策者必须与支出的使用者绝对分离的管理原则。首先，议会管理所有的政府收支、税收和其他财政收入直接记入英格兰银行的国库账户，这一账户的所有提款均须经过议会批准。其次，皇家国库作为政府支出的管理者，对每一项提款均须经过国家审计署的同意，报告所涉及支出的批准法律文本或议会表决案；国家审计署确认同意提款计划后，皇家国库根据批文通知英格兰银行付款。最后，政府部门及其他公共机构是支出的管理者、决策者，其所拥有的各项支出都由公共会计出纳署经办，直接拨付给产品或劳务的提供者。

实行政府采购制度，保证支出绩效，提高预算支出效率。英国建立了现代政府采购模式。英国在财政部内设立政府采购办公室，用于制定有关政府采购政府和法规，提供采购信息，实施监督和检查。

应用权责发生制会计，准确计量政府活动成本。为了能准确、真实反映政府在一个时期内所提供产品和服务所耗费的真实成本，英国在政府会计改革中采用了一套"资源会计与预算（RAB）"的系统，实现对公共支出的规划和控制职能。在采用权责发生制核算基础上，政府对外公布权责发生制财务报告，还建议各个部都要编制一套合并的资源报表，其公开的财务报告应该附有"真实而公允"的审计意见。为了准确测量绩效，英国政府于2000年颁布了《政府资源和账目法案》（Government Resources and Account Act 2000，GRA2000），全面引入权责发生制会计制度。

（四）绩效审计特点与效果

在绩效预算过程中，英国将绩效目标、评价指标和标准的制定以部门为主，财政部等预算管理机构进行指导，并征求其他绩效管理者、技术专家和民众的参与。因为各部门对本部门的情况最了解，在制定绩效评价指标和标准等方面拥有信息优势；其他绩效管理者、技术专家的参与，使制定出来的绩效指标、标准更为科学和全面；以部门为主制定的绩效指标和标准得到了部门的认可，在事前化解了有关分歧，有助于提高部门主管及员工改革的积极性和遵从性；预算管理机构的参与可以对各部门如何制定绩效目标、指标进行理论指导和把关。

在预算执行过程中，英国赋予部门和机构较大的灵活性和自主权。对预算执行管理，首先，保证一年支出计划不得突破总额限制。其次，财政年度内允许财政资金拨转，一个部门可在一个决议拨款中的两个款项之间进行拨转。最后，给予一线雇员更大的资源配置权利；给予地方政府在资金使用、监控方面更多的自主权。一定程度的灵活性和自主权，可以使执行部门根据情况的变化及时将资源配置到最具战略优先需要的项目上去，有利于提高政府公共源的分配效率。绩效预算管理推动英国政府以公共利益的目标为导向，改变了政府部门长期存在的官僚主义作风，培养了顾客服务意识，有效地使用公共资源，更多更好地满足公共需要，使得英国政府重新赢得公众的信任。

英国的财政绩效管理依据《全面支出审查法案》，以3年为期进行预算分配，把经费投入到优先顺序较高的目标和政策中，克服了各部门每年消化预算的弊病，从而使部门规划更具前瞻性，也使政府财政支出计划更具有效益。全面支出审查时，要求各部门提出改进服务品质目标的《公共服务协议》，以获取支出计划所需的财政资源。公共服务协议相近的规定了每个部门的总体目标、策略目标、绩效目标、评估方式及负责执行单位等，强调运用公共服务协议的各项指标推动财政绩效管理，并建立以结果为导向的财政绩效评估体系，以强化政府施政成果与财政资源分配间的因果关系。

(五) 绩效评估制度的不足

由于信息不对称和部门的可以垄断,绝大多数公民无法理解各项目标无法参与目标制定过程;部门资源和条件不同,在优先解决问题上难以达成一致,绩效目标抽象,战略目标不稳定,在评估绩效时很难;没有融合资源管理体系;此外,PSA框架没有有效的奖励机制,无法有效激励。

六、中期支出框架最新改革情况

(一) 最新改革情况

在2010年之前,财政部主要负责财政预算的工作。2010年,英国预算责任办公室(office for budget responsibility,OBR)成立,其职责是对英国公共财政进行独立和权威的分析。预算责任办公室将负责确定经济和财政预测,这也是过去20年内英国预算和预算前报告的核心内容。以往财政部对经济和预算作出的预测报告都将转向这个独立的部门,其设立原因是前任工党政府在借贷数据预测上的隐瞒举动。同时,受到经济危机的影响,预算与实际有较大偏离,政府希望通过独立的部门对经济进行预测以使得预算更加符合实际情况。但是政府仍然可以反对OBR的预测,一旦反对,则需要向议会解释原因。表4-7总结了与2008年财政部预测相比,OBR预测的不同支出。

表4-7　　　　　　　　OBR与财政部预测不同

项目	OBR (2012)	财政部 (2008)
过程	财政部的经济次官(Economic Secretary)提交给国会。	由财政大臣在预算完成时交给下议院。
经济预测		
预测周期	5年。关于大部分指标的季度表格登在在线补充的表格中。	3年,提供半年的误差(break-down)。
预算指标的范围	GDP和其组成以及未经调整过的通胀和经常性账户的宏观指标;对世界经济的预测及主要组成。未调整的劳动市场、房地产市场和其他指标。分析性评价和所有的数量变化。	GDP和其组成以及未经调整过的通胀和经常性账户的宏观指标;对世界经济的预测及主要组成。分析性评价。

续表

项目	OBR（2012）	财政部（2008）
变化预测	当期加上未来五年 GDP、CPI 和产出差距的比较。	当期加上下一年的平均，其范围包括对于 GDP、通胀和经常性账户独立预测。
财政预测		
经济决定因素	在之前预测的条件下，总结主要假设和 5 年预测的主要变量和变化。	NAO 确定主要假设。
新政策发布的影响和风险	在概况中强调新政策的财政影响，并在展望中讨论收益（对于每一个税）和支出。通过证明过程进行政策成本的预测和分析。强调对于财政部的风险。	在概况中强调新政策的财政影响，并在展望中讨论收益（对于每一个税）和支出。
收入与支出的展望	收入：当期的加上从之前预测开始以后五年关于细节和变化的预测；在对预算的深入分析中，以组成为基础（VAT，企业所得税等）包括自从预测后的变化。支出：当期加上未来五年支出总量的预算（当期、资本、部门支出限制等）和其组成，还有自从预测开始的变化；在组成的基础上（社保，养老金等）深入分析对于组成的预测。	收入：当期的加上从之前预测开始一年的预测细节和变化；当期的加上五年的总量预测；对于组成的高层次描述性分析。支出：当期的加上未来 3 年对于支出总量的预测、组成和变化；在对于组成描述性统计分析。
主要财政总量	对于主要总量的当期和未来五年的预测（£，占 GDP 的百分比），以及从此前预测之后的变化。	对于主要总量的当期和未来五年的预测（£，占 GDP 的百分比），以及从此前预测之后的变化。
对于目标表现	评估政府将完成其中期财政任务和补充债务目标的可能性。分析预测中风险。	规划财政的目标和规则。分析说明政府满足其的财政规则。通过使用 NAO 审计后预测趋势调整产出趋势，去考虑不确定性的影响。

(二) 对 OBR 的监督机制

1. 内部审计

内部审计为 OBR 的会计人员提供了关于总体机构管理、风险管理有效和客观的评价。OBR 为协助内部审计工作的开展负有以下职责：

（1）建立和维持符合公共部门审计准则（the Public Sector Audit Standards，PSIAS）的内部审计安排。

（2）确保内部审计负责人的能力和资格符合财政部及 PSIAS 任命的要求标准。

（3）尽快将审计策略、定期审计计划、年度审计报告、控制和治理声明提交财政部。

（4）对 OBR 内部存在欺骗等异常情况，OBR 应保留并向财政部提交相关报告。

2. 外部审计

OBR 的外部审计由国家审计署（NAO）完成。国家审计署（NAO）是英国一个独立于政府外由议会资助的审计机构，负责审计中央各部门、政府机构和非政府部门公共机构，协助完成政府审计和提高公共服务质量。国家审计署报告提交给英国议会下议院的总审计长（the Comptroller and Auditor General，C&AG），之后由总审计长报告给政府账目委员会（Public Accounts Committee）。

审计署的主要工作是财务审计。财务审计保证了财务报表的真实性和公平性以及审计机构行为的独立性。国家审计署接受财政报告局（the Financial Reporting Council）审计质量评审团队的检查和监督。

3. 对 NAO 的监督

政府账目委员会（the Public Accounts Commission）负责监督 NAO 的工作。其主要职责包括批准 NAO 的预算，审计 NAO 的花费和表现，任命外部审计师以及进行对 NAO 工作的研究。

(三) OBR 的实施效果

1. 预算过程和数据更加透明

与设立 OBR 之前相比，现行经济预测拥有一个更加规范的过程，也包含了更广泛的指标并对这些指标进行更频繁的更新。详细的经济预测提高了财政预算的准确度，在整个中期时段内计算财政计划总量收支的详细数据，能够使政府更加谨慎地判断政策成本并考虑公共财政的风险。

除了提高财政预算透明度之外，预测评价报告也对过去的预测结果进行分析，使得预测错误能更深入地分解成不同的方面，如经济预测的偏离、其他财政预测判断失误或政府政策的改变等，为提高预测准确度提供了基础。

2. 对不确定性的分析有助于决策和促进财政的可持续发展

这一分析可以使决策者和公众更好地理解预测中包含的不确定性。同时，不确定性分析有助于政府了解所实施的政策可能带来的风险，有利于作出更好的决策。

3. 信息交流和媒体交流的可得性增强

相关数据和信息通过网站公布，其界面更加简单和方便，使得公众可以免费得到数据和出版物。同时，与媒体的合作也使得预算过程更加公开透明。

七、中期支出框架特点与经验

（一）中期支出框架效果与特点

中期支出框架的实施可以带来诸多益处。它有助于提高国家中期预算目标的透明度，使人们更好地了解政府未来的发展趋势。中期支出框架还可以在决策过程中更好地考虑预算对未来造成的影响。综上，这些都有助于优化财政政策，更好地解决财政决策中出现的赤字问题。中期支出框架可以为财政政策的实施提供更长的时间区间，有助于改善政府关注的财政短期决策的影响。

中期支出框架有助于从以下几方面解决上述问题。第一，中期支出框架，使政府要想隐藏或低估新政策措施带来的多年预算影响变得更加困难。第二，中期支出框架迫使财政部门在中期之内按照预先设定的路径来进行。这使得要推迟加强财政管理的措施变得更加困难。第三，中期支出框架还有助于解决公共资源紧缺问题；而根据相关文献，公共资源紧缺是造成政府支出扩张和债务、赤字旷日持久累积的主要原因。当某一从政府支出或减税中受益的群体未能充分将这种举措的成本内部化的时候,就会产生上述问题。通过考虑预算决策的未来影响,中期支出框架可以减少"公共资源问题",将人们关注的重点从政府支出的总规模转向资源在不同项目之间的重新配置。最后,中期支出框架可以成为财政当局实施长期政策更好的规划工具。如果没有中期支出框架,政府决策时会忽视过去和当期决策对未来可能造成的影响,将会导致财政资源的分配存在风险。总之,中期支出框架可以在过去、现在、未来之间架起一座桥梁,提高财政政策的质量和稳定性。

作为中期支出框架的基础,在进行宏观经济预测的过程中,对中期可动用公共资源的数量的预测必须给予格外的关注。其中的一个微妙问题是多年的宏观经济预测中所存在的不确定性。对此,一个基本观点是在中期高估GDP 的增速可能会对多年的公共支出计划产生高估的压力。此外,有关部门可能会对中期支出框架中的财政资源分配产生先入为主的错觉,从而在 GDP 增速下降时下调支出变得令人难以接受。考虑到以上的各种问题,要对中期的宏观经济状况进行准确预测确实是一个难题。而审慎地进行中期预测可能是解决该问题的一条途径。英国在其中期支出框架中引入了所谓的"审慎要素(prudence factors)";其具体做法是,要么对经济预测作出有意识的低估,要么创建备用金(contingent reserves)以应对宏观经济出现负面发展的状况。为了避免中期的宏观经济预测出现人为操控的情况,英国将中期经济预测的任务交给专门机构来进行。

(二) 存在问题

上文提到了中期支出框架可能带来的各种益处,尽管如此,对于中期支出框架的使用也可能会存在风险。投机型政府为了避免或者推迟实施政治上难以推行的财政紧缩政策,可能会对中期期间的政府财政状况作出过于乐观的预测,预期政府可能会在未来大幅削减政府赤字或债务。为了避免出现这种风险,中期预算的目标应具有可信性。第一,中期预算目标应当取得所有财政政策参与者的充分支持。鉴于此,参与议会预算目标的确定是很重要的。中期预算目标的确定应当得到各级政府的充分协作。第二,为了使中期支出框架在财政政策的执行过程中得到贯彻,其与年度预算之间应当有着紧密的联系。也就是说,在编制年度预算时,应当首先关注中期支出框架中对以前年度所作出的预测。对偏离中期支出框架的情况,应当作出解释。第三,中期支出框架中的预测，应当保持高度透明。中期预算的预测应当是有意义的，即中期预算的预测应当有助于最终的财政目的的实现，二者之间应当保持清晰的路径。当政策目标和政府财政的现实发展之间存在差距时，中期支出框架应当明确政府所需要采取的举措。

第五章

法国多年规划及其三年预算制度[①]

法国的多年规划是以至少三年为一个期限的,而多年规划中包含了未来三年的预算,这个预算以三年为一个滚动周期。例如,2013年1月1日公布的公共财政多年规划覆盖了2013—2017年五年的财政和赤字状况预测;同时,对于这一期间,又制定了更为详细的三年预算(2013—2015年),明确分配给国家每一项任务的经费。法国多年规划及其中三年预算的正式形成是在2008年7月23日由议会通过的对宪法的复审中实现的。从那时起,法国宪法[②]第34条在真正意义上确定了国家财政规划法为一种新的法规,即公共财政规划法,意在缩减公共行政管理赤字。2012年12月17日采纳的公共财政规划和管理组织法[③]加强了它的重要性。这部组织法规定公共财政多年规划法不仅要定义公共财政的总体方向,而且要描述所有公共行政管理支出的赤字在规划期内多年间的轨迹。法国以三年为一个多年预算循环。多年预算的准备和起草从根本上改变了预算的编制,为每一年的财政预算草案提供了一个框架,明确了财政资金优先被使用的领域和方向。

---

① 本章的写作素材主要来源于法国2009—2012年稳定规划(Programme de Stabilité de la France 2009—2012)、法国2009—2012年公共财政规划法附属报告(Rapport sur la Programmation des Finances Publiques pour la Période 2009 à 2012 Annexé à L'Article 3)、法国经济与财政部2012年6月新《财政法组织法》导读(Guide pratique de la LOLF – Comprendre le Budget de l'État)、《2015年公共财政》(Chouvel F. Finances Publiques 2015)等法案、资料和书籍的翻译和整理。本章旨在具体地介绍法国中期预算制度的实施背景、编制流程、约束力、参与与监督机制、法案内容、问题与局限性及其最新动向。

② 第五共和国《宪法》,即1958年10月4日《宪法》,为了结束议会的过度权利而设计,在第四共和国无法对抗反殖民地的危机中诞生的,为最高准则。

③ 正如"财政法组织法"是年度的财政法的管理组织法一样,"2012年12月17日编号为2012 - 1403关于公共财政规划和管理组织法(LOI organique n° 2012 - 1403 du 17 décembre 2012 relative à la programmation et à la gouvernance des finances publiques)",是补充修订的公共财政规划法的管理组织法。这里年度的财政法指的是每年编制的年度预算法规。

一、多年规划及其三年预算的实施背景

像大部分其他国家一样，年度性原则是法国预算的一项传统性原则。2001年《财政法组织法》[①] 第1条就规定，财政法[②]规定了一年中国家收入与支出的性质分类、数额和分配，并明确了这一年指的是一个民用年[③]。在法国，预算年与民用年一致。无论是涉及承诺限额[④]还是涉及拨款经费[⑤]的预算额，都只在该年度内有效。根据《财政法组织法》第15条规定，预算额在"以后的年度内不具有任何效力"。在适用财政法律的财政年度结束后，未使用的预算额将会失效，或者更确切地说，将由接下来的财政法律中做出新的承诺。

在法国，原来的年度预算就曾包含有多年预算的因素，多年度交易的管理没有被完全排除在外，不过仅限于在年度预算中列明较大的、需要多年投资才能完成的建设项目的投资总额。通过承诺限额可以具体作出需要在几年内完成的承诺，这样就需要在连续几年的预算法律中记录拨款经费。因此，一个部门可以在2009年3000万欧元承诺限额的基础上，订立一个需要在2010年到2013年间进行施工的房产建设合约，这样就会按照2010年到2013年财政法律的规定支付经费，在2010年到2013年间进行付款。

虽然这项原则根植于法国预算编制与执行的操作中，但是由于经济与社会形势的改变，一直以来受到各方面的很多争论和批评。因为其实只有很少的国家公共支出是真正一年内的。更多的项目和计划，是国家的持续性和多

---

① 2006年之前，预算的准备、投票与执行遵照1959年1月2日法国《财政法组织法》的规定。这篇法令对国家预算制度的规定体现了第五共和国的有限议会性质，实际上削减了法国议会在预算协商及预算批准方面的权利。然而，从1959年起，政治制度及整个欧洲的环境，伴随着议会在财政与预算上的职能，都有大的变革。2001年《财政法组织法》（LOLF）产生于国民议会于2000年6月提出的法案，并与参议院和政府达成一致。其条款在2001年2月7日与6月28日之间被讨论并被宪法委员会于7月25日宣布有效。新LOLF于2001年8月1日颁布。之后在进行了为期五年的准备工作之后，于2006年1月1日起实行。

② 这里财政法是年度的财政法，指的是每年编制的年度预算法规。

③ 民用年，从1月1日到12月31日。

④ "承诺授权"（autorisation d'engagement）：根据传统的术语命名法，改用"承诺限额"更为准确。承诺是开支程序的第一个阶段：通过这一法律行为，国家做出或确认一项承诺，该承诺会产生费用。承诺限额即"可以投入的费用的上限"（2001年8月1日《财政法组织法》第8条）。

⑤ "拨付经费"（crédits de paiement）：根据传统的术语命名法，改用"拨付限额"更为准确。拨付是支付程序的最后一个阶段。"拨付期限"构成了"在承诺限额范围内订立的合约所规定的年度内，可以做出指令或者拨付的费用的上限"（《财政法组织法》第8条）。

年支出。国家的持续性，从根本上使得各方质疑年度性原则。

总的来说，法国多年预算实施的背景主要有以下几个方面：

一是经济危机与财政赤字。20 世纪 80 年代末法国经济危机，使得经济衰退，导致财政状况恶化，财政赤字占 GDP 的比重迅速上升。为此，法国政府采取了以增税为核心的一系列措施，使财政状况逐步好转。但与此同时，由于税收负担加重，导致经济复苏缓慢。经过反思，法国政府认为，通过多年财政预算形式可以提前对收入和支出进行合理安排，避免税收增加过多，可能会使经济较早走出困境[①]。

二是公务员队伍年龄结构老化和公务员人精简。公务员队伍年龄逐步老化，加上法国前总统萨科奇在 2007 年当选法国总统时，将减少公共部门的工作人员数量和增加公务人员的工资水平作为其主要政策主张之一，这之后的公务员工资与社会保险支出占才财政支出的比重较大，增长较快。为及早预测，调整支出结构，既保证能到期足额支付工资和退休金，又不致使财政陷入被动，也是法国编制中期财政计划的重要出发点之一[②]。

三是管理层面对年度性原则技术上的批评。公共行政管理人员认为年度性原则造成了管理上的中断，使得这一年度到下一年度的预算操作的过渡产生困难。明显的问题比如，从这一年 11 月到下一年的 2 月份之间，由于年度性原则规定上一年度的余额在下一年度不可以继续使用，各部门都在年末加紧使用剩余的可用经费，使得下一年度的一开始，新一年的经费实施延期较长。这个问题主要来自于预算管理时间上的不连续。

四是年度性原则对国家长远政策的限制性。公共行政管理人员和政界认为年度性原则使得国家在长远和宏大的政策上缩手缩脚。只有通过具体作出需要在几年内完成的预算承诺这样的措施才能允许行政部门实施政治上相一致的一些计划和政策。为此，2001 年《财政法组织法》中，多年度交易的管理没有被完全排除在外。通过承诺限额可以具体作出需要在几年内完成的承诺，这样就需要在连续几年的预算法律中记录拨款经费。

对于某一确定的计划，承诺限额的数额高于拨付经费，意味着要对承诺支出的增加进行跟踪，并在接下来的一到几年内增加拨付经费，以完成预算。从平均情况来看，拨付经费的累计数额等同于设立的承诺限额和增加的实际

---

① 张晋武："欧美发达国家的多年期预算及其借鉴"，《财政研究》，2001 年。
② 张晋武："欧美发达国家的多年期预算及其借鉴"，《财政研究》，2001 年。

承诺的数额之和。对每个计划的人员经费来说,《财政法组织法》规定承诺限额要等于拨付经费,以便更好地管理该类费用,防止一些受聘员工无法获得拨付经费。

事实上,在公共权力进行巨大的投资计划的时期,年度性原则历来的批判可能是中肯的,并且对于所拨给的预算资金,给予其巨大投资计划多年的可见性将是明智的。行业中的规划也已经继承了这种逻辑。从此以后,这种逻辑也触及公共管理,以及国家公共管理融资需要的中期目标。那么就非常必要对局势演变作出的年度反映加以约束——年度性原则在这种情况下也得以加强[1]。

五是欧盟对中长期预算的要求。1997年6月的阿姆斯特丹峰会采纳的《稳定与增长公约》[2]促进了欧盟每一个国家多年财政预算规划的形成。《稳定与增长公约》的"稳定与趋同规划"规定如下[3]。每年四月份,每个成员国被要求起草未来三年本国的财税蓝图。这项工作基于《稳定与增长公约》的"经济治理规则",目标是防止财税困难的出现和加剧。欧元地区成员国在"稳定规划"中撰写这项任务,非欧元地区成员国在"趋同规划"中撰写并且要添加有关货币政策的信息。这意味着每个成员国每年要在欧盟委员会前明确其公共财政的中期目标。在法国,这项对外义务对内部预算的准备产生了影响,这意味着要引入一个在前阶段形成的对每个部门三年支出变化的规划。这一新纲要在2000年预算的准备中被首次实行。2000年1月,法国政府向布鲁塞尔传递了2001—2003年公共财政多年预算规划。目前阶段的规划涉及2015—2018年期间。

基于规划中国家各大行政账户的结构平衡分析和支出标准,欧盟委员会和财政部长评价和考核成员国是否正在趋向他们中期预算目标的轨道上。支出标准是一项包括政府支出增长率是否低于国家中期潜在经济增长率的规则,除非超出的部分被收入方面的额外增加所弥补。

"稳定规划"与"趋同规划"包含:

- 中期目标:每一个成员国要定一个本国的结构性预算目标。成员国还

---

[1] 参见 Adam F. Ferrand O. Rioux R: Finances Publiques, 3rd éd, Presses de Sciences Po et Dalloz, 2010.

[2] 《稳定与增长公约》是一系列规则,在于保证欧盟的国家追求合理的公共财政并且协调他们的税收政策。

[3] 参见 http://ec.europa.eu/economy_finance/economic_governance/sgp/convergence/index_en.htm.

必须为每年定一个为达到中期目标而设计的轨迹，并且预测它们国家的债务/GDP比例的期望途径。

- 列出增长、就业、通货膨胀和其他重要经济变量的假设。
- 一个关于如何达到规划目标的政策措施的描述和评价。
- 关于主要经济假设的改变会如何影响预算和债务情况的分析。
- 提供包括（前）一年预算执行、目前的预算年和未来三年的信息。
- 如果可能的话，提供对为什么目标还没有实现的解释。

"趋同规划"要基于合理的财税方案。

欧元成员国上交的"稳定规划"要基于独立机构进行的宏观预测。这些预测会与欧盟委员会的预测或者独立于欧盟委员会的机构预测进行对比。对于两者之间任何大的分歧，成员国都要进行解释。

作为欧盟年度经济治理循环的一部分，相关委员会要对"稳定规划"与"趋同规划"在实施之前和之后进行评价。这使得委员会能在违背规划的风险发生之前将其辨别并进行讨论，并且辨别出需最终进行处罚的违规事件。除了"稳定规划"之外，欧盟成员国每年还要上交预算计划草书。

二、多年规划及其三年预算的演变历程与法律依据

回顾20世纪末期到21世纪初期这段时间，除了几个欧洲国家和美国以外，法国是不多的一个没有中期分析工具的国家，没有关于连续的预算法律预案。这种情况于1994年1月24日颁布的"关于掌控公共财政五年方向的方针法"[①]中表现出初步的进展，这一方针法的期限为五年，且与公共财政的控制相关。然而中期分析却仍处于十分含糊的状态，因为该方针法仅限于国家收支，以及预算赤字相关的整体目标上。一直以来，各行政领域的规划是经过表决通过的，但是这些所规定的预算契约因为年度性原则以及因宏观经济限制导致的政治上享有优先权的一些部门存在，而远不能被系统地坚持执行。

1997年以欧共体标准达成的《稳定与增长公约》构成了发展的决定性因素：自1999年以来，法国必须向欧洲委员会递交一份描述公共管理整体的中

---

① 1994年1月24日第94－66号关于掌控公共财政五年方向的方针法（Loi n° 94－66 du 24 janvier 1994 d'orientation quinquennale relative à la maîtrise des finances publiques）。目的在于根据多年规划减少国家预算赤字。

期预算战略的"稳定计划"。尤其对于当地的公共管理和社会安全管理,便存在一种正式的且持续多年的方案,即使施行的工具并不完善。

2001年8月1日财政法组织法于第48条规定,为了议会对财政法草案的审阅和投票,政府需提交一个关于国家经济形势和公共财政方向的报告,其中要包括关于国家收入和按各大功能分配支出的中期评价。第50条规定了报告的具体内容:作为年度财政法草案附属文件,报告要阐述国家经济、社会与财政形势。它包括年度财政法草案的假设、方法和预计成果,并且要对未来至少四年阐述收入、支出和各大公共行政账户的差额变化形势。此法规的修正版本还提到,这项报告要包括2012年12月17日编号为2012-1403的组织法①里,第9条所规定的元素:2001年8月1日财政法组织法于第50条规定的年度财政法草案附属报告要对草案规划的那一年,对于所有的公共行政管理,要对每一公共行政管理领域阐述结构性努力②和实际差额(也叫实际公共差额)的预测评估,包括那些使得结构性努力和结构性差额建立联系的要素。

> **专栏5-1 结构性差额的定义**
>
> 公共行政管理的差额,或者叫赤字,受到经济周期波动的影响。所以,当国民生产总值低于其潜在水平时,我们观测到收入的不足和支出的过剩(尤其是对于失业保险补偿金的支付);相反,当国民生产总值高于其潜在水平时,会观测到收入的盈余和支出的不足。在这样的情况下,单独这项公共差额,也就是实际公共差额,或者叫公共赤字,不是一个反映政府预算政策方向的好指标,因为它受到形势波动的影响而变得模糊不清。因此,通常用的结构性差额这一指标便用来纠正实际公共差额受到的周期波动的影响。纠正了经济周期影响的差额是基于潜在国内生产总值,它代表一个经济体在没有通货膨胀推动下的所能持续性保持提供的生产量。我们称实际国内生产总值和潜在国内生产总值之间的差距为生产差距或产出差距,单位为多少潜在国内生产总值点。这个指标体现了经济在周

---

① 2012年12月17日编号为2012-1403关于公共财政规划和管理组织法(LOI organique n° 2012-1403 du 17 décembre 2012 relative à la programmation et à la gouvernance des finances publiques)。

② 根据结构性努力的定义是收入新措施的影响和支出在结构性差额变化中的贡献。

第五章 法国多年规划及其三年预算制度

期中的位置。结构性收入通过纠正实际收入中受到的周期性影响而得到，方法是借助于主要税收对于生产量的弹性（来源：OECD）。支出方面，只有失业补助和最低安置补助（RMI）支出是受形势影响的（其他支出按推理来说并不直接与周期相连），而收入这方面，所有强制性征收都被假定是周期性的。

资料来源：Rapport sur la Programmation des Finances Publiques pour la Période 2009 à 2012 Annexé à L'Article 3 [R]。

多年规划及其三年预算的正式形成是在 2008 年 7 月 23 日由议会通过和采纳的对宪法的复审中实现的。法国宪法第 34 条从那时起在真正意义上确定了国家财政规划法为一种新的法规[①]，即公共财政规划法，通过在国家法方面说明以欧共体标准建立的契约，来补充这一方面的法律。2008 年之前的宪法第 34 条这样规定："有关国家计划的法律确定国家的经济和社会活动的目标。" 2008 年开始，这一条中"有关国家计划的法律"被替换成更为普遍的"规划法"："规划法决定了国家行为的目标"，并且在下一行规定："国家财政多年规划方向由规划法来定义。其目的在于公共行政账户的均衡。"[②] 这项法律涵盖了国家层面、社会保障和地方行政集合体，规划了三年内经费大方向上的变化。其中，最详细的是前两年的国家支出。因为三年规划法只对前两年是硬性的，而第三年只是被作为下一个三年规划的基础。

公共财政规划法包含了未来三年的预算。与年度的财政法和社会保障筹资法不同的是，公共财政规划法没有受到形式上和频率上的规定，尤其对于规划的年数，没有特殊的规定。2012 年 12 月 17 日编号为 2012 – 1403 关于公共财政规划和管理组织法规定了这个规划为至少三年的中期规划，而规划法里包含了未来三年的预算，预估国家在未来三年的支出规划。第一部公共财政规划法在 2009 年 2 月 9 日被颁布，它包括了从 2009 年到 2012 年这一期间。第二部规划法在 2010 年 12 月 28 日被采纳，包括了 2011 年到 2014 年这一期间。2012 年 12 月 31 日的公共财政规划法是对 2012 年到 2017 年这一期间的规划。

[①] 参见 Guide pratique de la LOLF – Comprendre le Budget de l'État [R]。
[②] 参见 Loi constitutionnelle n° 2008 – 724 du 23 juillet 2008 de modernisation des institutions de la Ve République (1)。

2012年12月17日编号为2012-1403关于公共财政规划和管理组织法第1条指出:"在宪法第34条规定的,在公共行政账户均衡的目标下,公共财政规划法要确定在2012年3月2日布鲁塞尔签署的《欧洲经济货币联盟稳定、协调和治理公约》第3条中规定的公共行政中期目标。为了实现中期目标以及公约所规定的条款,公共财政规划法要决定在国家会计意义上的公共行政账户结构性差额和实际差额在未来几年的轨迹,以及从本年到下一年的计算情况说明,以及公共债务的变化。结构性差额是在某时间点上临时性地纠正了经济形势变化后的差额。公共财政规划法决定了规划期间每年度的结构性努力。结构性努力的定义是收入新措施的影响和支出在结构性差额变化中的贡献。公共财政规划法要阐述每年实际差额在公共行政各领域的分解。"公共财政规划和管理组织法第3条规定:"公共财政规划法对于每一个它要定义的多年规划方向,要明确所涵盖的期限。这个期限的长度为至少三个日历年。"

自《稳定与增长公约》以来,法国面对欧盟承诺进行公共行政赤字和债务的管理,社会保障行政管理对公共财政管理目标的影响当然也是必需的。于是,法国的社会保障筹资法也考虑到了公共财政的多年规划,在上交议会的筹资法附录中,要规划未来四年的收入预测和支出目标。于是议会具有从上一年到这一年再到未来四年这六年的整体视野,来把握社会保障财政均衡的情况。

三、多年规划及其三年预算的参与机制

有关财政法草案的编制是政府的专属权力。预算政策的决策层面包括共和国总统、总理、各部门部长及财政事务领导。经济与财政部下的预算局是预算编制的枢纽,与各部门一起,进行预算编制。配合人员及部门有各部门的计划负责人、部门预算和会计监督员、议会两院财政委员会①、法国最高行政法院、审计法院,和由七个国民议会议员和七个参议员组成混合委员会。此外,负责预测和监督预测的部门有国库总局和公共财政高级理事会。国库

---

① 议会两院财政委员会分别为:国民议会的财政、总体经济与预算监控委员会(常设立法委员会)和参议院财政委员会(负责审阅财政法,参议院财政委员会的工作活动范围非常广,涉及所有部门。它的职责是处理立法中税务和财政方面的事务,并且在预算监控方面享有特权)。

总局制定经济预测。两院议会①在编制过程中也起到关键作用。2012年12月17日关于公共财政规划和管理组织法创立的公共财政高级理事会,监督财政回归平衡的轨迹与法国对欧盟承诺的一致性,评价政府宏观预测的现实性并对财政文件(年度财政法草案,财政法修正草案等)中的年度目标与多年公共财政的目标是否一致提出意见。

(一)财政部长

《财政法组织法》第38条规定,在总理的管辖下,财政部长负责准备财政法草案的准备工作,并由部长委员会审议。根据政府,预算的准备可以由财政部长或者某个被委托的部长或者国家秘书去作。

财政部长的优势主要来自于下放到其自身的预算准备和预算执行的行政功能。财政部具有一个特殊的行政部门,发动各个局围绕预算编制进行工作。而预算局是预算准备的枢纽。按照2007年3月27日法令的构建,这个特殊行政部门层次上分了副局和专门办公室(负责预算政策,负责公共支出绩效……)。这样的指挥保证了有关预算的所有行政程序的操作。

当预算被执行的时候,财政部长的权力体现在所有有关财政的规章文件的会签上。他可支配特殊人员,财政监督员,分别配合每一个部长,对部长的支出进行监督。

(二)总理

宪法第21条规定总理指挥政府的行动。《财政法组织法》第38条规定预算由总理权限下的财政部长准备。总理不参与预算准备的技术和行政过程,但是他要定义预算的策略。

(三)部长

负责支出的部长担任经费要求者的角色,参与预算的编制。每个部门的财政工作要实现它每一年度预算的预测,然后将其交于预算局进行商讨。

(四)共和国总统

宪法第20条委任政府负责决定和指挥国家政策,自然包括预算政策,没

---

① 议会是法国的立法机关。

有一项条款是委任国家元首拥有这个邻域的特权。但是,在实践中,由于总统突出的地位,他在预算政策上也有一定的影响。

(五) 议会

议会在预算编制中也起到关键作用。按照2001年8月1日财政法组织法第48条所规定的,为了议会对财政法草案的审阅和投票,政府每年需向国民议会和参议院提交一个关于国家经济形势和公共财政方向的报告,其中要包括关于国家收入和按各大功能分配支出的中期评价。议会将就这项报告进行辩论:公共财政方向辩论(DOFP)。这项报告要对经济各个方面做出小结,明确政府公共财政的策略,阐述恢复公共账户均衡的工具。偶数年时,这项报告还要补充陈述新的国家三年预算。财政法组织法规定,这项报告还包含第二册,这一本里要阐述下一个财政法草案里预期的国家预算任务、计划的目录,以及每个计划的绩效目标和指标。这时,议会议员所获得的信息,也有从审计法院那里得到的关于上一年度预算执行情况分析的补充信息。接着,两院议会举行预算方向辩论(2008年后更名为公共财政方向辩论)。议会议员一方面得知政府的策略,另一方面对其进行议论、评论或批评。1998年开始,议会议员每年六月或七月份时要进行预算方向辩论。2001年组织法第48条、2003年开始实行的法规,对预算方向辩论制度化了,但不是必需的[①]。

(六) 枢纽:预算局

法国的预算局于1919年成立。1789年前的旧制度王朝并没有中央会计,国家收入和支出可委托给私营管理人员。1791年,成立了一间会计的中央级办公室。那时候,税务是由法律规定的,但是却没有一个真正预算意义上的对支出与收入的授权。1919年之前,预算行政被安排在公共会计总局[②]下的一间简单的办公室里。1919年才成立了预算与财政监控局[③],1922实施了对承诺支出的监控,这样才使得对公共支出的承诺监控真正落实。这样的重组和安排使得公共会计总局的职责重新聚焦到它的主要职责(会计)上。

---

① 参见 Chouvel F.: Finances Publiques 2015, 18th éd, Gualino éditeur, Lextenso éditions, 2015。
② 公共会计总局(DGCP)是法国过去的一个旧行政管理机构,隶属于预算、公共账目和公共运营部。公共会计总局在2008年被废除,和税务总局一起,被并入公共财政总局(DGFiP)。
③ 资料中没有说明,但笔者认为这可能是预算局在成立时的名称。

第五章 法国多年规划及其三年预算制度

预算局自 1919 年成立以来，在预算过程及全年公共财政控制中起到了核心用。其为一个"领导机构"，仅仅有 270 名公务人员，其中三分之二以上为设计人员，即 A 类公务人员①。

预算局的总体任务是提供一个可持续的公共财政战略，以及为此而开展相关工作。为此，预算局负责公共财政的政策，确保财政法的编制及监督其实施，负责发现政府重点投资的利润。熟悉所有文本和改革项目，并在对公共财政产生影响之前，作出决定。与公务人员事务总局和管理部一起，参与公务人员政策的实施。通常，预算局还和国库总局一起，按照相应的比例，负责确保许多公共组织、企业和机构的财务监管。最后，为公共管理的现代化和财政法组织法的实施提供帮助，特别是在目标商讨和绩效指标的监控方面提供专业知识支持，这些都是必须开展的工作。因此预算局是政府内部唯一的综合性机构，鉴于其经常与总理府各部门有直接联系，在预算和财务方面，它还一直保持信息透明化。

为了完成这些任务，预算局下设八个分局和二十九个办公室，使其任务与财政法组织法的预算结构方案保持一致，其中第一分局。第一分局负责公共财政政策、预算政策的定义、其执行、收入的预测和财政法的协调，其职责与多年才增规划紧密相关。

在履行其职责时，预算局与财政部其他局（国库总局、公共财政总局，国家统计与经济研究所总局等）及各部财政局保持着紧密联系。

预算局主要有八大任务②。其中两大任务与多年预算规划紧密相连：

（1）对政策实施的多年规划并且公共政策变化要与规划相符合；

（2）对预算方面与欧盟政策和筹资形式相关联的工作多年的变化形势进行跟踪，对共同体年度预算的编制和执行进行跟踪。

预算局的专业任务和工作在逐渐向对公共财政策略的定义发展，关系到整个公共行政的策略，并且诠释法国对欧洲组织的承诺。这项任务通过多年视角的公共财政规划法来诠释，确定公共财政轨迹且制定国家的三年预算。预算局要定义中期财政轨迹并提出结构性改革。正如预算政策办公室主管

---

① 法国公务员分为三大类：国家公务员、地方领土公务员和医疗服务公务员。A 类公务员，即国家公务员。其中的一部分服务于各部门，基本在巴黎，负责设计和协调国家层面的行动。另一部分负责国家行动在地区和各省层面的实施（警察局、大学校长职务、省级领导机关等）。很多公务员在教育机构和隶属于各部门的公共行政机构工作。

② 参见 Rapport d'activité 2013 – 2014 Direction du Budget ［R］。

Jean – Francois Juery 所说，由预算局编制的 2014—2019 年公共财政规划法确定了法国预算策略以及管理革新措施。

为了编制国家三年预算，预算局在 2014 年进行了一项中期规划（PMT）工作。中期规划是三年预算的基石。这项两年一次的工作是为了精确地在至少三年的期间评价支出、可能实现的节约和为达到目标必要的改革，并在多年期间数量化。中期规划通过预算政策办公室组织所有部门办公室对政策细致分析。这项总结是三年预算的基础，在每项任务和每个项目规划层面阐述了国家预算的多年规划，区分主要的支出类型。

（七）预测部门：国库总局

国库总局于 2010 年 3 月将预测局合并入总局之下，提供多年宏观经济的假设，特别是评估由经济波动引起的税收收入的自发变化。国库总局服务于各部门，向它们提议并在其授权下引导法国经济与财政政策行动，在欧洲与世界范围内为这些政策行动辩护。为此，国库总局制定经济预测，向各部门关于经济政策与金融、社会和各领域的公共政策提供建议。

国库总局于 2004 年 11 月 15 日以国库与经济政策总局（Direction Générale du Trésor et de la Politique Economique（DGTPE））的名义建立，2010 年 3 月更名，其合并了财政局、预测局、对外经济关系局。在国家公共经济政策及整个国家政策的制定和实施中起着经济分析的作用。确保资产的管理以及国家债务分配。参与年度财政法草案和稳定与增长计划的实施。在国际事务中还具有广泛的职能（G20、G7、世界货币基金组织（FMI）、开发银行、世界贸易组织（OMC）、经济合作与发展组织（OECD）、巴黎俱乐部、法郎区等），并由此确保国外经济业务系统的流向控制。

国库总局为部长服务，在他们的权限下提议和指挥法国经济与金融政策行动并在欧洲与全世界为其捍卫。因此，国库司起草经济预测并在财政金融、社会和各领域给部长提出经济政策和公共政策的建议；其监督经济中融资的规制和干预，保险，银行和金融市场投资的机构组织；其参与多边金融与商业谈判并监督他们对发展的帮助；保证对出口，企业对外投资的支持；通过法国国库署管理国库和国债，并通过公共—私有合作支援任务（Mission d'Appui aux Partenariats Public – Privé, MAPPP）对公共—私有合作提供鉴定。

(八) 监督预测部门：公共财政高级理事会（Le Haut Conseil des Finances Publiques (HCFP)）

1. 公共财政高级理事会的权责

2012年12月17日关于公共财政规划和管理组织法创立了公共财政高级理事会，明确政府和议会的选择，监督财政回归平衡的轨迹与法国对欧盟承诺的一致性。具体法律规定如下。

2012年12月17日编号为2012-1403关于公共财政规划和管理组织法第13条规定："政府向公共财政高级理事会提交宏观经济预测和潜在的国内生产总值测量。公共财政规划法是基于这些预测来写的。最迟在公共财政规划法草案被提交给法国最高行政法院（Conseil d'État）[①]一周，政府要向高级理事会递送这项草案，以及其他所有可以让高级理事会评价预计的规划是否与中期目标和法国对欧盟的承诺一致的文件。"

第14条规定："政府向公共财政高级理事会提交宏观经济预测。年度财政法草案和年度社会保障筹资法草案是基于这些预测来写的。"

第17条规定："政府向公共财政高级理事会提交宏观经济预测。为了协调欧盟成员国经济政策的稳定规划草案是基于这些预测来写的。最迟在稳定规划递交给欧盟理事会和欧洲委员会两周前，公共财政高级理事会要公布她的意见。这些意见与稳定规划一起被递交。"

公共财政高级理事会评价政府宏观预测的现实性，确认是否和法国在欧盟面前对公共财政恢复平衡轨迹的承诺相一致，对财政文件（年度财政法草案，财政法修正草案等）中的年度目标与多年公共财政的目标是否一致提出意见。很多决定公共财政的文件都会被送来咨询公共财政高级理事会的意见。比如，公共财政多年规划法、年度财政预算草案、社会保障筹资预算法案、财政预算法修正案和稳定规划。

2. 公共财政高级理事会的构成

公共财政高级理事会是一个独立于政府和议会的组织机构，安插在审计法院附近，由其首席主席领导。公共财政高级理事会是一个由多个权力相等

[①] 法国最高行政法院（Conseil d'État）是政府的顾问，关于法律草案、政令和一些法令的准备。同时对意见的征求进行处理，并进行政府要求或机构本身发起的研究。自从2008年7月23日宪法改革以后，国民议会或参议院主席也可以向国务委员会提交议会议员编制的法律提议。

的领导成员组成的集体负责制机构，这些成员是经济与公共财政专家，包括审计法院法官，国家统计与经济研究所（INSEE）总所长，以及一些高级人员。公共财政高级理事会作为一个唯一的负责人，所有意见均由集体负责的方式发布。

公共财政高级理事会团体由审计法院首席主席领导，由法院四位法官、五位资格人员和国家统计与经济研究所总所长这十个成员组成。常设总秘书处由总报告人和两个副总报告员，协助理事会完成任务。

四位法院法官由首席主席任命，男女数量相当。五位资格人员分别由以下领导任命：国民议会主席，参议院主席，国民议会财政、总体经济与预算监督委员会主席，参议院财政委员会主席和经济、社会与环境理事会主席。议会权力机关任命的资格人员中要包括同等数量的男性和女性，通过抽签决定他所要任命人员的性别。公共财政高级委员会成员的任期为五年。法院法官可以续任一次。资格人员不可以续任。整个团队每30个月更新一次。它的成员任期五年，不可被撤职。他们不能行使公共选举职权，不能申请或接受政府或任何其他公共职务人员或私人的指示。

（九）其他参与者

其他参与者或合作者①还包括预算政策办公室下的事务所、部门办公室专家、负责社会和医疗健康账户的专家、地方集合体、工资政策和法定章程的专家。2014—2019年公共财政多年规划于2014年12月30日发布，规划节约500亿欧元：2015年节约210亿欧元，2016—2017每年再节约145亿欧元。规划法由预算局起草，并与预算政策办公室下的事务所、部门办公室专家、负责社会和医疗健康账户的专家、地方集合体、工资政策和法定章程的专家合作。起草之前涉及的是数据和有关建议，起草之后涉及的是跟踪和措施的实施。

四、多年规划及其三年预算的编制

在法国，多年规划一般在每年六月份的公共财政方向辩论时被陈述，并

---

① 参见 Rapport d'activité 2013-2014 Direction du Budget [R]。

且在十月份纳入被议会审查的公共财政规划法中。这部规划法使得这段时期内的公共财政有所保证，控制三年内国家的支出。三年预算框架构成了政府的一项集体负责的承诺，通过硬性的支出规划表现出来。第一部在2009年与当年的年度财政预算法案一起被讨论和采纳。它规定了三年期间各项任务经费的上限。除了附录里规定的调整与修改方式以外，经费上限对于前两年来说必须被遵守，而第三年可以调整。公共财政规划法的收入方面主要是预测国家收入的变化，包括税收净收入和非税收入的变化，及其背后宏观经济、一系列新措施或者金融市场状况的反射造成的变化原因分析。税收制度同时也被作为实现公共财政规划目标的策略之一。

从12月的开头开始，每个预算局办公室的负责人要对部门负责的预算未来三年内的预期进行思考。包括对部门邻域的总结，用简化的术语描述的支出（分为：一般公共服务、国防、公共秩序和安全、经济事务、环境保护、房屋与社区设施、健康医疗、文化娱乐和宗教、教育和社会保障）。收入方面，预算局协调和集中财政部其他局提供的信息。为了评估由经济波动引起的税收收入的自发变化，国库总局提供多年宏观经济的假设。税收政策构成一项特殊的研究并对与公共财政总局有关的新措施进行提议[1]。对于国家财政支出，公共财政多年规划法定义了三年内总预算中各"任务"经费的上限。支出的预测与收入的评估相对照，使预算局具有一幅以未来三年为限的多年草图。公共财政多年规划为每一年的财政法草案提供了一个框架，明确了财政资金优先被使用的领域和方向。具体表现为对财政发展情况进行考察的报告性文件。其主要目的是试图对政府今后若干年的财政支出和收入作出预测，并纳入预算过程，作为编制年度预算的重要参考和依据[2]。

（一）三年预算循环

法国以三年为一个多年预算循环。多年预算的准备和起草从根本上改变了预算的编制。

从2008年开始编制的第一个三年预算（2009—2011年），现在形成了一种新的预算程序，三年的最后一年是下一个三年预算的起点。对于三年规划中的每一年，年度财政法草案的编制要遵守多年预算中规定的经费上限。根

---

[1] 参见 Chouvel F.：Finances Publiques 2015, 18th éd, Gualino éditeur, Lextenso éditions, 2015。
[2] 张晋武："欧美发达国家的多年期预算及其借鉴"，《财政研究》，2001年。

据这一年是偶数年（准备三年预算）还是奇数年（只是更新三年预算的第二期），预算编制程序有所不同。

除了公共财政规划法附录里明确的调整方式以外，经费的上限对于前两年来说是强制性的。第三年是可以被调整的。对于三年中的第一年（例如2009年和2011年），预算强制性的规定了任务层面[①]的支出上限和在项目[②]之间的分配。对于三年中的第二年（例如2010年和2012年），任务的支出上限是不可修改的（强制性的），但是在三年预算编制时预测的经费在项目之间的分配，反而可以在遵守任务经费上限的情况下修改。任务经费的上限可以在几个特殊情况下修改：假设的通货膨胀与预算编制时有很大不同并且需要调整或者有大变动时，比如国际事件，或者没有预测到的事件；还有规划中没有考虑到的宏观和微观经济的不确定性和不可预测性。第三年（例如2011年和2013年），任务层面的经费可以作补充调整，这一年构成下一个三年预算的起点。

图5-1描述了三年滚动预算循环。以2009—2011年这三年预算为例。在2008年，2009—2011年这三年预算包括确定性的规划元素（不可更改）和指示性的规划元素（可以修改）。三年的预算循环具体来说，就是隔一年要进行一次任务层面经费上限在项目间的分配。2009—2011年三年预算的最后一年构成2011—2013年规划的基底。2008年进行2009—2011年的多年预算。这三年每一年都有一个整体的支出上限。2009年，任务层面和项目层面的规定都是决定性的数目。对于2010年，任务层面的上限是决定性的，而项目层面是指示性的数目。也就是上文所说的，到了对2010年预算进行编制时，在三年预算编制时预测的经费在项目之间的分配，可以在遵守任务经费上限的情况下修改。对于2011年，任务层面和项目层面都是指示性的数目。也就是上文说的，任务层面的经费也可以作补充调整。在2009年进行的对于2010年度的预算编制，要遵循之前三年预算对于任务上限的规定。在2010年，对2011年

[①] 2006年起，法国将国家预算结构转变为三个层级：任务、项目和行动，通过任务层面体现出所有的国家公共政策领域，如国家安全、文化、司法、卫生等。任务归类于与此任务有关的项目。

[②] 项目层面，则定义了国家公共政策实施的环境。一个任务之下可有几个项目。一个项目是一个有上限额度的公共支出拨款单元。一个项目只与某一个部门相关，被委托给一个项目责任人，并在其下归结了很多相关的行动。行动，作为实现项目的一个单元，明确了预计资金被使用的目的。项目负责人可以对这个"项目"下的各个"行动"或支出性质间的资金进行调整，这就是可替换性原则，因为在财政法草案附件中写出的资金分配只是指示性的。每一个"项目"都有明确的目标和预计要达到的结果。

度预算编制，对任务和项目的上限进行规定，但要遵循对这一年度的整体经费上限。同时，要对 2011—2013 年这三年的预算进行规划。

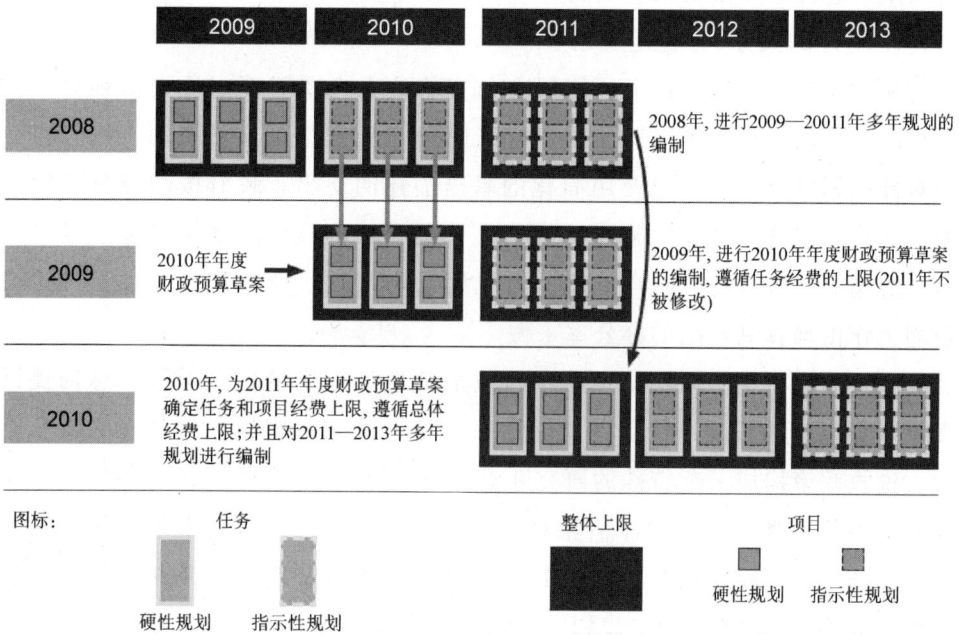

图 5-1 多年规划程序：以 2009—2011 三年预算为例

资料来源：Guide pratique de la LOLF – Comprendre le Budget de l'État ［R］。

（二）多年规划以及三年预算编制程序

法国的公共财政规划法是以至少三年为一个期限的，而公共财政规划法中包含了未来三年的预算，这个预算以三年为一个滚动周期。于是，公共财政规划法包括其针对国家三年预算的部分，与上交到欧盟委员会的稳定规划一起，构成了公共财政多年规划的主要工具。

公共财政规划法是以公共行政账户均衡为目的。这部法规通过议会的投票来定义公共财政的国家策略，接着，政府起草要交予欧洲决策机构的规划。宪法第 70 条，以及 2008 年 7 月 23 日宪法法规规定，经济、社会和环境委员会是这部规划的顾问，定义公共财政的多年方向。

法国多年预算的规划包括对外和对内的义务。对外的义务来自于欧盟《稳定与发展公约》的要求。每个欧盟国家要对欧盟提交多年财政计划，称为"稳定规划"，这部规划是对于未来的三到四年期的财政规划。而对内的义务，或者说对法国公民的义务，则伴随着每年的年度财政预算编制，以三年为一个周期，进行三年滚动预算编制。

1. 对外的义务[①]：稳定规划

从十二月 1 开始，每个预算局办公室的负责人要对部门负责的预算未来三年内的预期进行思考。这项思考将以叫作"规划"的文件书写下来，包括了对部门邻域的总结，以及用简化的术语描述的支出。政府按功能分类的一般性支出分别是一般公共服务、国防、公共秩序与安全、经济事务、环境保护、房屋和社区设施、医疗健康、文化娱乐与宗教、教育和社会保护。这项预测工作由预算局专门的办公室来做。

收入方面，预算局协调和集中财政部其他局提供的信息。国库总局提供多年宏观经济的假设，特别是能够评估由经济波动引起的税收收入的自发变化。税收政策构成一项特殊的研究并对与公共财政总局[②]有关的新措施进行提议。支出的预测与收入的评估相对照，使预算局具有一幅以未来三年为限的多年草图。与国库总局共同，这个规划的第一步通过撰写"公共财政多年发展变化规划"，又名"稳定规划"来体现。

2012 年 12 月 17 日关于公共财政规划和管理法规第 17 条规定，政府将宏观经济预测交由公共财政高级理事会，"稳定规划"将基于这个预测来书写。高级理事会的意见最少要在规划被交予欧洲决策机构前两周公布于众。2013 年 4 月 15 日，高级理事会第一次将有关 2013—2017 年"稳定规划"的宏观经济预测的意见上交。2014 年 4 月 22 日它的意见考察了实际增长预测和最优宏观经济情况。

2. 对内的义务：公共财政规划法的编制流程[③]

---

① 参见 Chouvel F.：Finances Publiques 2015, 18th éd, Gualino éditeur, Lextenso éditions, 2015。
② 公共财政总局是成立于 2008 年 4 月的管理系统，负责统一管理分散于整个国土内的国家收支部门（地区和省公共财政局、国库和税务局）。在其内部，税收立法局具有特殊地位，附属于经济部部长但可以为预算部部长提供业务。
③ 参见 Chouvel F.：Finances Publiques 2015, 18th éd, Gualino éditeur, Lextenso éditions, 2015 和 http://www.performance-publique.budget.gouv.fr/sites/performance_publique/files/files/flash/calendrier/calendrierminefi.htm。

对于对内的预算编制，多年预算的实施改变了每一年的预算程序。偶数年与奇数年的程序有所不同，如图5-2所示。

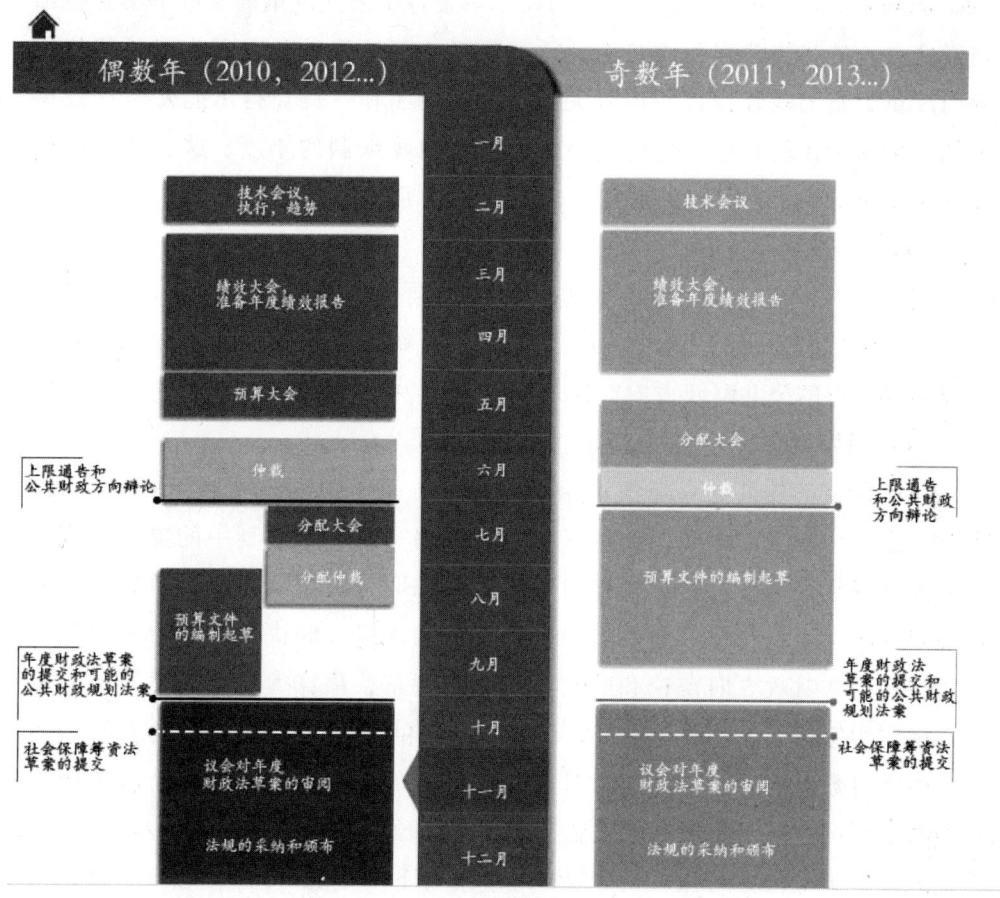

图5-2 预算程序日历

资料来源：http://www.performance-publique.budget.gouv.fr/sites/performance_publique/files/files/flash/calendrier/calendrierminefi.htm。

各参与部门和人员的具体工作以及他们在编制流程中发挥的作用如下。

（1）构图。

一月底，总理和财政部长在政府中阐述所有与公共财政有关的策略。这一周是总结国家财政和特殊账户状况的时候。此后，总理向部长传达定位信，规定公共支出的方向和规范。

（2）技术会议。

二月份，预算局邀请各部门的财政事务领导以及预算任务下面项目的负责人和部门预算和会计监督员,进行技术会议。这一阶段是对预算前景、改革草案以及相关经济的联合审查阶段。财政部长与每个部长召开结构性节约(économies structurelles)会谈,目的在于审查各个公共政策的改革草案并得出与经费、人员和招聘有关的结论。负责预算的部长和负责国家改革的部长在部门改革策略上联合指挥一项有关国家运行的工作,旨在得出能使生产效率增加的措施。在偶数年,也就是要进行三年预算编制的年度,这项技术会议要决定支出的趋势。预算局在此基础上进行中期规划。

(3) 绩效大会。

接下来,每年三四月份都要进行绩效大会,准备年度绩效报告的撰写,意在总结上一年的预算执行的绩效情况。年度绩效报告中的数据丰富了六月底议会要进行的公共财政方向辩论。

(4) 预算大会和分配大会。

在偶数年(要进行三年预算编制的年份)的五月份,要进行预算大会。预算大会上,鉴于预算局在准备三年预算时编写的中期规划中的提议,各部门和预算局审阅未来这三年各部门对于经费和职位数目的需求。预算局的中期规划这项工作是在技术会议与预算大会之间这段时间进行的。为了六月底要进行的公共财政方向辩论和财政法草案的起草,预算大会要为规划中的每一年确定国家任务的经费上限(承诺授权和拨付经费)、部门职位的上限。

而在奇数年的五月中旬至六月中旬,进行的是分配大会。因为每项任务的经费上限已经在三年预算中限制,奇数年的预算程序负荷便明显地减轻了。分配大会汇集了预算局和每个部门,继续准备下一年的财政法草案[①],这是三年预算的第二个年头。分配大会上,在遵守三年预算任务支出上限的条件下,要进行项目间经费的分配,用以监督曾经提出的分配方案的可持续性。分配大会上,还要进行人员职位数目在项目间的分配,以及确定其他一些为国家服务的机构中职位的上限。同时,在特殊情况下,对给予部门的任务经费上限进行调整。

这样的安排来自于上文提到过的,编制多年预算的那一年要进行的是未来三年的规划,而对中间那一年的预算可对项目间的经费进行再分配。比如在2008年进行三年预算时,2009年的总体上限、任务层面上限和项目经费上

---

① 法国的年度的财政法草案就是年度的预算草案。

限都是确定性的,而 2010 年的项目层面上限是指示性的。那么,在 2009 年对 2010 年编制预算时,就要确定每一个任务下项目之间经费的分配。

(5) 仲裁期间。

五月份预算局与各部门之间的预算大会之后,或者奇数年的分配大会之后,进行预算局与各个部门单独的会议。这次会议要理出达成一致的点。没有达成一致的点要到总理那里进行权衡。这个期间就是仲裁期间。这一系列会议之后,总理将传达给每一个部长关于经费上限的通告(从任务的目录开始)以及编制人数上限,并且定下要实行的结构性改革。这些通告会被递交给议会两院财政委员会。

(6) 上限通告。

在这期间决定的整体多年经费上限和使用将在这封"上限通告"(或者叫作"上限信件")中反映出来。这些通告由总理在七月中旬左右传达给各个部门。在偶数年,这些通告确定了三年预算中这三年每项任务、任务下每个项目的支出授权,以及下一年每个部门的职位上限。在奇数年,上限通告明确每个项目层面,经费的上限,因为在之前的三年规划编制时,项目层面的经费只是指示性的。这些项目的经费数额要遵守每项任务的经费上限,任务的经费上限是在三年预算编制时已被确定的。同时,上限通告还确定了下一年的职位上限。

(7) 议会的参与。

无论对政府来说什么职责,政府被允许协助议会参与预算起草的过程,在此期间告知其在这个领域的大方向。这个程序始于 1997 年预算准备的时候:1996 年 5 月 6 日,政府向议会传达了有关预算方向的报告,定义了预算政策优先考虑的方向。这时,议会议员所获得的信息,也有从审计院那里得到的关于上一年度预算执行情况分析的有关信息补充。议会议员每年六月或七月进行预算方向的辩论。

预算方向辩论的制度化由 2001 年组织法第 48 条规定,于 2003 年开始实行,但不是必须的。现在,政府必须阐述一项报告:关于国家经济波动,对比于欧洲来说法国经济与预算政策的大方向描述,国家收入来源中期的评价,以及对一年度的财政法草案中支出在大的功能上的分配、任务、项目和与每个项目有关的绩效指标的目录。这个报告可能会引起国民议会和参议院的辩论。2012—2017 年的公共财政规划规定,规划的资产负债表也要进行大方向上的辩论。

(8) 对分配的仲裁。

接下来，在偶数年的七月初将再进行分配大会和对分配的仲裁，而奇数年的这个时候则不需要再进行分配大会和仲裁了，直接进入下一个环节，也就是预算文件的起草。偶数年的七月初，各部门在遵守上限通告中规定的上限的情况下，决定这个经费和职位在各项目—行动之间的最优分配方案。这项分配意在达到指派给各个项目负责人的绩效目标。这项分配工作的讨论在偶数年七月份的分配大会上进行。这项会议召集了每一个部门和预算局，保证部门提出的分配方案的可持续性，也就是说，强制性的和不可避免的支出可以得到保证。一些预算局和各部门没有达成一致的地方，无论是经费的分配、职位的分配还是预算项目和行动的目录，将被递交给预算部长，在必要的情况下，将由首相来权衡。

(9) 预算文件的起草。

预算准备的行政阶段最后一步，是预算文件的起草，以及最终定稿，尤其是对于经费的论证和对整体年度绩效报告的阐述。对多年规划的评价也在这一期间阐述。这项工作在偶数年时，在八月九月进行，奇数年时，在七月至九月中旬进行，由各部门和预算局联合进行。

(10) 部长理事会审议和法国最高行政法院的审查。

宪法第29条规定，像所有的草案一样，在法国最高行政法院（Conseil d'État）的意见之后，在提交给国民议会之前，财政法草案应交与部长理事会审议。

法国最高行政法院对文件草案进行司法审查，改善行文，引起政府对可能的不规范内容的注意，对预算各项措施的合法性给出意见。为了减少审查所延迟的时间，首相经常让法国最高行政法院紧急审查，也就是直接找法国最高行政法院的常任委员会，审查紧急草案。接受了法国最高行政法院的意见之后，草案于九月底在部长理事会阐述和公布，之后，根据宪法第39条规定，被提交给国民议会。

(11) 财政法草案和公共财政规划法的提交。

九月底，政府要向议会提交年度的财政法草案和可能有的公共财政规划法案。正如宪法所规定的，政府最迟要在十月份的第一个星期二向议会递交财政法草案和其附属文件。财政法初始案最迟要在12月31日颁布。

例如，在 2008 年和 2010 年，公共财政规划法和财政法草案被一起提交。与财政法和社会保障筹资法不同的是，规划法没有形式上的规定和特殊的程序，尤其对于规划的年数，没有特殊的规定①。规划法的频率，也没有特殊的规定，所以不能排除在奇数年也有规划法被提交的情况。

十月中旬，是社会保障筹资法草案的提交。宪法规定，最迟在 10 月 15 日，社会保障筹资法草案和其附属文件，在部长理事会被采纳之后，要被提交给国民议会。社会保障筹资法草案的编制在四月中旬到十月中旬之间。这些工作由预算、医疗和劳动部门来领导，尤其是社会保障局与预算局紧密合作，以保证财政法草案和社会保障筹资法草案之间的协调与配合。

（12）议会的审阅。

十月到十二月底，议会对年度草案进行审阅、讨论和投票。第一部公共财政规划法是对于 2009—2011 年这一期间的，于 2008 年秋天提交，和传统的 2009 年年度财政法草案同时被议会讨论和采纳；同样，第二部公共财政规划法（覆盖 2011—2014 年）和 2011 年的年度财政法草案同时与 2010 年秋天被议会投票表决。虽然公共财政规划法还只有指示性的作用，它使得经费变化的中期情况更加清楚，也使政府至少在任务层面受到约束、遵守自己定的规划。

按宪法第 39 条规定，财政法草案首先被提交给国民议会，她首次审阅、修改和通过法律。接着，法律草案被递交参议院，参议院再进行审阅。当被参议院通过的版本与被国民议会通过的版本不同时，一个双方代表人数相等的混合委员会，由七个国民议会议员和七个参议员组成，集合并讨论达成一个统一的文件，一份将被两院议会重新申阅通过的文件。如果两院不能达成一致，根据宪法的规定，国民议会的意见优胜。在财政法被颁布之前，根据共和国总统、总理、国民议会主席、参议院主席或者最少六十个国民议会议员或最少六十个参议员的要求，财政法可被递交宪法委员会审阅。宪法委员会对财政法与宪法和各项组织法的一致性提出意见，尤其是与《财政法组织法》的一致性。

（13）法律的颁布。

---

① 除了 2012 年 12 月 17 日编号为 2012 - 1403 关于公共财政规划和管理组织法第 3 条规定的："公共财政规划法对于每一个它要定义的多年规划方向，要明确所涵盖的期限。这个期限的长度为至少三个日历年"。

法律草案的最终通过是以法律的颁布来表示的。最终文件要送去给共和国总统签字，总统具有颁布法律的权能，也就是，赋予法律被执行的权力。共和国总统有15天的延期时间颁布法律。接着，法律将在法兰西共和国官方报纸（Journal Officiel de la République frańCaise）上发布。

图5-2绘制了以上描述的偶数年和奇数年预算流程。

五、预算估计

（一）宏观经济和公共财政预测

国库总局（la Direction Générale du Trésor）为部长和政府进行法国及其商业合作伙伴的宏观经济预测，包括短期和中期的。公共财政预测基于这些宏观经济预测之上。国库总局负责跟踪经济形势以及法国经济和国际环境间的对话。宏观环境决定了税收收入和社会性收入的自发变化，也就决定了下一年度的社会补助。这些元素和不与经济环境直接相关的国家会计意义上的公共支出和收入（总薪酬和公共投资、干预支出、非税收入、自主决定的措施等）的变化分析一起，实现了对所有公共行政部门赤字和债务的预测（国家中央行政、地方行政区域和社会保障行政）。提交给欧盟委员会的关于本年度赤字和债务的通告，对增长的预测，财政法草案、社会保障筹资法草案、公共财政多年规划法和稳定规划中公共财政的轨迹，都是基于这些预测之上构建的。

国库总局参与有关报告的编写，尤其是社会经济与财政报告、关于公共支出的报告和关于强制性扣除额的报告，这三份报告附属于财政法草案和稳定规划。

（二）预测工具

Opale模型被国库总局用于对未来1至2年的经济预测。价格—收入循环（Modélisation de la boucle Prix-salaires）建模工具被用于进行分析和对未来两年以内通货膨胀的预测。这项工具与对经济整体进行预测的Opale模型很好地衔接。Mésange模型（Modèle Économétrique de Simulation et d'ANalyse Générale de l'Économie模拟和经济总体分析计量经济学模型）是国库总局和国家统计与经济研究所（INSEE）共同发展出来的一个宏观计量法国季度经济模型，并被这两个机构共同使用。此外，国库总局还编写名为国库—经济（Trésor-éco）的4至8页的电子版小册子，就重要的经济主题进行总结。

1. Opale 预测模型

从2005年开始，国库总局利用其建立的小经济规模宏观计量模型，即 Opale 模型，进行短期宏观经济预测。建立在国家统计与经济研究所（INSEE）公布的季度账目上，Opale 模型的建立是为了回应对未来1至2年期限预测工具的需求。相对于更加复杂的 Mésange 模型来说，这一模型使用起来更加袖珍和灵活。

2007年5月之前，宏观经济变量的数量大小是基于某个固定年份的价格来计算的。2007年5月，由于方法论上进行了区分季度账目数量和价格的改变，Opale 模型，在保持基本设定不变的状态下，不同的行为方程随着季度账目数据的修正受到重新估计。除了这些比较小的改变之外，家庭消费的估计较大程度地受到2006年5月对收入数据以2000年为基年向后追溯探查的影响。从2007年5月开始，Opale 模型比较重要的更新，是将变量数量大小的预测基于前一年价格的链式测量。同时，这一方法上的改变也导致了对行为方程设计上理论方面的重新思考：在经济模型中，具有各种可以相互替代的商品，并且它们的价格变化不同。值得指出的是，这一思考导致了考虑到投资的相对价格时，对于企业投资方程在长期中的新设计。但总的来说，模型的结构和隐藏的经济学逻辑并没有什么变化，仍然以国民经济为中心，围绕商品与服务均衡的决定，包括数量和价格，以及收入循环和相比于 Mésange 模型简化了的供给模块。

模型的结构如下。基于前一年链式价格计算的数量账目，Opale 模型模仿商品与服务的均衡，包括数量和价格。一旦数据满足长期静态同质性这一限制，行为的建模就基于错误修正机制之上。如果数据满足静态同质性（对长期关系系数的限制），方程的长期性就与均衡增长路径相兼容，也就是说，所有实际变量以同样的速度增长的情况，同样包括所有平减指数，以及所有名义变量。也有可能加入第二个条件，即动态同质性（对于短期动态系数的限制）：它保证了长期的关系在均衡增长路径上被确认，也就是说，独立于均衡变量的增长节奏（Klein and Simon, 2010）。

模型区分五个制度性领域：家庭（M）、服务于家庭的非营利性机构（IS-

BLSM)、非金融企业（ENF）、金融公司（SF）和公共行政（APU）。对于一些领域，如家庭和非金融企业，它们的主要行为（消费和投资）都被明确地进行了建模，消费行为上相对于 Opale 2005 年的版本有所更新。对于公共行政，消费和投资作为外生行为在模型外设定。对于 ISBLSM 和 SF 的消费和投资行为，模型在适当的变量上运用了技术系数。经济体的其他部分被设定为外生的，如对法国商品的国外需求、国外价格、汇率、石油价格等，以及金融变量，如利率、巴黎 CAC40 指数①的变化、房地产价格等。

2. 宏观领域角度的法国价格—收入循环建模

法国国库总局建立了宏观领域角度的法国价格—收入循环模型，用来提供过去的通货膨胀分析，并对未来两年的通货膨胀进行预测。这个模型与 Opale 模型连接紧密，使得通货膨胀和实际经济活动的预期保持了高度的一致性和可靠性。相对于更加分解的微观领域视角对通货膨胀的预测，宏观邻域角度是一个很好的补充。

国库总局对通货膨胀的预测基于国家统计与经济研究所（INSEE）的一个消费价格指数分解模型。基础原则是一项一项地预测价格指数的变化，各项的加总则是总体层面的价格指数水平。这项预测可以运用不同的方法：

计量经济学方法：估计方程将价格的变化与其决定因素相联系，被用于预测工业产品、石油产品和其他服务。

政府或其他组织（如电子通讯和邮电局管理规制权力机关）发布的经济政策措施影响的评估：这一方法主要关系到公共部门（或近似公共部门）价格的变化，也关系到其他价格，比如非新鲜食品领域，其变化来自于关于分配的规章制度的变化（Sarkozy 协定，Galland 法的改革）。

微观领域鉴定：这种方法可以区别于价格的趋势性变化，而考虑到特殊的信息，例如气象事件、手机电话业务商之间或航空公司之间的竞争，以及农产食品加工业生产的价格引起的非新鲜食品价格的短期变化趋势等。

3. Mésange 模型（Modèle Économétrique de Simulation et d'ANalyse Générale de l'Économie 模拟和经济总体分析计量经济学模型）

Mésange 模型是国库和经济政策总局（Direction Général du Trésor et de la Politique Economique，DGTPE）和国家统计与经济研究所（INSEE）共同发展

---

① CAC 40（Cotation Assistée en Continu）指数是一个法国股市基准指数。

出来的一个宏观计量季度经济模型，用于法国经济的三个领域，规模中等，包括大约500个方程，其中40多个描述了计量经济估计的行为。这个模型的特征是凯恩斯短期动态和长期均衡由供给侧因素决定。按通常的做法，在这种模型中，法国经济被假设成一个开放经济下的小型经济，国际环境是外生的。利率、本国货币相对于外国货币的汇率、公共部门需求、劳动力人口和技术进步的变化构成了模型中其他主要的外生变量。

Mésange模型一方面被用来模拟和评估经济政策措施，另一方面被用来进行形势的分析工作，尤其是预测和各行政邻域的贡献分析。

模型最初的版本是以1995年为基年的。2006年公布了以2000年不变价格计算的国家账目长期的季度数据。这项公布标志着模型的行为方程要全部重新估计。此外，从2007年开始，季度账目数据以链式价格公布，即将数量大小基于前一年价格的链式方式。所以，模型对于形势的分析要根据账目数据的改变而更新，并且在数据基础上进行计量方程的重新估计。但由于链式价格计算的数量引起的会计上的问题，模型对此的更改不适用于经济政策的模拟和评估。

于是，有上述两项发布导致了模型的两个更新版本的编制：

一个不变价格计算数量的版本，用于经济政策的模拟与评估；

一个链式价格计算数量的版本，被INSEE用于形势的分析工作。

（三）预算经费的估计

国家预算经费的估计，无论是支出还是收入，都受到各层规定的制约（例如欧洲层面），但是大体上支出受到的是政治制约，而收入是经济上的制约。技术层面上，规划和信息建模的发展，包括了各种参数，如价格、工资、公共价格、对外贸易和失业，使得对支出的估计更加细致，因为对于一些税收收入，特别是最重要的一种——增值税（TVA）——与经济形势紧密相连，不太可能一个公式就能够预测它的准确收益。

1. 支出的估计

（1）取消已投票的服务。

1959年的财政法组织法规定已被投票的服务指的是，上一年被议会批准的、政府认为要执行公共服务的最低储备。2001年新财政组织法第45条沿用了这个定义但规定了这项已被投票的服务储备不可以超过上一部财政法中拨用的经费。这一项被允许的服务储备的延续是为了解决当财政法没有在规定期间被投票表决的情况下,唯一紧急拨用的救助程序。在经过通货膨胀的调整后,这个必需的行政运行最低储备在上一年度的预算中被规定(财政法,也可能是各财政修正法案)。这项不能再被压缩的支出大约占了预算总支出的95%。

2001年新财政组织法在这个概念上进行了区分:承诺授权和拨款经费,所以不再有对整体已被投票服务储备的投票,而改成对每一个任务的投票。

(2)支出的限制性特征。

支出估计的准确性是强制性的,正如2001年新财政法组织法第9条阐明的,经费是有限制性的,除了一些例外和减缓,支出只能在拨款的限制之内由承诺或命令来安排。这些例外包括有关国家债务的费用,还债,减免税的归还,或者国家提供和执行的保障金。它们被拨给具有有限性经费的项目。除此之外,还包括有利于国外的和中央银行的通过国际货币协议与法国有关的财务账户。

2001年财政法组织法阐明了两个限制性的特例。首先就是,在紧急时,在听取了国务委员会和议会财政委员会的意见后,颁布事先法令,这些法令可以在不影响财政法规定的预算均衡的情况下拨用额外的经费。为此,这些法令要进行经费取消或者指出额外收入。这些累积的经费拨用不可以超过财政法规定的拨款的1%。

2. 收入的估计

(1)估计方法。

在19世纪,收入的估计是基于一项叫作"倒数第二年"的法则,即将上一个已知执行年度计算的结果作为基础,即上上年。这个方法在第三共和国尾声被废除,因为持续增加的不准确性。为了显示效果,它是基于经济稳定的假设的。

现在,财政部对收入的估计通过一种直接的方式:公共财政总局和关税和间接税总局[①]基于国库总局提供的经济数据模拟税收。超过90%的国家预算

[①] 关税和间接税总署负责系统、网络的管理,负责国家预算的税收事务和市镇预算,此外,通过其评估商业物流的功能进行的经济事务,参与反欺诈和打击重大国际走私,参与安全、公共卫生、环境和国家遗产保护。关税与间接税总署履行对进出口贸易管制与监督并维持厂商经济竞争的任务。在国家、国际与欧盟层面使经济畅通、打击走私。参与实施利于社会保障与公共卫生的策略。履行税务任务,为欧盟账户、国家账户和一些共同体领土和公共机关征收关税和间接税,还参与对边境人群的监督。

总收入是税收收入，其中四种税收（两种直接税：收入税，公司税；两种间接税：增值税和能源产品消费）是主要收入。如果直接税的估计因为税务行政部门在编制时已经收到报税并已经记录而比较容易实现，那么间接税就不那么容易了，尤其是增值税，代表了国家税收收入的大约45%，与经济状况紧密相连：预算局的协调和集中其他部门的预测工作得基于预测局①对经济的假设。

（2）估计的难处。

这样的安排很可能在执行年中被司法的变化所打乱，也有可能被没有被预测到的事情所打乱，比如石油危机，或者经济形势的突然变化，比如，1993年的预算是基于假设经济增长2.7%，但是实际上是0.8%；同样，1996年预算是基于增长为2.8%，而实际上是1.2%。相反，1999年预算基于增长为2.7%，但实际上是2.9%。2001年预算基于增长率3.3%，而实际上是2.1%。2002年预算基于增长为2.25%，但实际上是1.2%。2003年预算基于增长为2.5%，其实只有0.6%。2004年预算基于增长为1.7%，而实际上是2.1%。2005年预算基于的增长是2.5%，而实际上是1.8%。2006年保持增长的假设是2.25%，同2007年和2008年。实际的增长2006年是2%，2007年是1.9%，2008年是0.9%。2009年预算基于增长为1%，实际上是负的2.25%。2010年基于增长的假设是0.75%，实际上是1.5%。2011年保有2%，实际上是1.7%。2012年预算保有1.75%的增长，预算讨论时回复到1%，7月份财政法修正案时恢复到0.3%。2013年预算保持0.8%增长的假设，实际上是0.3%。2014年预测增长为0.9%，而实际上是0.4%。2015年预测1%的增长，但是被最高公共财政理事会认为是"乐观"的假设。

如果在执行年当中，财政法的大线条偏离了预测，那么理事会会指出由政府向议会提交财政法修正法案。

这些经济预测的重大变动，自然地对税收的预测造成影响（真实值相对于预测有所不同）。这些影响通常被一些相关部门机构觉察的时候，由于宪法强制性地规定了对文件提交程序的延迟时间，实际上已经不可能修改财政法的经济财务状况了。只有财政法修正案可以在执行年中或年末进行需要的修改。

---

① 2010年3月预测局被国库总局合并。

各部门机构通过各种信息、参数和指数（全球需求，汇率，投资等），在附属于财政法草案的经济、社会与财政报告中，对议会阐述主要的经济假设。

六、多年规划及其三年预算的实施

（一）多年预算的约束力

2008年7月23日由议会通过和采纳的对宪法的复审中多年滚动预算正式形成之后，多年预算就以法律的形式固定下来，成为正式预算过程的必要组成部分，并且与年度预算收支的安排紧密结合，对年度预算的确定具有较强的约束力。年度预算是正式的法律文件，经议会表决批准后执行。多年财政规划或三年预算中的远期预测虽不具有正式的法律效力，但也要经议会通过。由于编制年度预算时需要参考远期预测的估计结果，因此其对年度预算的确定也具有直接和相当的控制作用①。从第四部分的三年预算循环的过程就可以看出，多年预算的准备和起草从根本上改变了年度预算的编制，不仅对于一年来说，也对于三年中的每一年来说。对于三年规划中的每一年，年度的财政预算草案的编制和陈述要遵守多年预算中规定的经费上限。现在年度财政预算草案编制也要根据这一年是偶数年（准备三年预算）还是奇数年（只是更新三年预算的第二期）。对于三年中的第一年（例如2009年和2011年），预算强制性地规定了任务层面的支出上限和在项目之间的分配。对于三年中的第二年（例如2010年和2012年），任务的支出上限是不可修改的，但是在三年预算编制时预测的经费在项目之间的分配，可以在遵守任务经费上限的情况下修改。

（二）多年预算的调整②

多年规划主要是在任务层面的，时间范围是三年。规划包括国家总支出的上限和每项任务的经费支出上限。多年规划运行的主要原则是部门要负责每项任务在多年规划期内的经费上限。一方面，除了特殊情况，任务层面的

---

① 张晋武："欧美发达国家的多年期预算及其借鉴"，《财政研究》，2001年。
② 参见 Rapport sur la Programmation des Finances Publiques pour la Période 2009 à 2012 Annexé à L'Article 3 [R]。

上限一般不在接下来的年度预算中修改；另一方面，在每年中限制所有可能影响任务经费上限的活动。当然，它并不阻止一些零散的调整。在多年预算中，可能的修改条件如下：

一是考虑到通货膨胀的变化。因为三年预算的预测是建立在报告在宏观经济形势中阐述的通货膨胀来进行的，除了第一年年度预算的编制与其用的是同一个通货膨胀率以外，接下来的年度预算可能采取的通货膨胀率与三年预算时期的有所不同。

二是求助于预算储备金。多年预算的整体支出上限包含了一项编入预算的储备金，不被分配到各项任务上去，用于后两年（例如，2010年和2011年）特殊情况下上限的扩大。这部分经费被包括在任务"准备金"内。它是为了预防规划中的风险的，比如规划中没有考虑到的宏观和微观经济的不确定性和不可预测性。每年，在年度预算编制时，这项储备金通常被优先用于国家的以下几项支出中：

（1）债务利息；

（2）国家对于特殊养老金账户的支持；

（3）有益于欧盟的收入提前扣除。

没有被用于这些支出的储备金可以用来调整每项任务的年度上限。但是，责任原则要求严格限制这部分的调整。基于以下几项条件可作调整。

（1）小额的使用这部分储备金（2010年小于0.3%的经费）限于一些大趋势和事件，这些事件有不可抗拒、外来的和不可预见性，并且可能使得预算的经费需要大大超出任务经费上限。

（2）使用储备金来弥补经费的超出，必须要在上限之内无法为支出融资的情况下才可以。对储备金的要求必须被详细地证明和阐述。

（3）此证明由所在部门部长直接向预算部门部长提出。对于此要求的考虑由预算部门部长决定。

（4）用储备金扩大经费严格地只是暂时和零散的，不可涉及规划的其他年度。

没有被用于增加年度预算草案中任务经费上限的准备金被用于：

（1）对付管理上的偶然性，对预防性储备（用于管理上的风险及偶然性）进行补充；

（2）或者为了控制支出而被取消。

前两项条件是可以修改经费支出上限的唯一途径，但是对于承诺限额的调整有其特殊性。它主要为了保持预算编制对各项政策需求的中立性。在原始规划中没有被考虑到的外延性，可以提高年度的承诺限额，而接下来年度的司法承诺被具体化和降低了。

在政府向议会汇报年度预算草案时，必要的情况下，政府向议会阐明相对于多年预算中上限的调整。这些调整是和通货膨胀有关以及对储备金使用相关的任务经费上限的调整。

责任性原则也适用于执行中：它是三年经费被用于每项任务的可视性的必然结果。它意味着，要不首先将可使用的经费在项目中挪用然后被使用，或者必要时，在任务或部门中在需要时被再分配展开使用。

七、多年规划及其三年预算的监督机制

（一）预算局对预算执行的预报和跟踪①

一旦财政预算法被投票表决，预算局就负责保证预算执行的预报和跟踪工作，保证支出的上限不被超过。由于受到不可预测的情况影响，为了预见国家的支出变化，这项责任需要跟随发展进行长期的分析，以在必要的时候，提出改正的措施。正如执行跟踪办公室负责人 Aymeric Mellet 所说，预算的预报对于控制支出的强制性来说是一项必须的工作。执行预报工作中，预算局还要根据年度预算允许和公共财政规划法的规定，保证预算执行的可持续性。为此，预算局进行阶段性的预报。这项工作对于重新规划公共支出的方向使其最接近于财政法初始案是必须的。这项诊断构成一项控制支出的重要工具（规制、取消或者经费的推迟……），以及任何新的经费的使用，所有可能要记入财政法修正案或者提前法令中的条款。为了度量支出的变化，预算局与各对应部门沟通，借助于每个部门配有的预算与部门会计监督员（CBCM），他们具有技术文件操作方面的知识。预算与部门会计监督员主要目标在于部门管理报告。五月和秋季，一年两次，预算与部门会计监督员向预算局传递部门预算执行细致和有依据的分析文件。图 5-3 和图 5-4 分别绘制了在公共

---

① 参见 Rapport d'activité 2013–2014 Direction du Budget [R]。

第五章 法国多年规划及其三年预算制度

财政多年规划法策略框架下的预算程序图和执行预报的时间和程序图。

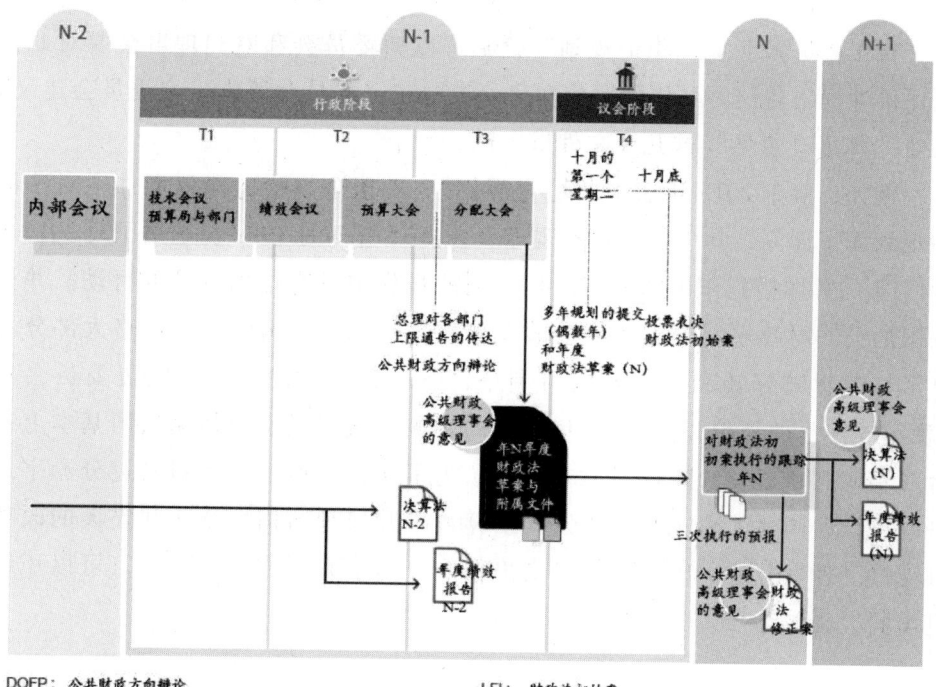

图 5-3 公共财政多年规划法策略框架下的预算程序

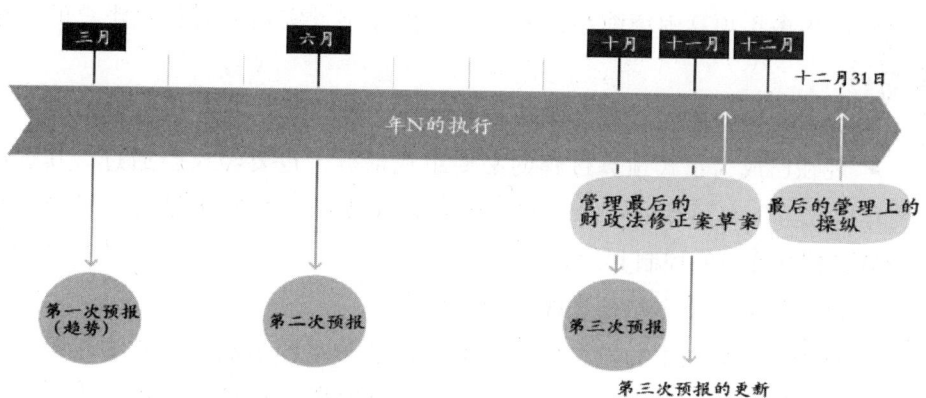

图 5-4 执行预报

资料来源：参见 Rapport d'activité 2013-2014 Direction du Budget [R]。

（二）来自欧盟的监督

每年成员国上交"稳定规划"之后，欧盟委员会和欧洲理事会要对此作出评价并提出建议。具体的评价和建议被写在"委员会评价"、"委员会建议"以及"理事会意见"这几个文件里。

例如，对于 2015 年法国"稳定规划"，欧盟理事会的建议文件中对法国的规划作了评判，其中写道：欧盟理事会 2015 年 3 月 10 日要求法国对 2016—2017 年的具体措施作出陈述，但是法国的报告中没有指出具体的行动。并且法国的公共财政规划未按理事会的要求作出更新。法国的整顿策略大部分基于形势的暂时好转和一直较低得利率，所以存在危险。基于欧盟委员会对"稳定规划"的评价和对 2015 年春季的预测，欧盟理事会估测法国基本上符合《稳定与增长公约》的条款。然而，为了保证在拖延期内对其过分赤字水平的持续性调整，法国应该加强其预算策略并通过结构性全面和宏大的改革来支撑。理事会还指出，要加强支出核查。为了有所成效，要盘点可以压缩支出的大领域等[①]。

八、多年规划及其三年预算的特点

综上，法国多年预算的特点可归纳如下：
- 法国多年预算围绕缩小公共行政管理赤字、实现公共行政账户的均衡这一目标。
- 涵盖了国家层面、社会保障和地方行政集合体。
- 现在已成为正式预算过程的必要组成部分，也要经议会通过。其远期预测直接成为年度预算的参考，与年度预算收支的安排紧密结合，对年度预算的确定具有较强的控制和约束力。
- 以三年为一个多年预算循环。
- 对于三年规划中的每一年，年度财政法草案的编制要遵守多年预算中规定的经费上限。年度财政法草案的编制要根据这一年是偶数年（准备三年预算）还是奇数年（只是更新三年预算的第二期）。

---

① Recommandation du Conseil du 14 juillet 2015 concernant le programme national de réforme de la France pour 2015 et portant avis du Conseil sur le programme de stabilité de la France pour 2015 ［R］.

- 经费的上限对于前两年来说是强制性的,第三年是可以被调整的。对于三年中的第一年,预算强制性的规定了任务层面的支出上限和在项目之间的分配。对于三年中的第二年,任务的支出上限是不可修改的(强制性的),但是在三年预算编制时预测的经费在项目之间的分配,反而可以在遵守任务经费上限的情况下修改。
- 规定了明确的修改条件。
- 预算局进行阶段性的预报。根据年度预算的允许和公共财政多年规划法的规定,这项工作保证预算执行的可持续性,控制支出的强制性,构成一项控制支出的重要工具。

九、多年规划的实施成效

法国自2008年第一次开始正式编制三年预算,第一期为2009—2011年,相对于世界上其他编制多年预算的国家来说,经历的时间比较短。但是,从国家统计与经济研究所的数据来看,从第一个三年预算编制的第三年开始,到2015年为止,公共财政的健康状况确实得到了有效的控制。表5-1所示的数据来自于国家统计与经济研究所(INSEE)。2011年的财政赤字为国内生产总值的5.1%,接下来的几年内从4.8%降至4.0%,并且于2015年达到了国内生产总值的3.5%。

表5-1 法国公共财政收入、支出和赤字占国内生产总值的百分点

	2011年	2012年	2013年	2014年	2015年
支出	55.9%	56.8%	57.0%	57.3%	56.8%
收入	50.8%	52.0%	52.9%	53.4%	53.2%
赤字	-5.1%	-4.8%	-4.0%	-4.0%	-3.5%

资料来源:国家统计与经济研究所(INSEE)。

再如图5-5所示,相对于更早的年份,目前法国的财政赤字在不断缩减。2008—2010年的赤字之所以增加较大,原因来自于2007年夏季美国次贷危机的金融危机在2008年逐步演变为的全球化实体经济危机。法国的金融和银行业也危机四伏,多家大型金融机构陷入财务危机。而后金融危机又发展到了金融危机加经济危机的状态,实体经济部门也受到影响,财政工具成为阻止不可逆后果的不利链接反应的重要工具。法国政府推出了多项应对措施

和经济重振计划。主要包括一项总额高达 3600 亿欧元帮助银行业摆脱融资难的困境救助计划，总额 265 亿欧元的扩大公共投资以及对房地产和汽车行业提供援助的重振经济计划①。但是，通过对公共财政稳定目标的持续追求，到 2012 年赤字已经开始缩减，并且在接下来的年份中不断缩减，直至 2015 年，财政赤字实现了更大的缩减，恢复到了 2008 年的水平。

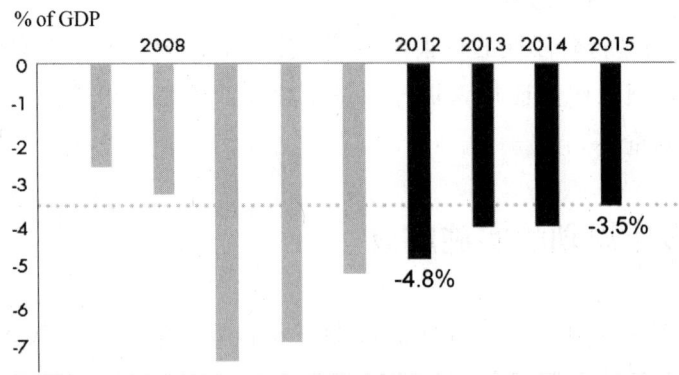

图 5-5　财政赤字恢复到 2008 年水平

再如图 5-6 所示，国家债务的增加从 2009 年开始趋于稳定。2007 年至 2012 年间上涨了 25 个百分点，而 2012 年至 2015 年间只上涨了 6 个百分点。并且总体上涨的趋势趋于平缓。

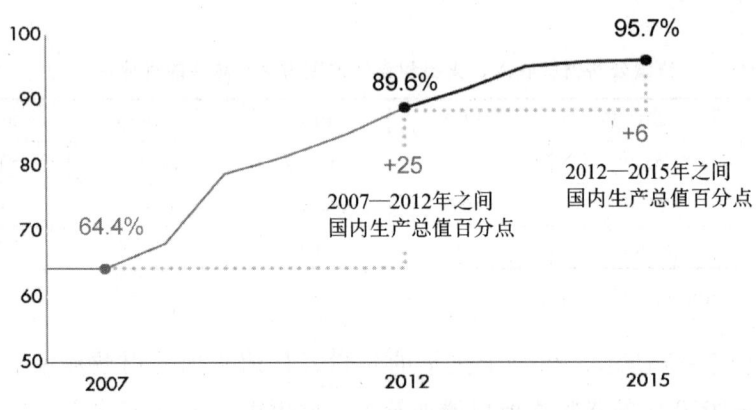

图 5-6　公共债务趋于稳定

资料来源：PUBLICATION DES RÉSULTATS DU DÉFICIT PUBLIC 2015 法国经济与财政部。

---

① 参见 2008 年至 2009 年法国经济形势回顾与展望，中国贸促会驻法国代表处，2009，http://www.ccpit.org/Contents/Channel_69/2009/0213/176454/content_176454.htm。

十、多年规划工作的困难和局限性

无论是对于欧盟还是对于国内，多年规划在每年的经验积累下，逐步完善，文件也逐渐详细。但是，根据形势变化，每一项公共财政规划都是一项棘手的工作。2009—2012 年公共财政规划草案，与财政法草案一样，在世界证券与金融危机的时候被提交和议论，使得其中很多评价和目标出现问题。很快就被发现 2009 年 2 月 9 日的规划法包含的数字离现实太远。比如，2009 年，法规规定了公共财政赤字相对于国内生产总值的 4.4% 以及国家债务 70%，但是实际上这些数字是 7.7% 和 86%。2010 年 12 月 28 日的规划法案，包含了 2011 年至 2014 年对之前的数据进行了下降的修订。2014 年 12 月 29 日对 2014—2019 年的规划：公共财政高级理事会估计规划对增长的预计是可以被接受的，但是认为宏观经济的情况是基于过于有利的假设，并且认为公共财政的轨迹与"稳定规划"里的承诺并不协调一致[1]。

十一、多年规划的最新发展动向

欧盟理事会在就稳定规划提出的建议中要求法国要加强支出核查，这项工作是为了最优化预算程序、分析公共支出的新工具。为了给公共财政轨迹的遵循而进行的改革提供资料和依据，2014—2019 年公共财政规划法建立了支出核查这项工作，针对整个公共支出和税式支出。目标在于细化公共支出的分析和更好地组织和连接预算程序和决策，以及鉴别新的可节约经费的层面并且实施措施对其进行开发。支出核查被委托给监察机关进行审计，并且对关键问题提出操作性的建议。结果将在来年二月底出来。最早的支出审核在 2014 年被进行并且被纳入 2015 年预算程序中，丰富了预算局和有关部门间的讨论。结果也作为 2015 年财政预算草案的附录，以丰富提供给议会会员的信息元素。

近来，管理上也有所革新。比如，基于预算局的分析和依据，公共财政规划法鉴别出缩减支出的可能来源，并且建立必要的程序和工具将其实施。例如，对医院、国家机构、地方共同体公私合作模式的安全检查行动，控制

---

[1] 参见 Chouvel F.：Finances Publiques 2015, 18th éd, Gualino éditeur, Lextenso éditions, 2015。

并缩减公私合作模式中下可节约的开支。这可以通过国家对复杂工具知识的掌握和使用的专业化来实现。再例如，对地方支出框架的改善。这可以通过建立地方公共支出变化趋势的指示性目标，来补充已存在的机构支出与医疗保险支出的标准。这项工具起到教育和帮助决策的作用，在遵循地方共同体自主行政的原则下，激励其协助国家将公共账户回归均衡①。

十二、对我国预算制度的借鉴与启示

借鉴法国多年规划的经验，笔者认为，从政府治理的视角来看，多年规划及其三年预算的编制对预算工作理念产生了根本上的影响。多年规划必须首先明确其目的和财政资金的流向。这使得立法机关、政府部门领导及政策制定者必须在宏观层面对国家治理的优先领域有一个明确的把握，对国家过去的管理问题和未来的改革方向有明确的认识。接着，多年规划及其多年预算约束了财政的年度计划，使得预算行政管理者和执行者在工作时，对资金的把握度有一个明确的认知。对于国家公民，多年规划及其多年预算增加了国家政策导向和国家财政管理的透明度，使得公民更加了解国家财政状况和国家财政目标。

基于法国多年预算的特点，笔者对我国多年预算制度提出一点建议。第一，需审查我国财政状况，从而明确我国多年预算规划的目的。第二，形成正式的法律文件，与年度预算法的编制紧密联系。第三，成立预算主导部门，与各个部门紧密配合共同进行编制，并由立法机构参与讨论。第四，规定明确的修改条件和修改方式，并由立法机构参与仲裁。第五，由预算主导部门进行阶段性的预报，控制支出的强制性，随时提出修正性建议与措施。

附录5-1与附录5-2以2008年编制的稳定规划和2009—2012年公共财政规划法为例，详细介绍了这两份文件的主要内容。

附录5-1 稳定规划

成员国向欧盟有关委员会写"稳定规划"最早是1998—1999年。在这二十年不到的过程中，法国的"稳定规划"越来越具体详细。下面以2008年为

---

① 参见 Rapport d'activité 2013-2014 Direction du Budget [R]。

例具体阐述"稳定规划"的内容①。

2008 年的特殊之处在于，起始于 2007 年夏季美国次贷危机的金融危机在 2008 年已逐步演变为全球化的实体经济危机。法国的金融和银行业也危机四伏，多家大型金融机构陷入财务危机。而后金融危机又发展到了金融危机加经济危机的状态，实体经济部门也受到影响。财政工具成为阻止不可逆后果的不利链接反应的重要工具。11 月 26 日，欧洲委员会宣布了欧洲经济复苏计划。它提供了一个欧盟的行动框架以及每一个成员国在其特殊情况下采取的措施，包括一些促进经济的优先行动。12 月 4 日，法国在欧洲委员会宣布的欧洲经济复苏计划这一方针下采取了自己的恢复计划。为了应对金融和实体经济危机，法国政府推出了多项应对措施和经济重振计划。主要包括一项总额高达 3600 亿欧元帮助银行业摆脱融资难的困境救助计划，总额 265 亿欧元的扩大公共投资以及对房地产和汽车行业提供援助的重振经济计划②。

所以，法国的"稳定规划"目标在于快速回应历史危机和遵从法国中期财政稳定承诺的衔接。

2008 年"稳定规划"的内容包括宏观经济预测、政府收支平衡和债务、与之前规划的对比、政府支出与收入的变化、公共财政的可持续性和公共财政管理等。附录包括统计表，法国恢复计划的概括。

宏观经济预测部分包括当前形势、短期和中期的展望。当前和短期的范围指的是 2008—2009 年左右。从 2007 年的状况，到 2008 年前三个季度的状况，再对第四季度进行预测，最后再对 2009 年进行预测。短期的预测主要围绕 2008 年的金融危机和法国政府因此做出的恢复计划进行的。这些宏观经济的预测量化到 GDP 的多少个百分点。例如，在对 2009 年的宏观经济预测中，"稳定规划"阐述了由于金融危机，2009 年法国和欧元区的增长仍然要受到影响。12 月 4 日政府宣布的恢复计划应该会吸收那些不利的影响，并且对增长有稍稍的调整作用。稳定规划对恢复计划对经济增长的相关影响也作了预测。接着，规划对宏观经济各个元素进行了预测，包括需求、资本支出、投资、出口、石油价格和政府政策对通货膨胀和消费的影响。这些预测考虑到 2008 年期间一些新出台的法案，例如，2008 年 1 月 3 日促进消费者为中心的

---

① 参见 Programme de Stabilité de la France 2009 – 2012 ［R］。
② 参见 2008 年至 2009 年法国经济形势回顾与展望，中国贸促会驻法国代表处，2009，http：//www.ccpit.org/Contents/Channel_ 69/2009/0213/176454/content_ 176454.htm。

竞争法案和 8 月 4 日经济现代化法案。家庭收入将受到 2007 年 8 月 21 日劳动力就业和购买力法案以及 12 月 4 日恢复计划中一些条款的支持。于是，总的说来 2009 年的增长大约在 0.2% 到 0.5% 左右。当然，规划也指出，经济增长受到很多不稳定因素的影响，主要来自于危机。

中期的范围指的是 2010—2012 年的期间。首先，规划书对中期范围的宏观经济增长作了预测。接下来的内容便是对这个增长背后的因素进行的分析。包括国际形势和国内政策。表 5－2 是对 2010 年至 2012 年各宏观指标的预测。对 2010 年有一个预测数，对 2011—2012 年是一个平均数。例如，经济形势的多年预测假设 2010 年 2% 的增长和 2011 年以后 2.5% 的增长。国际经济形势和政府的结构性改革共同对增长产生影响。接下来，规划书阐述了对劳动力市场的结构性改革、政府的一系列制度实行，例如合理职业供给、具体的全国性的老年人职业计划等。此外，政府还成立了帮助劳动力供求匹配的就业机构。潜在增长还受到劳动就业方面新法规的影响，比如劳动力就业和购买力法案和现代化社会民主和工作时间改革法案。最后，规划书还解释了 2012 年之前的潜在增长部分解释为现代化经济法案以及其他一些税收筹划安排对生产要素生产率的促进。

表 5－2　　　　　2010—2012 年宏观经济形势预测　　　　　单位:%

	2010 年	平均值 2011—2012 年
国内生产总值	2.0	2.5
国内需求	2.0	2.4
家庭消费支出	2.5	2.8
公共行政消费支出	0.5	0.5
固定资产形成（毛）	2.4	3.2
其中：企业（非金融公司和个体企业）	6.0	4.9
存货的价值贡献	0.1	0.1
国外的贡献	0.0	0.0
出口	5.0	6.5
进口	4.6	6.1
国内生产总值紧缩指数	1.75	1.75
消费价格指数	1.75	1.75
私营领域工资	4.0	4.6
私营领域人均名义工资	3.7	3.7
私营领域工薪人数	0.3	0.9

资料来源：Programme de Stabilité de la France 2009－2012 [R]。

第五章 法国多年规划及其三年预算制度

第二部分便是对政府收支平衡和债务的分析，包括公共财政目标和整体策略，其中又分为结构性平衡、公共债务轨迹和领域总体管理公共财政轨迹；还包括在欧洲经济复苏计划框架下的法国政府行为，其中包括暂时和有目的的预算的回应、对恢复计划和达到中期目标的保证和应对金融危机的没有预算成本的紧急措施。在公共财政目标和整体策略中，规划书阐述了政府的中期目标及其实现方式，即通过控制公共支出和稳定税收负担审慎地相结合的方式在2012年之前重建公共账户的结构性均衡。这一总体策略是对法国经济面临的长期挑战的回应。应对金融危机的恢复计划采取的措施对公共财政产生短期的成本，而不能对公共账户的稳定目标造成影响。这一点是12月4日法国总统的恢复计划背后的基本精神。理由是，国家的一些措施只影响公共债务总额而不影响净债务或者公共赤字，而且多数作为恢复计划投资的措施是暂时性的。

由于经济形势相对于10月底有较快和较深入的下滑和12月4日针对危机的恢复计划的宣布，规划书对增长率预测相对于10月初交给欧盟委员会的最初预算计划作了调整，同时也对2008年和2009年的赤字预测作调整。接着是对结构性平衡和公共债务预测的轨迹分析。表5-3描述了结构性赤字[①]和债务占国内生产产值百分比的预测轨迹（2007年不是预测）。恢复计划只对2009年预算影响较大（大于3%）。支出控制的中期目标仍然会被保持。预计2010年赤字水平将会恢复到GDP的2.7个百分点，结合经济增长向潜在增长的回归，预计2012年名义赤字将回归到GDP的1.1个百分点。

表5-3　　　　　　　　　　公共财政多轨迹　　　　　　　　　　单位:%

	2007年	2008年	2009年	2010年	2011年	2012年
公共差额/赤字（占国内生产总值）	-2.7	-2.9	-3.9	-2.7	-1.9	-1.1
公共债务（占国内生产总值）	63.9	66.7	69.1	69.4	68.5	66.8
结构性差额（占潜在国内生产总值）	-2.7	-2.4	-2.7	-1.4	-0.7	0.0
其中恢复计划的影响	0.0	0.0	-0.8	-0.05	0.0	0.1
结构性差额的变化（占潜在国内生产总值）	-0.2	0.3	-0.3	1.3	0.6	0.7
恢复计划之外的结构性差额的变化	-0.2	0.3	0.5	0.6	0.6	0.6

资料来源：Programme de Stabilité de la France 2009－2012 [R]。

---

① 结构性赤字：公共行政赤字受到经济周期波动的影响。所以，我们观测到的公共赤字不是一个政府预算政策方向的好指标。因此，通常使用的指标是基于潜在国内生产总值的结构性赤字。

表 5-4 是总体和各行政领域公共财政赤字预测轨迹（2007 年不是预测）。公共行政领域包括中央公共行政、地方公共行政和社会保障行政。

表 5-4　　　　　公共财政筹资能力/（+）需要（-）　　　　　单位:%

	2007 年	2008 年	2009 年	2010 年	2011 年	2012 年
公共行政	-2.7	-2.9	-3.9	-2.7	-1.9	-1.1
中央公共行政	-2.2	-2.5	-3.3	-2.3	-1.8	-1.2
其中：国家	-2.1	-2.5	-3.5	-2.5	-2.1	-1.5
其中：各种中央行政机构组织	-0.1	0.0	0.2	0.1	0.2	0.3
地方公共行政	-0.4	-0.3	-0.3	-0.2	-0.1	0.0
社会保障行政	-0.1	0.0	-0.3	-0.2	0.0	0.1

资料来源：Programme de Stabilité de la France 2009 - 2012 [R]。

这一部分接下来的内容较详细地介绍法国政府在欧盟经济复苏的框架下采取的具体措施，分为有针对性的、快速的暂时的财政预算措施，保证复苏计划的执行和对中期目标的遵从，以及其他非财政预算措施，使中小型企业仍然能够筹到资金。

第三部分与之前规划的对比中，分析了对外部假设的敏感度和与之前规划的比较。对外部环境的敏感度考虑了法国面对的世界范围需求的微小增长、原油价格的下降、没有政策行动情况下欧元相对于其他货币的升值以及欧元区利率下降。与之前规划的对比主要分析了 2007 年和 2008 年对未来几年经济增长、财政赤字、结构性赤字和公共债务的不同预期值。重新规划使得政府重新对实现公共账户平衡的中期目标进行再确定，但是又考虑到新的一年所面临的经济形势。

第四部分详细阐述政府支出与收入的变化。其内容包括政府总支出（国家支出、中央政府机构支出、社会保障基金支出和地方政府支出），其中包含了 2009—2012 年多年预算对国家支出、社会保障行政支出的变化预测；还包括政府总收入（政府税收策略、2008—2012 年期间税收负担的总体稳定和各行政领域的收入变化）。

第五部分公共财政的可持续性，其内容包括结构性改革的延续和对预算稳固的促进作用。第六部分公共财政管理包括公共财政多年计划、三年国家预算和统计管理。这一部分概括地介绍了国内公共财政多年规划法和其中三年预算的运行原则。最后讲到国家统计方面的管理，主要由全国统计及经济研究所负责。附录包括了统计表和法国恢复计划概况。

"稳定规划"面对欧盟委员会,将法国放在欧洲和世界的大环境下,结合法国自身的特殊情况,进行对中期财政平衡目标的筹划。接下来的部分,本文将以2008年编制的2009—2012年公共财政规划法为例,对法国本身对内的多年规划法案及其三年预算作一个详细的介绍。

附录5-2 公共财政规划法各法案及其三年预算

2008年之前,法国只起草对欧盟的中期多年规划。"稳定规划"由政府在欧盟要求的框架下起草后直接上交欧盟有关组织,不用经过议会的议论和表决,也与年度的财政预算草案和社会保障预算草案无关。2008年由宪法修改后的第34条的规定弥补了以上两个问题。

公共财政多年规划包括了社会保障财政以及其他的社会行政组织和地方共同体。多年规划决定了细致的三年国家支出的变化,并将公共政策预测的改革和现今公共行动的现代化考虑进去。

组织法第1和2条关于公共财政规划和管理规定多年规划要定义结构差额(或称结构赤字)的中期目标、实现目标的途径、国债的变化、国家的支出上限或者社会系统的支出目标。

公共账户曾经是一个抽象的、由并列而分开的各项元素组成。而规划法案则定义了公共财政总体的一个一致的轨迹,并且用谨慎的假设证明且推导出明确的改革与政策。一旦被议会投票表决,规划法将作为每一时期稳定规划的基础。

规划法的各项条款规定了公共财政的目标、实现均衡的轨迹和实现公共账户均衡恢复的策略。

对支出的把握是策略的重点环节。例如2008年的规划法的目标便是实现公共支出每年增长率的一半,也就是1%左右。这个目标,在预期2008年实现的过程中,与过去十年实际观察到的相去甚远(每年2.25%)。

同时,规划法还具有保证公共收入和稳定必须提取部分的目标。这些收入的提高没有被预测。相反,这些收入的降低将在国家实现了账户均衡后成为政府的目标。因此,规划法定义了保证国家收入的规则,主要为了保证规划法中要求的水平以及限制税式支出和社会群体(niches sociales)的发展。

以第一部规划法为例，2008年制定的规划法目标是在2012年实现账户均衡。政府的策略就是为了实现目标而作出必要的努力。其他中央行政机构和组织，包括社会保障和地方共同体都要在保证其履行任务、有一定余地和保证其自主运行管理的条件下，贡献于对财政支出的把握。

这个策略通过对国家未来三年的支出进行具体的规划来体现，让管理者从中获知过去预算的持续增长以及对未来改革的可视性。

对内多年规划主要由这样几份文件构成：公共财政规划法草案、公共财政规划法附属报告和公共财政规划法①。

公共财政规划法草案

公共财政规划法草案包括四大章节（以2009—2012年公共财政规划法为例）。

• 第一章定义公共财政的总体目标以及公共账户实现平衡复原以及对国债的目标。

• 第二章陈述国家财政支出和社会保障支出的把握。其中第5条包括了国家总预算在2009年、2010年和2011年一项任务承诺限额与拨付经费的规划。

• 第三章是关于对收入的把握和加强政府整体的策略，尤其是为了把握税式支出和社会群体的政府行为准则的实施。

• 第四章是关于这部法律的实施方案并且是预测将在这一时期结束时公共财政方向辩论要陈述的年度资产负债表。

多年规划草案附有一份附属报告，用于证实草案第3条。这份报告用于阐明宏观经济环境和有关假设、对于每一个领域公共行政整体追求的目标，以及规划法实现的条件。报告尤其确定了三年预算的运行规定，这些规定由对国家总预算任务层面支出的规划构成。

公共财政规划法

多年规划法于第二年（规划期的第一年）年初发布，例如2009—2012年

---

① 法案及附属报告内容参见 Projet de Loi de Programmation des Finances Publiques pour la Période 2009 – 2012、Loin。2009 – 135 du 9 février 2009 de programmation des finances publiques pour les années 2009 à 2012 (1)，以及 Rapport sur la Programmation des Finances Publiques pour la Période 2009 à 2012 Annexé à L'Article 3 [R]。

的规划法于 2009 年 2 月 11 日发布，2012—2017 年的规划法于 2013 年 1 月 1 日发布。多年规划草案的附属报告在规划法中作为附录一起发布。2009—2012 年的规划法各文件中可以看出，其中的一些预测数据在多年规划草案、上交欧盟的稳定规划和多年规划法中分别有略微调整。因为起草的时间不同，于是各份文件包括了在间隔时间段中对于情况的变化做出的预测目标的略微调整。2008 年面对金融危机、第四季度的实体经济和宏观经济的下滑和政府为复苏经济而出台的一系列财政政策等，使得稳定规划和之后的正式多年规划法中预测目标有所调整。

以近期的 2012—2017 年公共财政规划法为例，法案分为四大部分：2012—2017 年多年规划、常规规定、其他规定和附录。第一部分多年规划和第四部分附录所占篇幅最大。第一部分 2012—2017 年多年规划中，第一章为公共财政总体目标；第二章为 2012—2017 年期间公共支出的变化；第三章为未来三年（2013—2015 年）国家公共支出的变化，这一章是更为详细的三年预算（2013—2015 年），要明确分配给国家每一项任务的经费；第四章为公共收入的变化；第五章为对收入余额的分配；第六章为税式支出、税收优惠和避税等（des niches fiscales et sociales）时长的限制。

公共财政规划法附属报告（公共财政规划法附录部分）

公共财政多年规划法附属报告是较为具体的一份报告，用来阐明规划的宏观假设、预期目标、措施假设和可行性。通俗地讲，就是一份重要的规划法背后的形势分析和理由陈述报告。报告由五个部分组成。

● 第一部分陈述短期内（这一年到下一年度）的宏观经济环境以及为起草之后多年公共财政规划而考虑到的假设，还包括整体所有公共行政收支策略。并明确每个分组在其中所起的作用。

● 第二部分是关于中央行政机构（主要是国家以及各中央行政机构的操作员）对国家公共账户实现平衡复原的贡献。

● 第三部分具体化国家支出三年规划。它陈述了规划法第 5 条出现的支出上限的动态和相关改革，以及多年预算运行制度与规则。

● 第四部分阐述了行政账户实现均衡复原的策略，尤其是社会保障。

● 第五部分是关于地方公共行政的变化趋势。

以下以 2009—2011 年三年规划为例，详细介绍规划法背后的形势分析和理由陈述报告。

第一部分为宏观经济环境与整体策略。首先，报告阐述了宏观经济环境与假设。短期状况为2008—2009年期间。主要影响因素是石油价格和欧元。国内各项有利于消费者的有关发展与竞争的政策稳定了价格的增长，以帮助消费者。对中期范围2010—2012年这一期间的预测，考虑到了国际环境的影响和2007年以来法国政府实行的结构性改革。尤其是现代化经济法案的实施，促进了竞争、研究与开发。针对劳动力市场的一系列结构性改革目的在于使得经济逐渐恢复充分就业。

接下来，报告分别从公共支出、税收策略和收入管理规则三方面阐述了整体策略。在支出方面，报告首先描述了近年来支出的增长趋势，接着说明了结构性差额到2012年的目标，并且表明了原来就应该在2008年和2009年达到的对支出的控制（增长速度减半）的目标因为公共财政恢复的持久性而推迟到2012年（见图5-7）。

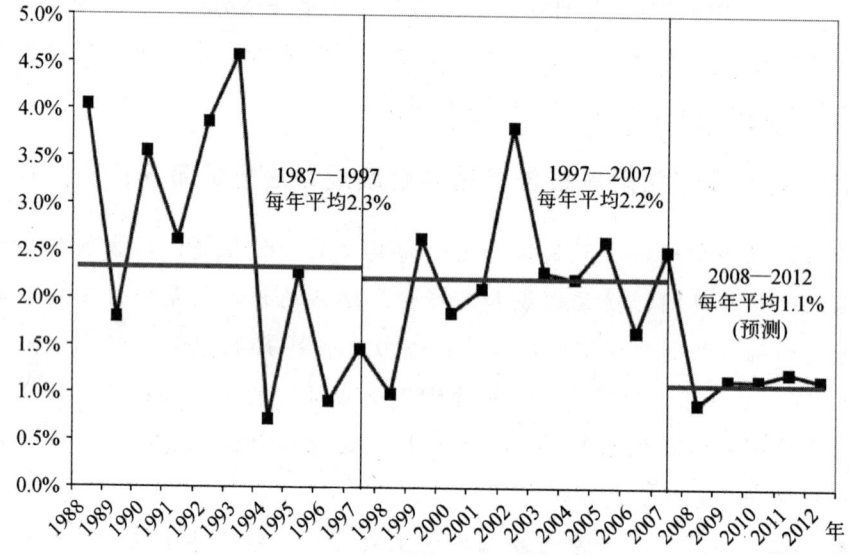

图5-7　长期中公共支出的变化趋势

资料来源：Rapport sur la Programmation des Finances Publiques pour la Période 2009 à 2012 Annexé à L'Article 3 [R]。

接下来报告描述了各大行政领域对支出控制各自的贡献。

税收策略中，报告首先阐述了整体策略。在近期已经实施的策略上，对未来的几年，又强调了新的原则和措施。接着是在规划期间稳定强制性扣除，并且也将2007年以来的新措施纳入考虑范围之内，以得出在2010年到2012年之间强制性扣除率的减轻占国内生产总值的0.1到0.2个百分点。在对于收入的管理规则上，报告指出，收入对于大形势较为敏感并且不是所有公共行政机构的收入都是由国家决定。虽然对于收入，政府可以作出的行动较支出要有限得多，对于那些国家可以管辖的收入，这并不妨碍一些管理规则的预测，例如财政预算法和社会保障筹资法中被投票表决的收入。报告接下来对收入的管理阐述了总规则，以及如何控制避税窟和社会窟成本的两个原则：对成本的框定和对这些优惠效率的系统化追求。

在第一部分的最后一块，报告描述了各个公共行政机构的财政轨迹。首先是结构性差额（结构性赤字）的变化趋势。整体公共财政的规划体现了各个行政领域财政需求的变化。最后描述的是债务的变化轨迹（图5-8描绘了公共差额、结构性差额和公共债务轨迹）。

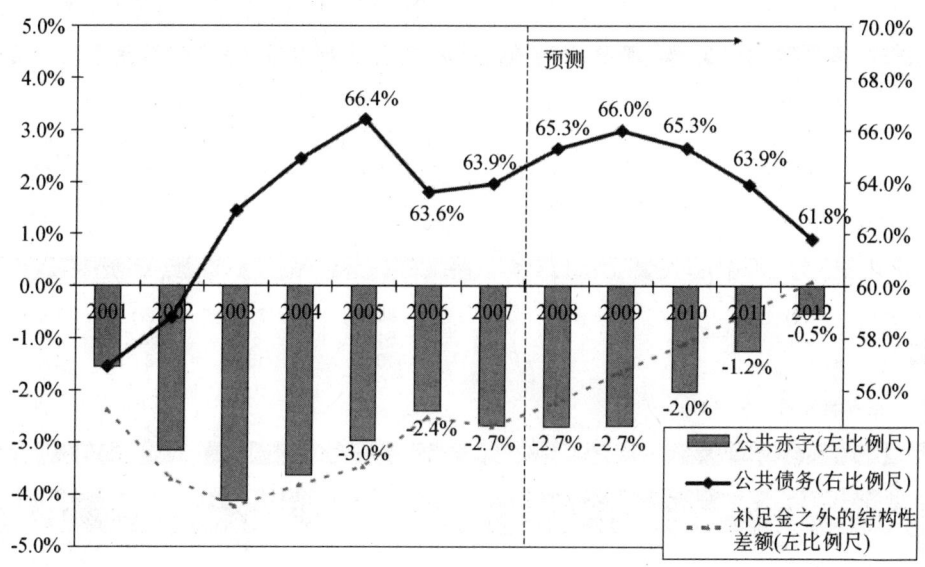

图5-8　公共差额、结构性差额和公共债务轨迹

资料来源：Rapport sur la Programmation des Finances Publiques pour la Période 2009 à 2012 Annexé à L'Article 3 [R]。

在陈述完整体经济与财政的现状、目标及策略后，第二部分是阐述中央行政对此目标及策略的贡献。第一块描述了中央行政机构对支出的控制。国家支出的变化预测价值上为2009年2%，2010年、2011年和2012年1.75%。2008年以来对支出的控制范围扩大了，不仅包括了国家总预算的经费，而且包括有益于地方行政共同体和欧盟的收入提前扣除。这构成了一项相对于以往来说比较重要的改变,而且现在支出的变化趋势较过去更加有活力,增加了国家在其中的回旋余地。

图5-9展示了2009—2011年国家支出的变化趋势。从2008年领域范围到通常范围的变化来自于外围范围变化的一系列措施。对于2009—2011年来说,这些措施有以下几个方面。传统的措施一般是关于对地方分权、对总预算干预范围以及操纵机构和附属预算的调整、对税制变化相关的提高或降低的技术性调整和租金预算的转移支付。比较零散的措施包括2009年两次债务的恢复、有益于地方行政共同体的收入提前扣除的提高劳动收入团结一致措施等。

单位:十亿欧元	LFI 2008	2009	2010	2011
总预算支出(2008年范围)(1)	271.3	276.8	281.9	286.8
其中:运行,干预和投资	110.5	110.6	110.6	110.6
其中:工资(养老金除外)	85.8	86.1	86.5	86.6
其中:养老金	33.6	36.0	38.7	41.1
其中:债务开支	41.2	43.9	45.4	47.4
其中:准备金和储备金	0.2	0.2	0.7	1.2
外围范围措施的影响(2)		1.7	2.0	2.2
总预算支出(趋势=(1)+(2))	271.3	278.5	283.9	289.0
收入的提前提取(3)	69.6	71.2	72.1	73.4
其中:有利于领土集合体	51.2	52.3	53.2	54.1
其中:有利于欧盟	18.4	18.9	18.9	19.3
外围范围措施的影响(4)		0.1	0.1	0.1
收入的划归(5)	0.1	-0.1	0.0	0.0
总支出"扩大的标准"趋势的范围:(6)=(1)+(2)+(3)+(4)+(5)	341.0	349.7	356.1	362.5
2008年范围的支出变化值		2.0%	1.75%	1.75%
2008年范围的支出变化数量		0%	0%	0%
通货膨胀预测		2.0%	1.75%	1.75%

图5-9 2009—2011年预算:国家支出变化趋势

资料来源:Rapport sur la Programmation des Finances Publiques pour la Période 2009 à 2012 Annexé à L'Article 3 [R]。

这一部分的第二块描述了国家收入的变化。首先是税收净收入。在2009

年相对于2008年会上涨39亿欧元及其背后宏观经济和一系列新措施的原因分析。2010年开始,增长的回归将使税收净收入上涨4.5%。对于非税收入的变化主要源于金融市场状况的反射。接着在简短地阐述了特殊账户差额的变化以后,报告展示了国家财政差额(赤字)的变化情况。总体变化呈现出2009年财政赤字的加剧和2010年以后状况的改善。接下来是各大行政组对财政轨迹变化的贡献。比如,各中央行政组织机构的财政差额变化从过去到未来预测如表5-5与表5-6所示。

表5-5　　1996—2006年期间各中央行政机构组织财政差额

	1996年	1997年	1998年	1999年	2000年	2001年	2002年	2003年	2004年	2005年	2006年
差额(十亿欧元)	0.8	9.3	2.1	3.8	4.5	4.5	9.1	4.8	9.5	7.1	10.5
占国内生产总值比例(%)	0.1	0.7	0.2	0.3	0.3	0.3	0.6	0.3	0.6	0.4	0.6

资料来源:Rapport sur la Programmation des Finances Publiques pour la Période 2009 à 2012 Annexé à L'Article 3 [R]。

表5-6　　2008—2012年各中央行政机构组织财政差额编年　　单位:十亿欧元

	2008年	2009年	2010年	2011年	2012年
收入—国家会计	66.9	75.0	76.9	79.6	82.3
支出—国家会计	67.4	71.8	73.7	74.2	74.4
各中央行政机构组织财政差额—国家会计	-0.5	3.2	3.2	5.4	7.9
占国内生产总值(%)	0.0	0.2	0.2	0.2	0.3

资料来源:Rapport sur la Programmation des Finances Publiques pour la Période 2009 à 2012 Annexé à L'Article 3 [R]。

接下来报告阐述了各中央行政机构对支出的控制所做的贡献。最后,总体中央公共行政账户(国家和各中央行政组织机构)的变化趋势如表5-7所示。

表5-7　　中央公共行政账户　　单位:十亿欧元

	2008年	2009年	2010年	2011年	2012年
收入—国家会计	372.0	382.3	396.9	415.8	434.9
支出—国家会计	419.8	427.4	436.3	446.1	454.1
中央公共行政差额—国家会计	-47.8	-45.1	-39.5	-30.3	-19.3
占国内生产总值(%)	-2.4	-2.2	-1.9	-1.4	-0.8

资料来源:Rapport sur la Programmation des Finances Publiques pour la Période 2009 à 2012 Annexé à L'Article 3 [R]。

在陈述完中央行政对经济与财政的现状、目标及策略的贡献后，报告的第三部分回到国家支出三年规划上，解释其规则以及专有名词含义，并且具体化其在各个领域和政策的经费上限。在描述了多年规划的目标后，报告具体阐述了多年预算的结构，包括其编制范围（国家总预算的整体经费、有益于地方和欧盟的收入提前提取和收入分配）。其后，考虑到各年支出的连续性和各种支出范围的变化的规则，报告严格定义了有关支出的范围措施和国家可以决定的收入分配。

接下来的内容是三年经费上限，分为总预算支出、收入提前扣除和每一项任务（公共政策）的上限。对于2009年，任务层面的经费上限和项目之间的资金分配对应于2009年度的财政预算法案。对于2010年，任务层面的经费上限被限定，而项目间的分配只是指示性的。这些上限是不可修改的，除非预测的价格变化、预算准备金的限制性扩大规定和承诺限额调整相关规定。对于2011年，任务层面的经费可以在总体支出上限之下和整体规划经济条件下作补充性调整。

多年预算与年度财政预算的关联与衔接。对于每一年的规划，提交给议会的年度财政预算草案要遵循多年预算中的经费上限。规划的第一年为2009年这一年提供了框架，要对每一项支出性质和目的进行一一评估。规划的第二年在2010年度财政预算的框架下对项目、行动和子行动、条款、类别等层面进行同样的评估。最后，规划的第三年（2011年）成为新的三年规划的起点，即新三年规划的第一年（2011—2013年）。在遵循最初即目前这三年规划的总体支出的情况下，任务之间经费分配的调整对于新规划的第一年来说是允许的（即目前规划的第三年）。

接下来，报告对每项公共政策（任务）的三年规划（包括2008年财政预算法初始案中的经费、2009—2011年经费变化趋势和经费被用于的政策目标和理由）作了陈述，这其中尤其体现了国家政策的优先方向。这些任务如下。

有关国家干预的公共政策

任务"研究与高等教育"（2008年财政法初始案234亿欧元），用于这项任务经费遵循2007年开始的承诺，每年上涨18亿欧元。

"环境Grenelle"政策比"生态、发展和可持续治理"任务（2008年财政法初始案90亿欧元）的范围要大得多，净经费从2008年到2011年上涨2.1%。

拨给任务"发展公共援助"（2008年财政法初始案31亿欧元）在2008年到2011年大约上涨5%。主要使得法国遵循国际上的承诺，为各个优先领域融资。比如，医疗健康，法国对SIDA世界基金的贡献3000亿欧元；比如，应对气候变化（气候世界基金）；比如食物问题，法国在食物援助与农业发展世界基金方面的贡献都有增长。

任务"城市与住房"（2008年财政法初始案81.4亿欧元）经费的下降源于公共政策现代化会议的一些决定。

任务"劳动与就业"（2008年财政法初始案125亿欧元）经费的下降反映了面对失业率较低但是却比较持久状况下对这一领域的改革政策。

"海外"任务（2008年财政法初始案17亿欧元）经费上涨幅度很大（三年内+17%），对应于财政预算草案中对海外经济发展的方向要求。

用于"文化"任务的预算额外费用（2008年财政法初始案17亿欧元）略微上涨。这被用于为大型项目机会筹资，例如凡尔赛，Pierrefitte-sur-Seine国家档案中心或者巴黎交响乐团。也被用于关于修缮历史建筑物的承诺，对此，历史建筑行业放开竞争和对作品的把握应该会使得修缮基于更低的成本并保持同样的供给质量。

"农业、渔业、食物、森林和乡村事业"（2008年财政法初始案34亿欧元）经费的变化反映了渔业可持续性和责任性政策，以及部门的深度重组以及其操纵机构和农业扶持政策方向的调整。

"国家财政承诺"这一项干预条款（负债之外2008年财政法初始案16亿欧元）在规划期内经费有所下降。

关乎社会团结的政策

"团结、就业和机会平等"任务（2008年财政法初始案105亿欧元，范围一致的情况下在未来三年内上涨10%）反映了对成年残疾人补助25%的升值，这项改革目的在于促进有能力工作的受益人就业。

"健康"任务（2008年财政法初始案11亿欧元）的经费未来三年内在医学职业培养的推动效果和对医学生最高限额和实习的发展以及对国家医疗的补助提升下将上涨10%。

任务"社会与退休制度"（2008年财政法初始案53亿欧元）为各种特殊的退休体制和一些职业筹资，取决于人口的变化趋势，也因为一些项目的停止而有所遏制。总体来说这项任务的经费在规划期内会上涨约9%。

"老战士、名誉纪念和与国家的联系"任务（2008年财政法初始案38亿欧元，在三年内下降大约10%）主要取决于领抚恤金人数的下降和对于老战士服务的行政机构的合理化。

国家任务

在2009—2011年期间，国家教育的改革旨在改善法国教育系统的效果。这与"学校教学"任务经费略微与课持续的上涨相一致（2008年财政法初始案590亿欧元，2008—2011年在范围保持不变的情况下增加7%，包括对养老金的缴款）。

任务"司法"（2008年财政法初始案65亿欧元）经费预计在2008—2001年上涨约9%。这主要用于司法领域改革的实施和增加监狱中位置数目设施项目的竣工。

"国防"任务经费的变化反映了国防和国家安全方面的工作。整体经费上涨与通货膨胀的速度一致。

2009—2011年间，任务"国家安全"（2008年财政法初始案159亿欧元）的公安和武警经费和"公民安全"（2008年财政法初始案4亿欧元）在保证国内安全的绩效上按规划法规定的方向变化。

任务"国家对外行动"（2008年财政法初始案24亿欧元）的略微上涨的原因之一是根据如今的需求对于维护和平的强制性贡献被纳入预算之中。

公共服务管理类任务

"公共财政与人力资源管理"（2008年财政法初始案112亿欧元）经费和人员数反映了由于信息化带来的效率提升。经费的变化趋势继续追求国家的支出与支付过程中的现代化管理程序，使得效率能持久地提高。

任务"国家领土总行政管理"（2008年财政法初始案26亿欧元）经费由于各项改革将有所下降。

其他任务

对于其他任务（经费在2008年财政法初始案中5000亿欧元或以下的）的经费要不保持不变（媒体），要不略微有所下降（移民、避难和社会融入、政府行动管理处、领土政策）。任务"体育运动、青年组织和社团活动"的经费考虑到多项干预方式政策的重新确定。

"国家顾问和监督"任务经费的大幅上涨来自于行政司法的加强。任务"公共权力"（2008年财政法初始案10亿欧元）的经费预测与通货膨胀一致。

第五章　法国多年规划及其三年预算制度

由于议会的自主经费原则，这项任务没有明确的规划。

接下来，报告陈述了在新人力资源政策框架下人员工资的控制。

公共政策的重新审视明确了要对公务员人员进行深入改革。要考虑未来四年人口的变化趋势，从而对公共领域的运行进行现代化改革。

紧接着报告阐述了公共财政对于人员改革的主要问题以及具体措施。主要问题是国家预算中公务员养老金的上涨，指出了公务员雇佣速度对国家支出造成的影响。这样，预测一名公务员对于国家的成本是1欧元。那么，退休人员中1/2不被新人员代替在财政上相当于减少了1500亿欧元的负债，虽然这样的变化在短期内的财政收益比较小。

图5-10展示了财政法中人员数的变化。2009年，由于改革改善了公共服务的效率，30600名退休人员将不被新人员替代。这是比较远大的目标，比2008年高出很多（22900名退休人员没有被新人员替代），而2008年这一数目也比2007年多很多。工作效率上的努力将在2010年和2011年继续。国家操纵机构的人员也将有所精简：人员将在2009年减少1100ETP左右。

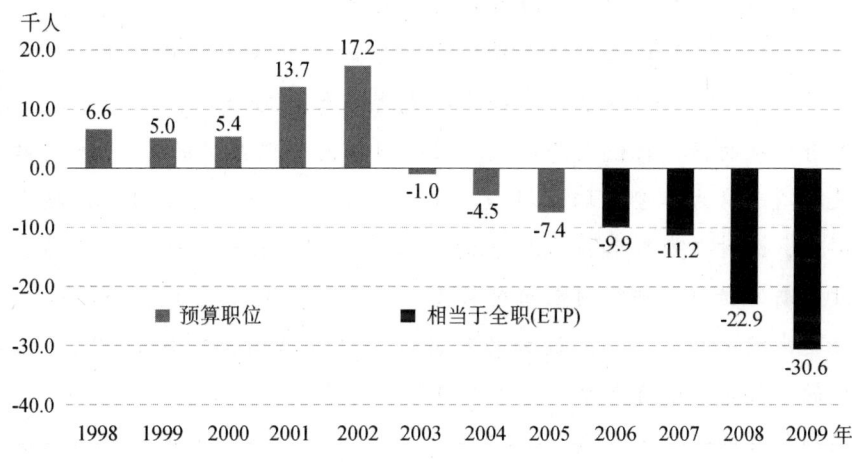

图5-10　财政法中的公务人员数变化

资料来源：Rapport sur la Programmation des Finances Publiques pour la Période 2009 à 2012 Annexé à L'Article 3 ［R］。

效率方面的努力使得多年规划的第一年就大约能达到退休人员两个中有一个不被替代这个目标。最终，除了司法部门，其他部门都将会达到人员精简的状态，虽然对于不同部门这样的努力程度有所不同。对于国民教育、高等教育和研究这样的努力程度比较低，而对于预算部、公共账户和公共行政职能、农业渔业部门、国防部门、生态能源和可持续发展部门以及领土管理部门，通过提高效率、精减人员而进行的努力比较大。

通过遵循休人员两个中有一个不被替代这个目标和一些削减职位有关的政策相结合，法国可以稳定规划期内公务员总工资的增长，从2008年财政法初始案的858亿欧元到2011年的866亿欧元，即三年内每年平均上涨0.3%。

国家对地方政府共同体的救助将保持和国家支出一样的增长率，及通货膨胀率。预测2009年通货膨胀率2%，总体国家援助550亿欧元，比之前上涨11亿欧元，之后2009—2011年间每年上涨一百万欧元。"总预算与地方领土共同体的关系"（2008年财政法初始案23.5亿欧元）这项任务便是用于这一领域。

这一部分最后一个板块回到多年预算的运行原则上，具体阐述了其运行及调整原则。

报告的第四部分是关于社会保障行政在总预算支出中的部分。为了面对人口老龄化的挑战而作出结构性努力，社会保障行政作为受到人口老龄化挑战的第一线组织，在支出中的所占的比重很大。

"婴儿潮"对总体退休制度的影响首先是对于养老金的变化。在规划期内，应该保持达到领取养老金年龄的人员稳定为800000人，但是人口的变化，如果没有措施的话，将使老龄化领域在规划期内出现系统的每年15亿欧元的赤字差额。政府为养老采取了措施，比如小型养老金。对于有依赖性需要照顾的群体，面对在短期和中期增长的需求，一方面在资金上保有余地，另一方面设计新的措施和手段用来回应未来十五年左右可预测的支出增加。

接下来报告分析了以上过程的可行性。这些结构性目标很宏大。这些目标实现的条件是加强近年来追求这些目标的努力。

逐渐加强的管理工具（2004年建立的警报委员会，2008年社会保障筹资法中的支出稳定机制）使法国在不缩小支出联合性覆盖范围的情况下有效地控制了医疗健康方面的支出。1995年到2005年之间，医疗健康支出每年增长国内生产总值的0.7个百分点。这一数值距离在经济合作与发展组织中的整体各个国家的平均水平是1.5个百分点。

开始于比较高的支出水平，这样的改变并没有带来对治疗质量的影响。同时，被社会保障覆盖的医疗物品消费的比例保持平稳，1995年78.2%，2007年78%。相对于2000年一开始记录的增长率来说，"医疗保险支出全国性目标"(ONDAM)这一领域支出的减速在 2004 年很显著。

政府在社会保障领域的策略主要基于三项杠杆:

(1) 在不同领域如健康、养老和家庭等继续追求支出控制并且提高效率;

(2) 保存社会资源,考虑到不同领域对老龄化的不同影响,根据社会需要适当调配;

(3) 从 2009 年起,为了使规划期有一个好的开始为基础作出努力。

第五部分用于阐述地方公共行政对于支出控制的贡献作用。首先对地方行政支出和收入今年的变化作一个回顾原因分析。接着陈述了规划对于控制地方行政支出的目标和假设。2000—2007 年地方支出的增长略快于国内生产总值,而收入与国内总产值增长速度一样,所以地方财政赤字在最近几年加剧,地方的自主筹资能力降低,加上投资的逐渐加大,使得地方行政债务从 1999 年开始增加。规划的主要假设是使得支出与收入的增长相接近。使用税收工具如提高税率对于一些地方来说是一条优先的道路,虽然这不是规划的优先假设。在这些假设下,地方公共行政的平均增长在 2009—2012 年期间将以低于收入的节奏进行。这样,地方公共行政账户的均衡将于 2012 年实现。第二小部分讲到,规划期间,很多地方行政应该利用各种要素来控制支出。地方行政长官的参与尤为重要。这些要素包括,控制支出增长的各要素,例如机构运行、社会支出(削减福利救济的人数)和投资支出;又例如政府对地方行政支出控制的参与,具体措施例如,地方共同体已经纳入削减公务人员的计划中;再如,从明确职能分配的经济节约寻找中可能找到更多的余地。

报告的最后,是对这一期规划法的简要小结。规划法标志了法国对公共财政的重新思考。在建立了社会保障筹资法草案、预算方向辩论会(后来成为公共财政方向辩论)、新财政组织法的编制和社会保障财政法组织法后,这一规划法补充公共财政被全国引导和接受适应的过程。法国政府也希望遵从在欧盟各合作成员和法国公民面前对公共财政恢复的承诺。

第六章

美国联邦中期预测与州和地方中期预算

美国经过五个历史阶段的发展,在加强公共部门管理的动因下,在过去十几年的时间里,各地掀起了中期预算的改革。虽然联邦政府并没有正式中期预算,目前还只是中长期的预测,但从州和地方政府来看,则不同程度地开展了中期预算。目前国会预算办公室(Congress Budget Office,下称CBO)提交的中期预测包含五年期、十年期和长期等不同形式。预算管理局(Office of Management and Budget,下称OMB)在预算编制过程中发挥重要的作用,财政部负责提供收入预测。虽然联邦中期预测并没有正式的法律约束力,但实际上它发挥着重要的政治作用。从地方来看,资本改善计划(Capital Improvement Program,下称CIP)是编制中期预算的重要基础。州级政府早在18世纪就开始实行过多年期预算。州政府也是最早开始实施中期预算的一级政府,目前有21个州实行中期预算。政府财政办公联合会还对推动中期预算突出的州和地方政府给予奖励。中期预算更容易在人口较少的州实行,通常是两年期预算。市政府自20世纪70年代开始推行中期预算。虽然中期预算在地方已经比较成熟,但对于其实际作用,却并没有一致的说法,主要有两种看法。一是认为中期预算确实优于年度预算。有些实务工作者,或者是力图推动本地中期预算改革的工作者持这种观点。二是认为中期预算与年度预算并无区别。经过多年的实践,美国州和地方的中期预算改革遇到了一些难题,主要体现在估计人员、预计收入以及审查部门预算需求等方面。

一、联邦中期预测的实施背景

中期预算是一种通过采用超越经济周期以求得财政平衡的中长期财政计

划，以便纠正传统年度预算的不足。然而，这种中长期财政计划在美国各级政府的法律约束性不尽相同，从联邦政府来看，其目前编制的五年、十年甚至更长时期的预测（展望），更多地体现为对未来财政收支的预测，并不具有实质性法律约束，本处称之为中期预测。在有些州和地方政府，其中期计划已经列入预算并提交议会批准，但在另一些州和地方政府，虽然并没有将其列入预算，但却是规范的两年期预算计划，本处称之为中期预算。

（一）美国预算发展史的五个阶段

章伟（2005）[①] 将美国预算发展史划分为以下五个发展阶段：第一阶段为"前预算时代"，对应于立法独白型权力结构，这一时期的美国不存在规范意义上的公共预算，但存在诸多预算行为与非制度化的预算惯例。第二阶段为"进步时代"，即过渡时期，这一时期引入了现代公共预算概念，奠定了美国现代总统制的形成，消解了立法独白型的预算权力结构，总统及行政部门的权力提升使得权力分立与制衡原则获得支撑。第三阶段为行政主导时代（1921—1974年），1921年《预算与会计法案》(The Budget and Accounting Act of 1921) 开启美国现代公共预算的历史，预算权力开始从立法机构向行政部门转移，行政主导型预算模式最终形成。第四阶段为均势预算时代（1974—1993年），1974年《国会预算与扣留控制法案》(Congressional Budget and Impoundment Control Act of 1974) 的出台在扩大国会预算权力的同时，使得国会与总统的预算权力基本实现均衡，两者处于互动与对弈状态。第五阶段为多元预算时代（1993年至今），这一时期新公共管理运动催生了新绩效预算改革的推进。

（二）推行中期预算的动因

美国中期预算的出现源于立法机构和行政机构之间配置公共资源主导权的权力之争，也与联邦政府与地方各州政府之间的财政安排息息相关。20世纪50年代至60年代，美国先后进行了两次公共预算改革，分别建立了绩效预算（Performance Budgeting）和计划项目预算（PPB）两种公共预算模式。由于绩效预算仅考虑了投入与产出之间的绩效分析，忽视了对政府工作方案本

---

① 章伟：《预算"权力与民主"美国预算史中的权力结构变迁》，复旦大学，2005年。

身的分析,结果可能导致"效率高、效益差"的问题。为此,计划项目预算模式登上美国预算史的舞台。

计划项目预算通过建立长期规划目标,分析达到这些目标的可选择方案的成本和效益,以实现资源的配置,并且明确把规划表达为预算和立法申请建议以及长期的预测[①]。计划项目预算系统包括系统的长期(若干年)分析,将预算期限视野从年度预算扩展为中长期视角,但并没有发展其他技术去提高预算能力。1974年,美国政府通过了《国会预算和扣留控制法案》(Congressional Budget and Impoundment Control Act),改变了只由财政部进行预算编制的格局,赋予国会独立起草预算提案的权力。20世纪70年代初期的石油危机,将美国的经济滞胀推向了高峰,政府收入减少的同时,各类财政支出不断增加,财政赤字日益严重。为摆脱深陷的财政窘境,美国政府最终走向了中期预算之路。

在过去大概十多年的时间里,美国各地掀起了推行中期预算的热潮,但总体而言,对美国的公共部门来说,中期预算仍旧是个新生事物。在美国,有多种原因推动了中期预算的实行,其中一个重要的动因就是政府认识到年度预算难以将长期预算项目落实到年度财政收支中。具体来讲,中期预算具有以下几个方面的优势:更强调公共管理和服务;更强调项目评估和监管;有助于提升长期项目规划;有助于更好地根据项目和活动需要而不是预算调配人力资源;减少编制预算的人工和时间。但中期预算将长期项目编入到多年期预算,这实际上减少了编制、分析以及相关工作的时间,而且还将预算从一个简单的年度的技术核算转变成对长期的规划。

二、联邦中期预测的编制

在联邦层面,总统和国会都编制中期的预测,总统提交的预算文件包含10年期预测和长期(主要是25年,同时也提供75年)预测(long-term budget outlook)。国会的预算主要是以基线为基础编制十年期预算预测(10-year budget projection)和长期(主要是75年期)预算预测(long-term budget projection)。

---

① 苟燕楠、董静:《公共预算决策——现代观点》,中国财政经济出版社,2004年。

第六章　美国联邦中期预测与州和地方中期预算

（一）总统提交的预算文件

1. 十年期预测

美国政府预算包含几个文件，这些文件说明了总统的财政政策目标和分配资源的优先序。预算的主要焦点在于预算年度，也就是需要申请拨款的年度，同时还包含了未来九年的预算，这是为了反映预算决策的长期影响①。因此通常其预算计划对于第一年有效，第二年及以后的预算只是预期性的。

总统的预算文件从形式上看包含以下内容：总统的信息、预算、总揽、分析展望（perspectives）、历史表格、补充材料、附件、OMB参与预算的工作者、部门数据、重要数据、以往预算、补充、中期回顾等。在"预算"中包含总统提交的预算报表，从形式上看是十年期预算（ten year window）。为便于比较和参考，通常将预算年度前两年也列在预算表格中，如奥巴马总统于2016年2月提交的2017财年预算包含了2015年、2016年的预算数据。

联邦政府的十年期预算表格分别包括预算总额、预算草案对主要项目的影响、2011年以来逐渐减少的赤字、按功能分类调整的基线、按功能分类的预算收支、预算占GDP比例、按人口计算的预算收支、从BBEDCA（平衡预算和赤字控制法案，见附录1-1）规定的基线到调整的基线、强制性收入、自主性支出——按功能分类、自主性支出——按部门分类、经济假设、联邦政府债务等。表6-1列示了2016—2026年十年期预算总额。

表6-1　　　美国联邦预算总额（2016—2026年）　　　单位：10亿美元

	2015年	2016年	2017年	2018年	2019年	2020年	2021年	2022年	2023年	2024年	2025年	2026年
预算总额												
收入	3250	3336	3644	3899	4095	4346	4572	4756	4949	5177	5411	5669
支出	3688	3951	4147	4352	4644	4880	5124	5415	5626	5827	6152	6462
赤字	438	616	503	454	549	534	552	660	677	650	741	793
公众持有的债务（debt held by the public）	13117	14129	14763	15324	15982	16615	17264	18016	18793	19548	20396	21302
金融资产净债务	11882	12498	13001	13454	14003	14537	15089	15748	16424	17074	17814	18607

---

① https://www.whitehouse.gov/sites/default/files/omb/budget/fy2015/assets/concepts.pdf。

续表

	2015年	2016年	2017年	2018年	2019年	2020年	2021年	2022年	2023年	2024年	2025年	2026年
GDP预算总额占GDP比例	17803	18472	19303	20130	21013	21921	22875	23872	24912	25995	27123	28301
收入	18.3%	18.1%	18.9%	19.4%	19.5%	19.8%	20.0%	19.9%	19.9%	19.9%	20.0%	20.0%
支出	20.7%	21.4%	21.5%	21.6%	22.1%	22.3%	22.4%	22.7%	22.6%	22.4%	22.7%	22.8%
赤字	2.5%	3.3%	2.6%	2.3%	2.6%	2.4%	2.4%	2.8%	2.7%	2.5%	2.7%	2.8%
公众持有的债务	73.7%	76.5%	76.5%	76.1%	76.1%	75.8%	75.5%	75.5%	75.4%	75.2%	75.2%	75.3%
金融资产净债务	66.7%	67.7%	67.4%	66.8%	66.6%	66.3%	66.0%	66.0%	65.9%	65.7%	65.7%	65.7%

2. 预算分析展望——25年和75年

除在"预算"部分对未来十年收支以及相关内容进行安排外，在总统提交的预算文件中包含"分析展望"。由于总统提交的预算仅包含未来十年，因此在这部分中主要关注长期的分析，主要是对未来25年的预测，同时也提供了未来75年的预测。

表6-2预测了未来25年在当前预算政策下的预算赤字/盈余状况。表6-3则分别预测了未来25年、50年和75年的医疗补助计划和老年及残疾人保险计划的变化比例。

表6-2　　当前预算政策下的25年预算赤字/盈余

2017年继续执行现有政策	-1.7
2017年预算政策	-0.1
2017年预算政策分类分析	
医疗改革	+0.3
高收入者税收改革	+0.4
移民改革	+0.2
其他政策	+0.8

注：数字为预算赤字/盈余占GDP比例。

表 6-3　　　　　　　　　　两项计划的长期预测

医疗补助计划			
预测期间	25 年	50 年	75 年
按照 2013 年受托计划	-0.6	-1.0	-1.1
按照 2014 年受托计划	-0.4	-0.8	-0.9
按照 2015 年受托计划	-0.4	-0.6	-0.7
老年人和残疾人保险计划			
预测期间	25 年	50 年	75 年
按照 2013 年受托计划	-1.3	-2.2	-2.7
按照 2014 年受托计划	-1.5	-2.4	-2.9
按照 2015 年受托计划	-1.4	-2.2	-2.7

注：按照人均工资。

（二）CBO 编制的预算文件

十年期报告的核心是以经济周期为基础的跨年度预算和更长经济周期内的预算平衡，充分就业盈余是 10 年期预算报告的主要内容。75 年期报告的核心则是与人口变化有关，目前主要针对养老和医疗支出。

美国的中长期预测报告的发布有着明确的时间规则。十年期报告是每年 2 月份发布，8 月份更新一次，75 年期报告是每年 7 月中旬发布。

十年期预算预测报告包括预算预测、经济预测、支出预测和收入预测四个部分，长期预测报告的主体包括七部分内容：预算预测、主要健康项目预测、社会保障预测、联邦政府其他非利息支出预测、预算收入预测、不同财政政策对经济和预算的长期影响和长期预算预测的不确定性。长期预测报告还不断更正与预算相关的经济数据，目前提供的预测数据包括赤字、失业率、政府收入和支出的主要部分：医疗、收入补助、教育、养老和农业。

1. 基线预测和《十年预算预测》

所谓"基线"（baseline）也称为当前服务（current service），就是假定预算年度的法律和政策不变，测算预算收支，预算基线确定后，再测算新法律和经济状况对预算收支造成的影响，从而计算出新财政年度的预算收支。预算基线是政策中性（policy neutral）的预算估计，是在假设现行立法不作调整的条件下应用预算模型就收入、支出和预算盈余进行的估计，代表了政府在预算期间按照现行立法可使用的资源。预算基线既不是对财年预算的最终预测，也不是一个预算建议，只是提供了政府预算的起点和预算政策评价的参照标准（Benchmark）。预算基线的设定不同，经济假设、技术因素、立法和政策变动对政府预算的相对影响不同，而且预算基线的设定对确定和估计税式支出至关重要。现行生效的法律如果没有修改，则预算基线可以说明收入、支出、盈余和赤字的大小。预算基线的功能是：预警未来可能出现的问题与挑战，这种挑战无论是就政府整体财政政策而言，还是就单项税收和支出计划而言，并为年度预算编制提供一个起点。而且，总统的预算案及其预算建议可以与这个"中立性政策"基线相比较，让公众和议员了解到这些预算草案会带来哪些影响以及影响程度是多少。

在20世纪70年代早期首次实施当前服务水平基线的计算时，基线就包含了多种概念和方法。直到90年代，基线开始运用一套细致的规则来进行计算。这些规则是通过《1985年平衡预算紧急赤字控制法案》（the Balanced Budget Emergency Deficit Control Act of 1985（BBEDCA））（见附录6-1）的修正案来规定的。部门认为有必要调整基线以更好地说明当前的服务水平，从而更好地衡量政策变化带来的影响。BBEDCA基线在预算中普遍运用指的是在现行法律下的预计收入和支出。然而，现行法律包括一系列预定的政策变化，这些变化会有碍于BBEDCA基线作为一个判断新法规效应的合适基线。尤其是，2012年《美国纳税人救济法案》（The Taxpayer Relief Act of 2012，ATRA）永久性延长了大部分的2001/2003减税规定。然而，《美国复苏和再投资法案》（the American Recovery and Reinvestment Act of 2009，ARRA）提供给个人和家庭的减税措施只延续到2017年。因此需要根据平衡预算和紧急赤字控制法案（BBEDCA）进行基线调整。这个调整由CBO咨询参议院和众议院的预算委员会来作出。那么CBO为什么仅仅进行基线预测而不在预测中提出政策建议呢？这是因为CBO是无党派、中立、公正的组织机构，它不对任何党派和团体该实施何种政策提出建议。

根据总统预算文件中"当前服务估计"（current service estimates），基线预测包括调整基线后的预算收支和赤字、根据基线对主要受益项目的预测、调整基线后的按收入来源的预测、调整基线后的按照功能列支的预测、调整基线后的按照部门列支的预测等内容。

（1）强制性收支的预测。

强制性收支也称为直接性收支，因为它们是已经实现经过授权的一些项目，比如社会保障、医疗保险、医疗补助、联邦雇员退休金、失业补助、营养补助计划等。再如存款保险、农民价格和收入补助等。因此政府在一定情况下可以合法进行这些收支行为。通常这类基线假设收入和支出计划在未来一定时间是持续的，因为这些收支有现有法律的保障。

（2）自主性支出的预测。

这类支出与前者有很大不同，主要是这类支出必须得到国会的年度授权才能进行开支，通常以年度拨款的形式进行授权。如果不能得到这种形式的授权，那么自主性项目将会终止运行。如果基线严格按照现有法律进行延期，那么这个基线仅仅反映按照拨款授权的支出。然而，实践中BBEDCA基线要求当前年度的基线预测基于当年已经进行的拨款基础之上。对于预算年度以及以后年度，当前的支出授权按照通胀进行调整。这是因为长期预算应该给政策制定者提供在支出和税收政策不变的情况下国家未来的财政情况的信息。在预测自主性开支时，往往难以假定现有政策的持续性。行政部门和CBO的10年基线都假定自主性支出在通胀率（每年2.5%）的基础上有少量增加。有时还假定该支出占经济的比重保持不变，也就是该支出每年的增长率约为4%。在过去四年间，自主性支出增长率实际上低于通胀增长率。

（3）总量的预测。

支出预测是多年期滚动预算准备和编制过程的一个重要组成部分，这种预测必须置于政府财政计划的框架内。为了实现对财政资源的高效管理，尽可能做到提高支出预测的精确性是必要的。无论是年度预算还是多年期滚动预算，首先都是从确定财政总量开始的，而财政约束为财政总量的确定提供了外部约束框架，使预算得以在总量层面上运作。财政约束的直接目的就在于有效地控制财政总量，包括收入总量、支出总量、赤字或盈余总量以及债务总量，这是确保财政稳定必需的前提条件。应当说基线可以用来衡量政策变化的幅度，也可以用来警示政策变化可能带来的问题。理想状态是现有的服务基线会提供一个预计的收入、支出、赤字或结余。然而，确定这个基线是具有挑战性的，因为今天很多项目资金将在10年期预算内失效。最重要的是，为自主支出项目提供的资金是按照年度拨款法案按年来进行的。强制性项目不受制于年度拨款，但很多多年授权下的操作也会在年度预算里终结。构建基线的框架必须能够解决如何在这些项目到期后的资金收支的估计问题。表6-4列示了从2015到2026年的调整基线后的收入、支出和赤字预测。

表 6–4　　　　　调整基线后的预算收支和赤字的预测　　　　　单位：十亿美元

	2015年	2016年	2017年	2019年	2020年	2021年	2022年	2023年	2024年	2025年	2026年
收入	3250	3336	3477	3783	4006	4204	4400	4593	4801	5012	5247
支出	3688	3952	4089	4568	4820	5085	5455	5713	5943	6286	6662
赤字/盈余	438	616	612	785	814	881	1055	1120	1143	1273	1415
BBEDCA基线赤字	438	615	636	875	917	994	1121	1167	1185	1325	1440
按照预算控制法案进行的调整	……	……	-27	-89	-97	-102	-52	-32	-26	-33	-5
应对紧急情况	……	……	-2	-6	-8	-8	-8	-8	-9	-9	-9
未来紧急情况的备用	……	2	6	8	9	9	10	10	10	10	10
相关的债务服务	……	*	-*	-4	-8	-12	-15	-17	-18	-20	-21
调整后的基线赤字		616	612	655	814	881	1055	1120	1143	1273	1415

2.《长期预算预测》

CBO对于联邦财政收支的预测通过每年的《长期经济和预算预测》来发布，该文件可以从CBO网站获得。CBO认为这些预测都具有高度不确定性（见图6–1）。在预测公众持有债务占GDP比重时，在悲观、现有政策不变以及乐观等三种不同假设条件下，其预测结果差距非常明显。可以说，一点点经济变化或者假设条件的变化都会导致预测结果的大幅度变动，而且从图6–1可以看出，预测期越长这种不确定越明显。此外，还包括现有政策不变情况下公众持有债务的预测、不同预算政策下财政赤字占GDP比重的预测、不同卫生支出成本下的财政赤字占GDP比重的预测、不同收入预测下的财政赤字占GDP比重的预测、不同生产率和利率假设下的财政赤字占GDP比重的预测等。

CBO（国会预算办公室）对未来十几年规划了地理和经济条件，对重要的联邦收入和支出类别建立了专门的未来政策假定。该组织对长期预算的估计是建立在人口和经济假设基础上的。该组织建立的一个简单模型就是利用计算机来计算这些假设的预算影响。2015年到2025年的假设是建立在2016年预算的基础上的，这些经济假设假定通胀率、利率、失业率都按照最新一年的水平保持不变。人口增长和劳动力增长将根据相关预测持续增长，真实GDP建立在劳动力和生产增长率的假定之上。生产增长率以每小时真实GDP衡量，假定等于预算中的经济增长假设，即每年1.8%。物价增长率保持在每年2.3%，失业率5.2%，十年财政票据的收益稳定在4.5%，91天财政票据

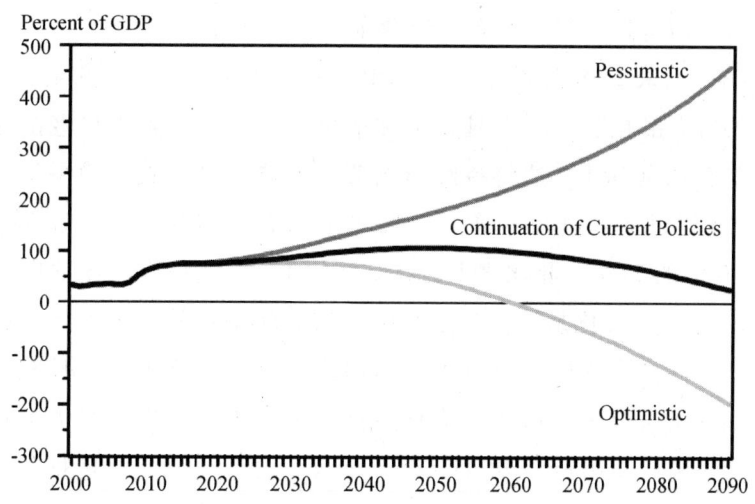

图 6-1　乐观、现有政策以及悲观等三种假设条件下债务占 GDP 比例的预测

为 3.5%。美国人口增长率到 2030 年从每年 1% 下降到原来的 2/3，之后还会继续下降。75 年期的预测是整体人口增长率低至每年 0.4%。真实 GDP 的增长率预计比历史水平低 3.4%，这主要是因为人口增长的放缓和 65 岁以上人口的增加。按照十年期预测，真实 GDP 年均增长率为 2.1% 到 2.3%。概括来说，对预算的预测需要设定经济和政策前提。一是经济预测。CBO 预计未来经济增长会放缓，主要是因为婴儿潮那一代人开始退休、出生率下降以及女性劳动力的减少等原因导致的劳动力减少。它预测在未来 25 年劳动率以年 0.5% 的速度增长，但是在 1965—2007 年间该数字为 1.7%。CBO 预测未来生产增长率与以往相似。考虑到这些变量，CBO 预测未来 25 年年均实际 GDP（调整物价因素）增长率为 2.2%，假定债务占 GDP 比重不变，保持在 2025 年，那么未来的利率会比现在还要低。二是政策假定。支出政策主要包括社会保障、医疗保险、医疗补助、儿童健康保险项目、其他强制性支出（法律规定的以上支出以外的支出）、自主性支出（没有既定法律规定的支出）。收入政策主要包括个人所得税、工资税、公司所得税、消费税、房产税等。由于这些收入和支出项目主要有明确的法律规定，因此 CBO 主要根据具体的相关法律来预测这些政策。

在过去几十年里，卫生支持计划和社会保障强制性计划是联邦政府支出的主要内容，这几年甚至达到了 60%。绝大部分的强制性支出都包括这三个最大的项目：医疗保险、医疗补助计划和社会保障。过去十年里，这几项支出占了联邦支出将近一半,然而,50年前,其比例才是1/6。

CBO预测未来25年这类支出占GDP比重将大幅度上升。这主要跟以下因素相关：人口老龄化、受益人日益增加的健康支出。一是人口老龄化。婴儿潮那代人将大规模退休,这将持续影响劳动人口和退休人口的平衡。仅在未来10年,65岁以上人口就将增加1/3,他们占总人口的比重将由目前的15%上升到2040年的21%。相比之下,在20到64岁之间的人口比重将由59%下降到54%。人口老龄化是导致社会保障支出大幅增加的重要原因。起初的社会保障福利建立在个人收入基础上,但那些收入与整体工资增长相挂钩,因此平均的福利增长与平均收入基本保持同样的水平。结果,经济增长不能明显改变社会保障的支出占GDP的比例,相反,这个比例主要依赖于社会保障制度所覆盖的劳动力人口与社会保障受益人口的比例。CBO预测未来25年里这一比例将会大幅降低,从目前的3:1降到2040年的2:1,然后还会持续下降。二是每个受益人不断增加的健康支出。尽管过去几年里,卫生支出的增长率开始放缓,但是CBO仍旧预测未来的卫生支出会持续增加,在2019年到2025年大约有1600万到1700万人会接受有补助的医疗保险。

在收入预测方面,在过去的50年里,联邦收入占GDP比重的平均值是17.4%,在14.6%和20%之间幅动。在2007年达到17.9%后,2009年急剧下降到14.6%,这主要是因为经济衰退。随着经济复苏和有利于提高税率的某些税收制度的实施,未来财政收入将呈现增长趋势。个人所得税占联邦收入的大部分比重,2014年该比重将近一半,工资税占到全部收入的1/3,企业所得税和消费税则占了其余比重。CBO预测在现有法律下,未来几十年里,收入占GDP的比重还将进一步增加。在2025年将达到18.3%,其中个人所得税的增加幅度最大。即便税收制度在未来不发生变化,2040年的税制的效果也将与目前的有很大区别。在各个收入水平上的纳税人的平均税额将增加,这主要是因为纳税人的大部分收入将按照更高税级来纳税[①]。表6-5是CBO对各项收支占GDP比重的25年预测。

3. CBO预测年度的演变

(1) 五年预算预测(1976—1995年)。

1976年以前美国编制年度预算。从1976年开始,美国调整财政年度安

---

① CBO：《2015 long term budget outlook for the federal budget, CBO》, www.cbo.whitehouse.us.

表6-5　　　CBO对各项收入支出占GDP比重的25年预测　　　单位:%

	各项支出占GDP比重				
	社会保障	主要健康支出计划	其他非利息性支出	净利息	总支出
1965—2014年	4	2.5	11.6	2	20.1
2015年	4.9	5.2	9.1	1.3	20.5
2040年	6.2	8	6.9	4.3	25.3
	各项收入占GDP比重				
	个人所得税	公司所得税	工资税	其他收入	总收入
1965—2014年	7.9	2.1	5.7	1.7	17.4
2015年	8.4	1.8	5.9	1.7	17.7
2040年	10.4	1.8	5.7	1.5	19.4

排,即预算年度由7月1日开始改为10月1日开始。1976财年的时间是从1975年7月1日到1976年6月30日,而1977财年的时间是从1976年10月1日到1977年9月30日,这就导致1976年7月1日至9月30日出现了3个月的预算真空期。不仅如此,长期以来,美国的财政年度与自然年度并不吻合,经济预测目标按照自然年度设定,预算按照财政年度制定,这中间存在着时间差问题。为此,1976年开始正式出版第一份五年期预算报告《五年预算目标:1977—1981》(Five-year Budget Projections: Fiscal Years 1977-81),报告中指出五年期预算报告的目的:现有年度预算需要更长期的框架,本五年预算按照1974年国会预算法案制定,从而使得国会可以更加从容和科学地考虑下一个财政年度的各种预算备选方案。虽然这些备选方案对短期年度预算的影响甚微,但对长期预算的首选目标影响巨大。为提高短期预算与中长期预算的相容度,避免短期预算与长期目标相冲突,有必要制定较长期间的预算。1995年美国发布了最后一份5年期预算报告《1996—2000财政年度经济与预算预测》,之后停止了五年期预算报告的编制。

(2)十年预算预测(1991—)

1991年10月开始发布的第一份10年期预测《至2001年的预算预测》(Budget Projections Through 2001),将1991—1996年的预算预测延长至2001年。在劳动、资本和全要素生产率(TFP)增长预测的基础上,CBO预测美国存款保险之外的联邦赤字从1996年占国民生产总值2.6%的2000亿美元增加到2001年占国民生产总值3.1%的3130亿美元,随后对各种宏观经济变量在现有收支政策下进行情景模拟。2012年更新的10年期预算报告更名为《预算与经济展望》(Budget and Economic Outlook: Fiscal Years 2012 to 2022)。10年期报告核心是以经济周期为基础的跨年度预算和更长经济周期内的预算平衡，充分就业盈余是10年期预算报告的主要内容。

(3) 长期预算预测 (1995—)

1995年5月，发布了第一份75年期预算报告，名为《长期预算压力与政策选择》(Long-term Budgetary Pressure and Policy Options)，该报告首先分析了美国出生人口的大幅波动，从大萧条时期的每年不到250万人增加到肯尼迪时期的接近450万人，随后分析了人口出生率变化对劳动力供给、财政养老、医疗支出的影响和更加持续的政策选择。该报告在前言和第一章阐述了十年期报告存在的缺陷：已有的十年期预算报告不足以描述美国长期人口统计变化对联邦预算的影响。婴儿潮和老龄化导致劳动力比重下降、健康和养老支出增长，将成为未来美国预算支出的重点，但这一重要性在十年期预算报告中难以体现。由于人口老龄化。劳动力比重下降，原有的年度预算已经不可能实现年度平衡。制定一种可持续的预算，必然要求拓展预算期间，以便在一个更长时期内观测预算收入、预算支出和赤字的变化情况，从而更好地安排当前预算支出的重点。75年期报告的核心与人口统计特征变化有关，主要针对养老和医疗支出。2014年75年期长期预算报告的主体内容包括：预算展望、主要健康项目展望、社会保障展望、联邦支付其他非利息支出展望、预算收入展望、不同财政政策对经济和预算的长期影响及长期预算展望的不确定性。长期滚动预算每年都会不断更正与预算相关的经济数据，比如赤字、失业率、政府收入和政府在医疗、收入补助、教育、养老和农业方面的支出。2014年长期滚动预算报告提出，2009—2012年的财政赤字规模是1946年以来最庞大的，这导致了公债规模不断膨胀，公众持有的联邦债务会超过GDP的100%。债务规模的膨胀会引发市场对于政府违约的担心，政府借新债还旧债增加了未来财政政策的不确定性。其对于经济的影响主要有三个渠道：政府借贷会导致更多资源从私人部门流出，联邦政府必须增税以应对日益增加的债务支出，针对未来不确定性的税收和支出政策空间被严重挤压。

(三) 编制流程

按照《1921年预算会计法案》，总统负责向国会提交预算案，在实际运作过程中，OMB发挥着主要的作用。在相关机构提供的经济预测以及CBO提供的

第六章　美国联邦中期预测与州和地方中期预算

十年期和长期预算预测的基础上，OMB与政府预算部门以及国会议员进行沟通，就预算案举行听证等程序，将各方利益诉求反映在预算草案中（见表6-6）。

表6-6　　　　　　　　　　　　预算编制程序

内容	时间
OMB给行政部门发布指导计划、OMB负责人给每个部门的负责人发信说明其预算需求的政策纲要	春季
OMB和行政部门就预算项目和选择进行讨论，OMB和部门协商	春季和夏季
OMB给所有的联邦部门发通知，这个通知提供了提交预算数据和资料的详细指南	7月
行政部门（除需要进行行政审查的部门外）提交预算	9月
财政年度开始	10月1日
OMB进行秋季审查，OMB职员根据总统优先序、预算额限制、项目绩效分析部门的预算草案，他们把这些项目和选择提交给OMB负责人和政策官员，由他们进行政策选择	10—11月
OMB开通MAX（MAX A-11 DATA ENTRY）应用系统，让所有预算部门提交预算数据	11月
OMB向总统和其他关于报告预算草案的主要内容，在OMB审查了所有部门需求和考虑了整体预算政策后，OMB负责人向总统提出一整套完整的预算草案	11月末
反馈阶段，OMB同时通知预算部门关于他们提出的预算需求的决定	11月末
所有行政部门，包括立法和司法部门都要在MAX系统中录入他们的预算案，直到OMB通知他们必须要关闭MAX系统，因为需要打印预算	11月末到1月初
部门可能向OMB提出再次协商他们的预算诉求，通常在这个阶段二者能够达成协议，如果不能需要提交给总统来进行决定	12月
部门准备相关的材料以备向国会解释他们的预算诉求	1月
总统将预算提交给国会	2月的第一个周一

每年春天，也就是在将预算案提交给国会前九个月、在财政年度开始前十八个月，总统要完成总预算和财政政策纲要（general budget and fiscal policy guidelines）。基于这些纲要，OMB与联邦部门相协调确定具体的政策指南和计划水平。对于预算年度以及至少以后四年，或者之后的九年，这些可以作为部门提出预算需求的指导。在预算编制过程中，总统、OMB的负责人和其他总统行政办公室的官员经常持续地就信息、草案和政策评价等问题与部门和单位的负责人联络沟通。在以前年度预算中的决定，对上一年预算草案的反应以及对预算绩效的评估等都会影响计划年度的预算，也会影响由经济咨询委员会、OMB和财政部联合做出的经济预测。

秋季部门将其预算需求提交给OMB，经过OMB分析后，需要双方进行讨论，可能很多问题通过讨论沟通就能够解决。如果解决不了则要由白宫的政策官员（policy officials）和总统介入。这个政策决定（policy decision）的过程通常在12月底结束。这个时候，确定详细的预算数据和准备预算文件的阶段开始。决策制定者必须考虑经济和技术假设对于预算的影响，利率、经济增长率、通胀率、失业率、各种各样受益项目的合格受益人数以及其他很多因素等对于预算收入和支出的影响。即便是微小的假设条件的变化都可能引起数以十亿美元的预算估计的变化。

（四）预测方法

预算立法和政府政策直接影响政府预算，而且间接地通过影响宏观经济而对政府预算发挥作用。因此，需要将现行和建议的预算立法和政府政策转换成模型的输入参数（如税率），应用模型预测立法和政府政策单项或综合的预算效应。美国近年来在政府预算过程中比较强调应用微观分析（microanalytic）技术，根据微观截面（panel）数据而非仅仅总量数据，进行预算立法和政府政策的预算效应的模拟。关于2014年开始实行的主要立法变化对收入的影响，该预算年度影响预算收入的主要立法变化有：2014年高速公路和交通资金法案（公法113-159）（Highway and Transportation Funding Act of 2014）、2015年进一步巩固和持续拨款法案（公法113-235）（Consolidated and Further Continuing Appropriations Act, 2015）、修改1986年的国内税收法规以延长某些到期条款并做技术修正、追求更好生活（Achieving a Better Life Experience, ABLE）账户等。总体来讲联邦政府预测中期预算主要有以下两个特点：

1. 综合使用多种预测方法

通常要对项目进行预测尤其是中长期预测的话，首先要假定持续经营，也就是说，假定未来三到五年没有新政策执行，税率没有变化，公共服务水平不变，工资不变等。只有超过（地方）政府控制能力之外的因素变化，比如通胀、联邦资助等。常用的预测模型包括判断法、趋势预测法、因素决定法和计量法。在进行中期预测时，往往会综合使用这些方法。前两种方法比较直接和简单易行，但要依赖于以往项目的绩效。在判断法中，一个或几个人，通常是预算官员，要对预算项目进行估计，首要考虑的就是可能获得的收入以及支出。这个估计其实就是预测。比如决定政府间补助时，就经常使用该法。专家预测可能是最好的方法,但也仅限于在理论方面。趋势预测法则系统得多,因为它能对历史性的收入和支出数据进行分析,这种方法有时候简单而准确,尤其在未来若干年中经济环境没有剧烈变化的情况下。因素决定法则包含了新政策变动对收支的影响。比如对车辆登记收入的预测,它等于车辆登记费乘以车辆数量。计量方法则要分析影响对收支变化的一些自变量,当然这需要大量的数据支撑,而且在很多时候,它在预测收入时更为有效。对预算编制者来讲,计量法是很好的收入预测方法。比如经济减退会对销售税(sales tax)有影响,那么按照计量法就可以量化出经济消退对销售税的具体影响是多少,而不是简单地描述销售税会减少,虽然计量模型中的有些因子可能会有变化。达拉斯采取的就是这种方法。

2. 重点预测物价驱动和稳定服务水平下的支出

从美国经验来看,中期预算预测的重点在支出,因此支出预算的预测就显得尤为重要,其中物价驱动的支出预测和稳定服务水平下的支出是最常用的支出预测方法。

(1)物价驱动的支出预测。

在进行中长期支出预测时,人们往往想预测出未来一段时间稳定的或者常态的支出水平。实践中,要根据物价上涨、人口变化和规划内的项目变化等进行测算。最简单的就是仅考虑物价上涨这一个因素,当然这也是最重要的因素,也可以将其他因素考虑在内,如果想更加准确而复杂的话。这种只考虑物价驱动因素的支出预测模型在年度预算中很有用,在上述三个地方,物价变动已经进行计算机处理,只要物价变动,相应的,人力以及非人力的各种支出都能相应计算出来,正是得益于这种计算机化的年度预算,未来几年的支出预测也变得容易多了。另外,政府官员也能据此判断新政策会给支出带来怎样的影响。

(2)稳定服务水平下的预测。

如上所述,支出预测时人们往往想维持稳定的服务水平。在很多城市,如果想实现这个目标,就要不断地增加投入。比如,稳定的警察服务意味着每1000个人就要有一定数量的警察,那么随着人口的增长,警察服务的投入就要增加。在这种情况下,部门在预测时就要考虑以下因素:未来会有哪些新增加的项目影响部门的日常和维护开支;未来几年上级政府会有哪些强制性开支;影响部门开支的地理性或者经济性变化;预测年度内会有哪些新政策实施。

美国的达拉斯和圣安东尼奥已经研发了系统的方法来收集以上这些信息。这两个城市之所以成功是因为这些信息收集和预测是由部门来完成的。比如新建一个资本项目，显然只有支出部门最清楚项目何时完工、该项目所需的人力和非人力成本、运营该项目所需的开支、新增的人口和服务需求以及相应成本等。那么如何确保部门认真预测这些中长期预算而不是简单地列一个愿望单或者是罗列年度预算呢？这就需要在年度预算和中期预测之间进行关联。比如说部门在编制2015—2020年预测时，认识到其对2020年的预测会真实地影响到2020年的年度预算时，那么部门自然就不会怠慢了。这种方法在达拉斯和圣安东尼奥已经开始实施，如果审批预算时发现其年度预算没有包含在中期预测中，那么该项目就要被更加严格的进行审查。在德克萨斯、纽约和哥伦比亚地区，它们的做法是，对中长期项目进行审查的专家是同一个人，这样保证其往年审过的年度预算与当年的年度预算相一致。

（五）编制依据

建立中期预测需要相应地编制多年期的国家战略规划作为指导。联邦的国家战略规划主要体现在《政府绩效与结果法案》中。1993年，美国国会通过了《政府绩效与结果法案》（The Government Performance and Results Act，GPRA）。该法案要求各部门机构都必须制定战略规划（Strategic Plans）、绩效计划（Annual Performance Plans）、绩效报告（Annual Performance Reports），并且将战略规划的时间跨度设定为不少于5年，同时每3年修订一次（见表6-7）。

表6-7　　战略规划、绩效计划与绩效报告的主要规定

名称	主要要素	其他
战略规划	对机构主要职能和运行的全面陈述	战略规划的时间跨度从提交的财政年度算起应不少于5年，至少3年修订或更新一次
	确定总的目标和方针	
	描述如何达成这些目标和方针，包括运行程序、技术能力、人力、资金、信息和其他要求的资源	
	描述绩效目标怎样包括在年度绩效计划中	
	确认对目标的实现可能产生重要影响的关键外部因素和不可控因素	
	描述项目评估	

续表

名称	主要要素	其他
年度绩效计划	建立绩效目标以界定项目活动达到的绩效水平	年度绩效计划需在年初制定，主要由管理与预算局（OMB）局长负责监督实施
	用客观的、量化的、可衡量的形式表述目标	
	简要描述实现计划目标所要求的运作过程、技能和技术、人力、信息和其他要求的资源	
	建立绩效指标，以衡量或评估每一项计划活动的相关产出、服务水平和结果	
	为比较计划的实际结果与已确立的绩效目标提供基础	
	描述用以证明和确认可衡量价值的手段	
年度绩效报告	陈述绩效计划中确立的绩效指标，同时将实际达成的绩效目标与计划的绩效目标相比较；如果绩效目标是用替代的形式加以说明，这一计划的结果应依据这种特殊要求加以描述	年度绩效报告是每个机构在一个财政年度结束时向总统和国会提交的上一个财政年度的绩效报告
	评估财政年度绩效目标的实现程度，根据达标的绩效来评估本财政年度的绩效计划，解释和描述绩效目标未能实现的原因	

此外，由总统根据当前和未来的政治经济形势制定的施政方针以及相关法律也是编制中期预算的重要依据。

为编制出更加科学的预算，CBO采取比较科学的工作方法，主要是：第一，详细了解联邦项目和税收法律；第二，研究相关的研究文献；第三，了解政府统计部门和私人组织提供的分析数据，比如国民收入和国民生产总值数据、劳动力市场和物价调查、人口调查，各种健康支出调查数据等；第四，大量咨询专家，包括教授、智库的成员、行业团体的代表、其他私人部门专家，联邦州和地方的工作人员等。

三、联邦中期预测编制的参与机构

从新中国成立以来，美国即实行联邦制的政治制度，由各独立的州组成。相应的，州政府拥有相当大的自主权力，州下设郡（县）、市、镇等政府，统一称为地方政府。联邦、州和地方政府都拥有相应的立法权，分治特征突出。因此，美国预算级次与政府设置相对应，分为联邦、州、地方三级，各级预算编制的中期预测均在本级预算实施，不进行汇总，不形成全口径的国家预算。

(一) 宏观经济预测主体

美国长期预算预测基于一定的宏观经济假设，包括国内生产总值（GDP）、消费品价格指数（CPI）、利率、民间失业率、个人和公司收入以及投资。这些宏观经济假设（assumptions）是由美国联邦政府中所谓的"三驾马车（troika）"联合进行预测的，即美国总统经济顾问委员会（Council of Economic Advisers，CEA）、总统管理和预算办公室（OMB）和财政部。

总统经济顾问委员会（CEA）负责提供5年经济预测，每年发起两次预测过程。第一次预测在当年夏季，根据截止到6月底的信息进行预测并作为政府新财政年度预算中期调整的经济假设予以发表。第二次预测在当年年底，根据截止到11月底的信息进行预测并作为政府新财年后移财年预算的经济假设予以发表。CBO也进行经济预测，主要是对影响预算的经济指标进行预测，包括GDP，失业率，通胀率，利率等。它主要根据实时的经济数据和事件，由联邦政府内部或者外部的大型商业预测机构进行预测，同时也会听取经济咨询库（Panel of Economic Advisers）专家的意见。

总统管理与预算办公室和财政部参与经济预测，总统经济顾问委员会负责最终预测结果，由总统管理与预算办公室予以公布。该预测以总统在预算报告中的政策建议被采纳为前提假设。

2016财年的经济运行分析与预测主要包括以下几个方面的内容：回顾经济发展状况；进行经济预测；将委员会作出的经济预测与其他预测相比较及与上一财年的预算相比较；描述经济假设的关键变量的变化对收入、产出和赤字的影响；呈现上一财年经济预测对经济增长、通货膨胀、利率水平的预测误差，将国会预算办公室（CBO）的预测误差与私人部门蓝筹共识（Blue Chip Consensus）的预测误差相比较；展示基于过去误差上在预测赤字过程中预算结果的可能区间；讨论结构性赤字和周期性赤字的关系，展示有多少实际赤字是与经济周期相关的，有多少赤字是在即使经济处于完全就业状态下仍然会存在的。政府2016财年预算所依据的经济假设是根据2014年年底的宏观经济预测而在总统于2015年年初提交给国会的政府预算中予以发表的。在每次预测前，一般要邀请各界（包括私营预测部门，如Aspen Publishers Inc.）就经济现状和前景发表意见。

(二) 主要编制主体——OMB

参与编制中期预测的相关机构包括行政和立法系统的若干部门（见表6-8）。其中，OMB发挥着重要的作用。按照《1921年预算会计法案》，总统负责向国会提交预算案，在实际运作过程中，OMB发挥着主要的作用。在相关机构提供的经济预测以及CBO提供的十年期和长期预算预测的基础上，OMB与政府预算部门以及国会议员进行沟通，就预算案举行听证等程序，将各方利益诉求反映在预算草案中。

表6-8 联邦编制中期预测的相关机构和职责

机构	职责	备注
总统经济顾问委员会（CEA）、总统预算办公室（OMB）和财政部	分析和预测国内经济总体情况	CEA提供5年经济预测，每年发起两次预测过程、OMB协助CEA预测，财政部负责收入预测
国会预算办公室（CBO）	提供《十年预算预测》、《长期预算预测》、《长期经济预测》等文件	提供基线预测、一年发布两到三次预测结果
总统预算办公室（OMB）	编制总统预算文件	协调各政府部门以及国会议员
政府部门和单位	提交预算诉求	

OMB主要职责就是协助总统编制预算案并监督其执行。它评估部门项目的效果、政策、流程，评估部门之间的预算需求、确定资金分配的优先序。它确保部门报告、规则、听证和立法与总统的预算案和行政政策相一致。此外，它还监督和协调行政部门的政府采购、金融管理和信息管理政策。它的主要职责就是提出更好的绩效政策和合作机制，减少对公众不必要的负担。

(三) CBO发挥着重要作用

美国总统和国会在中期预算的编制程序中，乃至整个预算的编制程序中，都发挥着重要作用，两者之间既相互关联，又相互独立。后者的作用主要体现在通过永久性法律和年度预算法案对预算进行控制，而前者的作用则突出体现在总统预算是国会编制预算的重要参考依据，且总统预算政策对国会是否批准预算有很大影响。对美国联邦政府预算来说，中期预算是年度预算方案的一部分，编制联邦政府预算的过程就等同于编制中期预算。所以，总统有权否决国会通过的年度预算法案，包括其中的中期预算部分。一般的，隶属于总统行政办公室的总统管理和预算办公室（Office of Management and Budget，OMB）负责为总统准备美国联邦政府预算，总统管理与预算办公室即由资源管理司（Resource Management Offices）、法规司（Statutory Offices）和综合司（Wide Support Offices）组成。其中，综合司的经济政策处参加制定联邦政府预算所依赖的经济假设，预算评审处（Budget Review）则在预算编制过程中起主要领导作用，在规划、预算的决策和谈判方面，为政府预算机构提供战略和技术支持。经济政策处和预算评审处还联合利用其共同研制的预算模型，就预算中的备选假设进行评估，包括评估政策在若干年内的影响。为保障权力制衡原则，国会在参众两院的基础上增设了预算委员会（Budget Committee），建立国会预算办公室（Congressional Budget Office，CBO）。其中，预算委员会负责发布预算决算报告、研究现有和建议的立法对预算的影响、并监督国会预算办公室的运行；国会预算办公室的职责则显得更加丰富，主要如表6-9所示。

表6-9　　　　　　　　　美国国会预算办公室的相关职责

预算估计	记录	记录国会在个别法案上的行为，并将其与一致性方案中的目标或上限进行比较；发布阶段性报告说明国会的工作进展
	成本估计	对在实际当中为实施国会委员会报告的任何公共法案或方案在五年内的成本情况（除两个拨款委员会以外）进行估计
财政和项目分析	财政分析	通过对经济趋势进行阶段性的分析和估计为国会考虑联邦预算提供一个框架，分析各种选择性的财政政策
	通货膨胀分析	对主要立法议案对通货膨胀的影响进行估计，为国会提供指导，使其认识到在实施新项目时可能的通货膨胀成本
	项目和政策分析	就项目或政策对联邦预算造成的影响进行分析，包括对实施当前政策的不同方法进行测算
	预算选择的年度报告	每年3月1日，就预算向参众两院委员会提供一份报告，讨论可选择的收支水平、在现存法律税收支出水平及主要的项目和功能种类之间的可选择配置

以2016财年的预算形成过程为例进行具体说明。早在2014年春季，总统就确定了预算和财政政策的总体原则。根据这些原则，总统管理与预算办公室与联邦机构协调，确定出这些机构在至少5个财年内的政策方向和规划水平。

2014年秋季,这些联邦机构向总统管理与预算办公室提交其预算要求,由总统管理与预算办公室进行评审和协调(必要时,需总统和白宫政策官员参与),并在12月底完成这些预算决策,最后进入准备详细预算数据和预算文件的阶段。

2015年,总统应在法定日前向国会提交2016财年的预算方案。同时,国会应在法定日前进行评审。2015年7月15日,总统需提交2016财年预算中期调整(Mid-session Review)方案,8月20日,总统管理与预算办公室则调整预算资源扣押(Sequestration)预审报告,到2015年10月1日预算方案开始实施,即开始2016财年。

(四)财政部负责提供收入预测

财政部除了参与宏观经济预测外,还负责预测收入预算。财政部税收分析办公室在进行预算收入估计时,要利用其研制和维护的几个主要的模拟模型(由经济模型和计算机应用处负责),进行企业所得税和折旧补贴、个人所得税、工薪税、特许权税、不动产和赠予税以及国际税收的经济、分配和收入的影响估计和预测,由收入估计处综合估计总统和国会税收建议相对于基线的预算收入影响,预测美国联邦政府年度预算和中期调整中的所有收入。经济模型和计算机应用处重点在于开发新的数据源、改善模拟方法,从而满足办公室的所有需要。财政收入预测(revenue forecasts)的对象是财政收入的基数,即根据当前法律对在预算期间可以筹集到的财政收入的一种预测。

联邦收入分析主要包括四个方面的内容:联邦政府收入预测、当年主要立法变化对收入的影响、平衡预算和紧急赤字控制法案(The Balanced Budget and Emergency Deficit Control Act,BBEDCA)的基线调整、收入中性的营业税制改革、其他预算提案对收入的影响。美国政府的预算以不考虑政策建议的基准为基础,并综合考虑宏观经济假设变化、技术因素变化、立法变化和预算政策变化对预算的综合影响。由于这些变化相互作用,因此很难精确估计对预算收入的单个影响,这些变化的预算收入的综合影响也不是这些影响的简单加总。

四、联邦中期预测的法律约束力

(一)联邦中期预测并不具有法律效力

OMB和CBO都编制并公布了中长期的预算文件,但这些文件的首要目标是弥补年度预算中可能存在的短视问题，从而可以在一个更长的期限内考虑当前预算支出的重点。做到大处着眼，小处着手，将当前的支出和整个社会的未来联系在一起，合理解决钱该怎么花的问题。因此目前这些预算文件中的中长期展望和预测虽然随同年度预算一起提交国会审批，但国会仅批准年度预算，中长期数据仅作为参考，并不具有法律效力。

（二）联邦中期预测有助于实现政治目的

虽然中期预算文件并不具有法律效力，但在某种程度上讲，中期预测能实现一定的政治目的。比如在2000年美国联邦财政预算盈余达到GDP2.5%的背景下，2001年美国国会预算办公室甚至预测，到2009年财政年度以净值计算的美国公共债务将消失。今天来看，这个预测结果令人啼笑皆非，因为实际上2012年美国的债务比重已经超过100%。

之所以如此，是因为中期预测需要以一系列假设条件为前提，而通常这些假设条件可以进行人为控制，从短期来讲，假设和预测还是比较可靠的。随着预测的期限越来越长，其所依据的基本假设也就越来越不可靠，讲故事的色彩似乎越来越浓。通常受实际经济增长和通货膨胀的作用，在不同的个人所得和企业所得情况下，预算收入会有相应不同。同时，很多联邦项目的支出直接与经济发展状况相联系。举例说，绝大多数退休金和社保金支付在法律上规定与消费者价格指数相捆绑，医疗保险支出也直接受医疗价格水平的影响。这种影响增加了预算编制的复杂性，错误的经济假设会导致预算预测的错误，所以有必要对不同经济假设的影响加以检验，进行经济假设的敏感性分析。许多经济假设对预算造成的影响是完全可预测的，根据一些经验判断可以推测经济假设的变化对支出、收入以及盈余产生的影响。

首先，生产力缓慢增长会影响预算。当每年GDP实际增长率有一年暂时比预计低1个百分点，在接下来的两年恢复到原来假设的基本水平。在这种情况下，失业率假设在第一年年末相对于原来假设水平上升0.5个百分点，然后在接下来的两年恢复到原来的假设水平。在实际GDP和失业率恢复到原来假设水平时，除了更大的短期赤字，对预算的大部分效应都会逐渐消失。当实际GDP增长率在第一年下降1个百分点后，在接下来并没有恢复，而失业率在上升0.5个百分点后也没有恢复的情况下，会造成更大的赤字，且这种预算效应在接下来的年份中会不断累积增大。

其次，利率和通货膨胀也会影响预算。利率和通货膨胀的共同变化比实际 GDP 增长同样的变化率对盈余的影响要小。如果每年的通货膨胀和利率水平都比基线高 1 个百分点，那么价格水平和名义增长率将会逐渐累积，高于基线水平。在这种情况下，在以后几年，对收入和支出的影响将不断加大。上述依靠经验的预测以 GDP 中收益部分保持不变为前提，因为不同的收益会面临不同的税种和税率，收益份额的变动也会造成总收入的变化。需要指出的是，收益份额变化与通货膨胀率、增长率和利率变化之间的关系非常复杂，不能再依靠简单规则进行预计。

如果能够了解并掌握这些假设条件，那么通过控制这些假设条件来实现理想的中长期预算数据并非不可能。因此相较于中期预算的科学性，似乎在实践中还需要考虑到中期预算的政治性。

（三）提高中期预测的科学性

如果要实现中期预测的跨期平衡、中长期财政规划的目的，就需要尽量减少中期预算的政治性，提高其科学性。从美国的做法看可从以下方面来提高预见的准确性。第一，中长期预算报告的编制只能依据现有政策和宏观经济基本面来进行假设。在大规模的经济系统预测中，我们往往只能够选择少数不随经济周期变化的稳定的"深层参数"，而不可能通盘考虑所有影响未来预算收支的因素。一方面是精力和数据不允许，另一方面这些较小的因素随机性过强，难以作出精确预测。所以经济预测只能依据稳定的关键变量来进行，这就是预算编制的科学性基础。第二，每当政策或者基本面出现大的变化，中长期预算报告的内容就会以此更新。通过连续不断更新，保持了报告的科学性。或许这些报告的内容和现实之间的差别永远都存在，但是依据最新政策变化所进行的更新，保证了预测结果与现实之间的不断接近。用典型的经济学术语来说，更新保证了预算报告预测与现实之间的长期收敛。第三，虽然中长期报告编制的基础是现有政策不变，但是其展现的现有政策的长期远景可能是政策方向作出改变的依据。而且，越是长期的预测，越能够说明微小的政策改变，也会导致未来情景发生巨大的变化。对于宏观政策制定来说，虽然当前的支出主体是基本确定的，但是总归有些部分可以微调，而这些政策的微调可能对于未来具有关键性的影响。第四，中长期预算编制理念是政府预算最终要实现平衡。政府规模是有限的，不会无限扩张下去。不同预算报告的区别在于赤字在多大周期内,以什么样的方式实现平衡。

五、地方中期预算改革的实施情况

如上所述,严格地讲,联邦预算只是中期预算展望和预测,其中期预算仅是对年度预算的参考。而州和地方则可称为真正意义上的中期预算,普遍实行两年期预算。2013年春季,圣太阳组织(holly sun)携手财政官员联合会(GFOA)对中期预算在地方政府的实施情况进行了调查。调查问卷被发放到约1300个GFOA突出预算奖的获得者,560个地方,即约43%的地方进行了回应。大部分地方回答实行了中期预算,一小部分地方回答仅在内部进行试运行(见表6-10)。被调查的地方中有97.6%认为中期计划有助于提高财经纪律和长期财政稳定性;60%的地方认为中期预算的影响是"重要的",28.6%的地方认为中期预算的影响是"有些影响"。

表6-10　　　　　　　　2013年中期预算实施情况调查结果

中期预算在各项资金中的实施情况	中期预算在各项资金中的公布情况(已经实施的地方)
CIP:89.6%	CIP:92.0%
一般资金(general fund):78.3%	一般资金(general fund):70.3%
其他资金(other fund):68.2%	其他资金(other fund):68.5%
债务分析:54.8%	债务分析:56.1%

(一)州政府的实施情况

州级政府早在18世纪就开始实行过多年期预算。州政府也是最早开始实施中期预算的一级政府。根据州全国会议立法(National Conferenceof State Legislatures(NCSL),目前有21个州实行中期预算,29个州在过去的50年里转向了年度预算。政府财政办公联合会(Government Finance Officers Association(GFOA))设立了杰出预算编制奖(DistinguishedBudget Presentation Award)用以奖励编制良好的中期预算的州、县和市政府。从州级政府来看,尽管年度预算更为普遍,但有些政府在逐步转向中期预算。在20世纪80年代末期,内布拉斯加州(Nebraska)转向了中期预算,因为它认为这样可以少花些时间来争论年度预算。康涅狄格州(Connecticut)在1991年逐步转向了中期预算。亚利桑那州(Arizona)从1993年到1999年完成了从年度预算到两年期预算的转变。其他州如密歇根（Michigan）和爱荷华州（Iowa）也在考虑重新推行中期预算的可行性（见表6-11）。

表6-11　　　　　　　　2000年中期预算在各州执行情况

年度会期 年度预算	年度会期 两年预算	两年会期 两年预算
31个	15个	4个
亚利桑那	康乃狄克	蒙大拿
阿拉巴马	夏威夷	内华达
阿拉斯加	印第安纳	北达科他
阿肯色斯	肯塔基	得克萨斯
加利福尼亚	缅因	
科罗拉多	明尼苏达	
特拉华	内布拉斯加	
弗洛里达	新汉普	
佐治亚	北卡莱罗纳	
爱达荷	俄亥俄	
伊利诺伊	俄勒冈	
爱荷华	弗吉尼亚	
堪萨斯	华盛顿	
路易斯安那	威斯康星	
马里兰	怀俄明	
马赛诸塞		
密歇根		
密西西比		
密苏里		
新泽西		
新墨西哥		
纽约		
俄克拉荷马		
宾夕法尼亚		
罗德岛		
南卡莱罗纳		
南达科塔		
田纳西		
犹他		
佛蒙德		
西弗吉尼亚		

注：北达科他和怀俄明立法审批的是两年预算，其他州则一次审批两个年度预算。

资料来源：Ron Snell：《STATE EXPERIENCES WITH ANNUAL AND BIENNIAL BUDGETING》，http：//www.ncsl.org/research/fiscal-policy/state-experiences-with-annual-and-biennial-budgeti.aspx.

中期预算更容易在人口较少的州实行，而通常是两年期预算、两年会期（biennial legislatures，州立法机关在两年里是一届）；年度预算更容易出现在一年立法机关中，即立法任期是一年。

（二）县政府的实施情况

目前地方政府实施中期预算的程度如何还并没有明确的资料和结论。有些州政府禁止其县政府或市政府采用中期预算，比如华盛顿州禁止县政府采用中期预算直到1997年才解禁，但是华盛顿城市和镇则早就采用了中期预算。然而，自20世纪70年代以来实行中期预算的地方政府数量在不断增加。在县政府层级，直到最近几年才开始实行中期预算。根据一项1996年对两年期预算的调查，35个最大的美国县政府中，只有两个县采用了两年期预算。然而，政府财政办公联合会（Government Finance Officers Association's (GFOA)）的文件记载已经有大量的县从年度预算转向中期预算。实际上，有几个县已经得到了该组织的杰出预算编制奖，包括密歇根州的奥克兰县等。

（三）市级政府的实施情况

市政府自20世纪70年代开始推行中期预算。在1973年，北卡罗来纳州罗列市（Raleigh，North Carolina）实行了五年期预算以完成其五年的州府计划。其五年预算解决了以下问题：现有项目五年内总计成本多少；现有收入能否满足未来几年支出；下一个五年还会需要哪些新项目；为保持财政平衡还有哪些更有效率的项目[①]。而目前Raleigh实行两年期预算。在加利福尼亚州，1978年一项法律将很多城市推向了中期预算，该法律禁止提高年度财产税税率，这使得加州的很多城市丧失了上百万美元的财产税收入，为应对这种情况，市政府采用了中期预算以缓和该项法律的影响。1996年加州的35个城市已经采用了中期预算。

莫雷诺谷市（The City of Moreno Valley）也开始于1998年采用两年期预算。在华盛顿州，当1985年州政府对地方政府实行中期预算解禁后，实行中期预算的城市数量大增，很多都实行两年期预算。从这一趋势来看，未来会有更多的城市和县从年度预算转向中期预算，而且州立法也将会授权允许其

---

① 按照美国法律规定，州预算必须保持平衡。

地方政府通过中期预算的方式解决长期规划问题。

（四）资本改进计划（CIP）是地方推行中期预算的重要基础

1. 什么是 CIP

资本改进计划（简称 CIP）是对资本项目的长期财务计划，通常是五年计划，但也各不相同，比如 omaha 市为六年计划，最长的有十年或十一年的计划。通常，CIP 中的资本项目可分为两类，一类是道路；另一类是其他，包括建筑、公共安全、排水、公园等。其中第一类，道路类资本项目的资金部分来自于联邦。这是因为在 20 世纪 50 年代，当时的总统决定修建州际之间的高速路，资金来源就是联邦燃油税（gas tax），收税之后联邦政府再决定将资本分配各州。如果哪个州想用该笔资金进行道路修建，那么按照联邦的要求就要提供长期的资本计划（通常较长，比如十年），以说明长期的资金来源（除联邦支持外，通常还有地方债券），支出安排等。因此，各州最初的 CIP 计划的编制来自于联邦政府的推动，而各州又要求各地方提供 CIP 才能拨付联邦的资金。久而久之，越来越多的州和地方开始习惯于编制 CIP 计划，并且将非道路类的资本项目编入该计划。附件 2 简要说明了奥马哈市资本改进计划。

当然，在地方层级，并非所有的地方都在编制 CIP，通常是较大规模的、人口较多的地方才编制该计划，而在美国很多人口稀少，比如一万人口的城市，则没有编制该计划。2000 年对各州 CIP 执行情况的统计如表 6-12 所示。

表 6-12　　　　　　　　2000 年 CIP 执行情况统计

	一般资产		交通		县		市	
	数量	百分比	数量	百分比	数量	百分比	数量	百分比
没有 CIP	5	10.4	1	2.2	4	10.8	0	0
CIP 1 年	3	6.2	2	4.4	1	2.7	0	0
CIP 2—4 年	9	16.6	15	33.3	3	8.1	4	11.4
CIP 5 年及以上	32	66.8	27	50.1	29	78.4	31	88.6

还需要说明的是，联邦没有该计划，这可能与 CIP 的历史由来有关，它不需要像地方和州一样为了争取联邦资金而编制该计划，因此，发展至今，它也有没有 CIP。

2. CIP 是计划而非预算

那么，CIP 算不算是预算呢？严格地讲，它只是计划而非预算。在一些地方，CIP 是一本单独的文本，与该地方的预算文本不同。但是地方提交给立法机关的预算文本中包括 CIP 中第一年的资本项目。比如，OMAHA 市长提交给市议会的 2010 年预算文本中，包括 2010—2011 年的资本预算，这和他提交给议会的 2010—2016 年资本改进计划文本中的 2010—2011 年内容相同。然而 CIP 中后五年的资本计划没有被包含在 2010 年的预算文本中。以此类推，在市长的 2011 年预算文本中，会包含 2011—2012 年的资本计划。也就是说，年度的资本预算会随着日常预算（operating budget）一同被批准，而后几年的资本预算则只是一种计划，没有法定效力。虽然如此，中期甚至是长期的 CIP 仍旧很重要，因为它可以测算出长期的支出、资金来源以及确保与主体的预算计划相一致。

后几年的 CIP 调整情况如何？如果说，CIP 后几年的资金调整幅度不大，那说明该计划具有很大的参考性；相反，则说明该计划则没能起到预期的作用。实际上，CIP 后几年调整的幅度相当大甚至是剧烈的（dramatic）调整，这主要是因为入不敷出，即收入难以满足支出需要，因此，本来列在上年计划中的资本项目到本年只能减少资金或者延期，但基本上项目还会列在计划中，而不会删掉该项目。

六、地方中期预算改革的评价

虽然中期预算在地方已经比较成熟，但对于其实际作用，却并没有一致的说法，主要有两种看法。一是认为中期预算确实优于年度预算。有些实务工作者，或者是力图推动本地中期预算改革的工作者持这种观点。二是认为中期预算与年度预算并无区别。据内布拉斯加大学奥马哈分校的艾伯登教授称，她很质疑中期预算的作用，认为这和年度预算没有区别，尤其从长远来看。她认为中期预算中的第二年预算能否在第二年得到批准在很大程度上是政治问题。还有些研究支持了第二种论点。1972 年州政府理事会调查了一些首次采用年度预算的州，并没有什么特别的结论，事实上它认为一个州只要职员们认真执行政策，可以建立起良好的行政和立法体制以及良好的财政和项目规划，无论是在年度预算制度下还是中期预算制度下。1984 年德克萨斯州大学（Texas A&M University）的分析家们又进行了调查，结论还是一样。2000年在十六个实行两年预算（年度会期）的州进行了调查，"议员们在非预算会期里是否会花费更少的时间在预算事务上？"，十一个州回答他们确实花费了更少的时间，五个州回答花费时间一样。北卡拉罗纳州官员们汇报说他们的议员们反而花费了更长的时间审议预算。当问到"在非预算年度是否议员们会加强对部门的监督？"时两个州回答确实议员们加强了监督，九个州则回答没有影响①。也就是说，虽然理论上中期预算有助于加强立法机关对政府预算的监督，但事实上并没有得到有力的证据。

七、地方中期预算改革的难点

经过多年的实践，美国州和地方的中期预算改革遇到了一些难题，主要体现在估计人员、预计收入以及审查部门预算需求等方面。

（一）估计人员

中期预算模式下，政府需要估计出日常预算中的人员数量以及他们的贡献②。在奥本，人力资源部负责编制每个部门的人力预算。在这个预算中详细地说明了每一个岗位、人员姓名、人员工资水平，包括本年度和下个预算周期的。奥本有超过300个常规全职雇员，12个常规兼职雇员，将近150个临时雇员，这些临时雇员的数量呈季节性的增长（比如冬季，清理道路积雪的雇员人数就会明显增加）。要估计出未来两年而不是一年以后所有这些雇员的详细信息，对于人力资源部而言，确实存在一定的困难。困难还不止这些，财政部门向市政官建议对人力资源部提出的人力预算进行改革，也就是说，人力资源部需要计算出体现生活成本的工资（cost of living salary）增长并提供给议会。过去这个内容并不需要编入预算提供给议会，倒是会有一个单独的文本来说明未来工资增长的话需要财政拨付多少钱，这是过去议会进行财政决策的一个关键文本。鉴于工资和福利的预算开支是地方预算的重要组成部

---

① Ron Snell：《STATE EXPERIENCES WITH ANNUAL AND BIENNIAL BUDGETING》，http://www.ncsl.org/research/fiscal-policy/state-experiences-with-annual-and-biennial-budgeti.aspx.

② Andrea Jackson：《Taking the Plunge：The Conversion to Multi-year Budgeting》，AUGUST 2002 GOVERNMENT FINANCE REVIEW（multiyear budgeting article）.

分，甚至是最大的开支部分，因此这项估计的准确性直接影响着整个预算进程。在从年度预算到两年期预算的制度转换年份，财政部门的工作量会剧增，因此，它难以完成人力预算的估计，往往要依靠人力资源部门的支持。

（二）预计收入

中期预算模式下，收入的预估也变得更加复杂，因为要从一年变为两年或更长。理论上讲，中期预算的时间越长，预估的准确性越差。如果在中期预算期间，政府收入结构发生重要变化或者与预计收入数额偏差很大，那么就需要修正收入预计或者是调整预算拨款。在实行中期预算的这些年，地方的财政部门都努力预测财政收入，以为市政官提供接近实际的预算。对一些重要的财政收入以及大部分的小额财政收入，通常财政部门会保持过去15年的月度收入，有时更长，来进行预测。财政官员们还会密切监测整个国家、州和地方的经济情况，并分析其影响的收入、人口增长、建筑的施工情况等。由于地方能够征收自己的销售税，因此，他们就能测算出地方经济的波动情况。然而，很多城市的收入预测并不是如此简单。因为一些城市的主要收入来自于几种与州共享的收入。其实，进行第一次的两年期预测是最难的。尽管地方可以使用年度预算预测时使用的方法，但通常预测第二年时人们都有些保守，主要还是因为未来的不确定。对奥本来讲，其四种主要收入的60%是在年中收取的，这在一定程度上减少了不确定性。而且，这还有助于辨别在多大程度上实际收入偏离了预测收入，这样市政官就可以及早调整预算。

（三）审查部门预算需求

部门提交预算需求后，市政官和财政官员们面临着平衡预算需求与预计收入的难题。虽然城市采用与年度预算一样的预算程序，但是由于增加了一年或者更多年，该程序变得更加复杂了。市政官要审查所有的资本项目，按照他的优先序进行删除或者推迟。所有的部门都会有一个目标预算，它是部门原来提出的预算需求的一定百分比。部门领导可以改变其一揽子预算的数额只要其预算控制在目标预算之内。美国允许城市借款来支持资本项目，但这些借款并不包含在预计的财政收入中，而一旦借款成功，这些项目也不能删减或者推迟，因为这是议会作出的决定。

附录6-1 《1985年平衡预算和赤字控制法》的背景和主要内容

由于在越南战争中耗费了大量资源，美国联邦政府预算自20世纪70年代开始逐步陷入赤字泥潭，1974年以后情况更加恶化，以当前美元计算，1974年美国联邦财政赤字为61.35亿美元，占当年GDP的0.4%，1984年就达到1853.67亿美元，占当年GDP的4.8%。为了控制巨额财政赤字，美国在1985年制定了平衡预算和赤字控制法（The Balanced Budget and Emergency Deficit Control Act）。1985年平衡预算和赤字控制法设定了最高赤字额。一旦赤字突破了这一法定限额，总统就会被国会要求签发扣减令（sequester order），对所有不能豁免的联邦支出按统一的比例进行扣减，具体扣减工作由审计署执行。但在1986年7月的审判案（Bowsher v. Synar）中，联邦最高法院判决1985年平衡预算和赤字控制法的部分条款违宪，理由是该法将扣减执行权力授予审计署，审计署是国会的机构，因此将扣减这种行政执法权授予国会的机构违反了宪法有关分权的原则。根据联邦最高法院的这一判决，1987年国会制定了平衡预算和赤字控制重申法（the Balanced Budget and Emergency Deficit Control Reaffirmation Act），将扣减的执行权力授予属于行政机构的总统管理和预算办公室。1985年平衡预算和赤字控制法还对1974国会预算法规定的预算程序进行了修改，以加强预算执行和最高赤字额的控制，其中最重要的变化是将某些议程限制的豁免投票由简单多数提高至3/5的绝大多数。

附录6-2 奥马哈市资本改进计划

早在1956年《奥马哈城市宪章》（omaha home rule charter1956）就规定，每个部门都要向规划主任（planning director）提交一个未来六年的资本改进计划。规划主任审查该计划是否与主要计划（master plan）一致，然后提交给计划委员会（planning board）。后者负责将各部门的计划进行整合。在审批征税的前90天规划部（the planning department）要将整合的资本改进计划提交给市长、财政长官、规划主任和公共事务主任（the public works director）。资本改进委员会（capital improvement priority commitment）要对未来六年的资本改进计划进行详细说明，包括六年里每一个项目得到的每一笔拨款。市长要将第一年的资本改进计划编入他的年度计划中,一同提交给议会审批。同时,市长还要将六年的资本改进计划提交给议会审批。议会可能会修改该计划。一旦审批通过后,市长要修改第二年的计划或者支出超过2万美元时,或者执行未包含在第一年审批的资本改进计划中,那么都需要议会重新审批。

通常市长提交给议会的资本改进计划有100页A4纸厚。主计划——年度预算——则有400页A4纸厚。其内容包括:交通、环境、公关和娱乐、公共安全、公共设施等几类。

第七章

各国中期预算（规划）的比较与借鉴[①]

本章是在前述几章内容的基础上，对各国中期预算（规划）的总体情况进行了回顾与总结。本章内容在分析各国普遍性做法的基础之上，总结梳理出各国中期预算（规划）的具体特征，主要包括：各国实施中期预算（规划）的法律依据、编制方法、实施与监督以及未来各国中期预算（规划）的发展方向，各国中期预算（规划）改革对我国的启示。

一、各国中期预算（规划）的时代背景、驱动因素和发展历程

（一）时代背景

20 世纪 70 年代开始，随着第二次世界大战后经济繁荣的消退，加之两次石油危机的冲击，经济低增长成为大多数国家的常态现象。与此同时，由于长期奉行凯恩斯主义，这些国家的公共部门却在逐步膨胀，其直接的后果就是政府支出占 GDP 的比例急剧上升，以及财政赤字水平的直线上升。为了应对这种持续恶化的经济和财政绩效，各国纷纷进行了以预算改革为核心的财政改革。其中非常引人注目的一项是引入中期预算（规划），以弥补年度预算在反映收支变动、控制支出增长、调整支出结构、协调收支关系以及贯彻财政经济政策等方面的功能缺陷。早期的中期预算（规划）是在 20 世纪 60 年

[①] 由于各国实施的中期预算具体称呼不同，因此在本章比较时除有明确称谓，一般就统一称为中期预算（规划）。

代及 70 年代期间引进的。这个时期，公共部门迅速膨胀，政府自信有能力驾驭经济、引导经济稳定增长。在此期间，中期预算（规划）仅仅是一种计划机制，用以鉴别项目优先权并预留资金给优先项目。当前规范和全面的中期预算（规划），正是在早期实践的基础上不断修正和完善得以建立起来的①。

中期预算（规划）的兴起，还有一个特定的以公共治理理念为核心的、新公共管理运动这样一个社会环境。20 世纪 80 年代以来，许多国家逐渐形成一种共识：良好的治理会对国家经济和社会发展产生显著效应；而健全和透明的预算和政府会计制度被认为是建设良好的公共治理的基石。

（二）驱动因素

1. 经济和财政绩效持续恶化

20 世纪 70 年代和 80 年代，那些长期奉行凯恩斯主义财政政策的国家普遍出现低增长、高失业和高通胀的"滞胀"局面，20 世纪 80 年代初美国的经济增长率为 2.05%，法国为 2.3%，英国为 1.15%，日本为 3.7%，这比 20 世纪 50—60 年代的水平低得多。伴随着经济绩效恶化而来的是恶化的财政绩效：公共财政膨胀、赤字居高不下，到 1983 年赤字占 GDP 的比重创出新高，美国为 4.1%，法国 3.2%，英国为 3.9%。

在如此严峻的财政压力之下，保持财政可持续性成为摆在各国政府面前的突出问题，控制财政赤字和削减政府债务成为各政府财政战略目标的重要内容。以澳大利亚和英国为代表的国家发起了新一轮的政府预算改革，并逐渐形成一种共识：预算程序和预算制度的结构影响预算结果。在一系列改变"游戏规则"的举措中，转向中期预算（规划）是非常重要的一个方面。

2. 中期财政战略和预算目标开始兴起

传统的预算理念是强调预算的"年度性"，这适应了立法机关对预算进行控制的要求。但是，年度预算将关注的问题放在过短的时间内，限制政府对未来更为长远的考虑，容易导致政府忽略潜在的财政风险。此外，从财政意义上来讲政府承诺的可信度与财政政策的可持续性密切相关。因此，为了增加政府承诺的可信度，就要求政府在制定财政政策时，必须关注可持续性问

---

① 白彦锋："中期预算改革与我国现代财政制度构建"，载于《中国特色公共支出理论与政策创新研究》，2014 年。

题，并对财政政策做出清楚的阐述。而制定中期财政战略和预算目标的一个突出优点，就在于将政府决策的注意力转向当前政策的长期可持续性，以减小长期的财政风险和增强政府财政承诺的可信度。

鉴于此20世纪80年代，各国都逐渐开始采用3—5年甚至更长时间的中期预算框架，以弥补年度预算的不足。这种框架并不是一个法定的多年期预算资金分配方案，其作用只是为未来若干年提供一个支出导向或目标。

3. "新公共管理"运动下的预算改革

从20世纪80年代开始，伴随着全球化、信息化以及知识经济时代的来临，各国相继掀起了一场与市场化的经济改革相呼应的政府改革运动。尽管各国政府改革的起因、战略，以及改革的范围、规模、力度有所不同，但都具有一个相同或相似的基本取向，这就是以采用商业管理的理论、方法及技术，引入市场竞争机制，提高公共管理水平及公共服务为特征的"新公共管理"运动。

"新公共管理"运动主要目标在于：政府瘦身——减少政府支出的比重与成长速度，一级裁减政府功能；民营化——将政府功能与资产转移或外包予民间企业；重建政府——让政府提供服务具竞争性、负责任、与有效率，以及引进企业精神，着重顾客导向。

基于上述公共管理改革实践和理念，从20世纪80年代开始，以英国和澳大利亚为代表的国家发起了新的政府预算管理改革，希望从根本上变革预算管理的传统"游戏规则"。改革的重点涉及采纳新型的自上而下的预算程序、放松投入控制和采用产出基础的受托责任体制等，但其中非常核心的一项是转向中期预算。其内容包括：财政/经济政策报告书；中期宏观经济和财政预测；支出部门和支出机构在下一预算年度及其后3—5年的支出估计数；对各支出部门和各支出机构的预算拨款限额。

4. 欧盟对其成员国的要求

1997年6月的阿姆斯特丹峰会采纳的《稳定与增长公约》促进了欧盟每一个国家多年财政预算规划的形成。《稳定与增长公约》的"稳定与趋同规划"规定如下。每年四月份，每个成员国被要求起草未来三年本国的财税蓝图。这项工作基于《稳定与增长公约》的"经济治理规则"，目标是防止财税困难的出现和加剧。欧元地区成员国在"稳定规划"中撰写这项任务，非欧元地区成员国在"趋同规划"中撰写并且要添加有关货币政策的信息。这意味着每个成员国每年要在欧盟委员会前明确其公共财政的中期目标。为了满足欧盟的要求，同时促进经济的可持续发展，欧盟成员国纷纷开始编制中期预算（规划）。

（三）各国中期预算（规划）发展历程

从各国引入中期预算（规划）的过程来看，虽然各国引入中期预算（规划）的背景不同、国情不同，各自有相应的特点。但各国都经历了从无到有，从浅入深的发展历程，具体而言：

1. 澳大利亚

20世纪70年代中期以来，澳大利亚财政状况明显恶化，财政赤字增加、债务余额提高，公众和金融市场对政府财政的信任度明显下降。面对这样的财政环境，澳大利亚政府选择了紧缩性的货币政策和扩张性的财政政策。然而实行这一政策使得财政收入迅速减少，财政支出不断攀升。严峻的财政压力之下，如何保持财政可持续性成为摆在政府面前的突出问题，控制财政赤字和削减政府债务成为政府财政战略目标的重要内容。由于年度预算缺少前瞻性，不利于对以后年度的财政收支进行总量约束，因此澳大利亚开始编制中期滚动预算，对以后年度的财政收支状况进行预测和规划。

进入到20世纪80年代，澳大利亚政府出现连年财政赤字，政府运行成本持续上升引起人们对政府角色、政府活动的效率和有效性的关注与争议。鉴于此，一场关于提高财政信息透明度的"新公共管理运动"由此展开。在此背景下，中期滚动预算的编制和公布为社会各界提供了从多年度视角审视财政战略政策和政府财务状况等有关信息的途径。

20世纪90年代后澳大利亚人口日趋老龄化，养老保险的财政负担加重，社会各界对养老保险的可持续性及其对政府财政的影响非常关注，中期滚动预算的编制，能够将政府的收入与支出决策放在一个较为长远的时期来看待。因此，如何应对人口老龄化带来的财政压力，成为实行中期滚动预算的又一动因。在此背景下，1998年澳大利亚政府颁布的《预算诚信章程》，成为中期预算推进的标志，该章程要求政府按照中期财政框架的要求编制年度预算报告，涵盖当年和之后三个财年在内的四个财年预算。至此澳大利亚政府开始进行财政管理改革，将年度预算与三年滚动计划相结合，推行所谓"1+3"的中期支出框架。

第七章 各国中期预算（规划）的比较与借鉴

2. 日本

日本中期财政规划的推进经历了三个阶段：

第一阶段：1976—2001 年，财务省主导编制《财政的中期展望》[1976 年名称为《财政收支估算》，2002 年度更名为《对今后年度财政收支的影响估算》（今后 5 年）]。20 世纪 60 年代，虽然日本经济处于高速增长时期，但也面临着支出规模持续扩大，支出僵直化的问题。同时，受到国际上英、德等国中期预算（规划）改革的影响，日本由"预算会计工作班"就预算过程进行了调查，指出应就政府财源、财政支出做未来预期，基于长期视角出发编制预算。这被视为日本在中期预算改革道路上的初探。进入到 20 世纪 70 年代，日本经济受到沉重打击，日本政府开始意识到财政改革的必要性，于 1976 年由大藏省编制了《财政收支估算》（1976—1980 年度），就今后 5 年的财政收支概况进行了预测，以此作为预算审议的参考资料。该《估算》被认为基于中期视角对财政运营进行的有益探讨。1981 年度起，日本财务省开始编制《财政的中期展望》，就今后 5 年的财政收支进行预估。之后，编制《财政的中期展望》形成制度，规定每年需修订并提交国会作为预算审议的参考。2002 年度《财政的中期展望》更名为《对以后年度财政收支的影响估算》，主要是对预算年度之后 3 年财政收支情况及影响进行预期。

第二阶段：2002—2009 年，内阁府下设机构"经济财政咨询会议"主导编制《改革与展望》（今后 5 年，每年须修订一次并经内阁决议）。20 世纪 90 年代末以来，日本政坛出现削弱官僚体系、强化首相权限的改革趋势。在此背景下，内阁府设置了"经济财政咨询会议"，并通过了过了《关于今后经济财政运营及经济社会结构性改革的基本方针》。根据该《基本方针》的要求，2002 年 1 月，"经济财政咨询会议"通过了《改革与展望》，规定在今后 5 年内不扩大政府现有规模的前提下政府应有的努力方向和改革步骤。《改革与展望》须每年修订一次，修订时须根据当时国家经济状况，重新审视财政健全化的步调。根据经济形势的变化，在接下来的几年中，日本政府就《改革与展望》进行了几次调整。

第三阶段：2010 年至今，内阁府编制《中期财政框架》（今后 3 年，每年滚动修订一次），被认为是日本中期预算制度的正式确立。2010 年 6 月内阁决议通过了《新成长战略——恢复活力的日本》（2010—2020 年度），提出从环境、健康、观光、亚洲 4 个领域挖掘新的需求、强力推进经济复苏，提出在 7

个领域设定 21 项国家战略项目。并将"重建财政"作为优先课题。2010 年 6 月内阁决议通过了《财政运营战略》,提出了财政健全化目标。并决定编制《中期财政框架》,就以后 3 年财政收支做出规定。每年滚动修订。2010 年《中期财政框架》的编制被看作是日本中期预算(规划)的正式确立。

3. 瑞典

瑞典自 1997 年以来,其预算就有一个名义支出上限的规范。这个上限包括了中央政府预算的全部支出(不包括政府债务的利息支出)和预算体系外的养老保险支出。然而,从预算执行的实践来看,瑞典经常出现预测支出超过上限的现象,为此,瑞典政府开始采取减少支出的方式来避免超过支出上限。鉴于这些限额不仅适用于当前的财政年度,还适用于即将到来的下一年度和额外的第二、第三财年,政府被迫考虑支出的中期发展。相反,2006—2008 年期间瑞典宏观经济出现积极的发展,伴随着健康的增长速度、低于预期的通货膨胀率和逐渐衰减的与健康相关的转移支付,这为政府提供了低于支出上限的财政资金空间,在预算支出方面争取新的政策主动权。

4. 英国

自 20 世纪 60 年代早期起,年度公共支出便在英国经济中占据主要地位,这种方式使得以投入要素为基础不如以产出为基础的计划有效率,进一步造成了在公共和私人供给方面的过度偏离以及在当前消费和未来投资之间的偏离。由于这种碎片化的预算方式,财政政策不利于英国的长期发展。在之前的经济周期中,经常性支出超过经常性收入从而造成了严重的代际负担;同时,考虑到一些其他原因的影响(如私有化影响和维持储备金发展等),公共投资降至较低水平。此外,年度预算还有其他的不足,例如,之前的财政结构没有给予经常性支出和资本性支出之间足够的区分,无法说明未来的人需要为今天的公共支出付出多少;同时,也导致了对资本性支出的轻视,使得政府因为短期内的支出压力而减少投资。这一做法更加不利于英国经济的长期发展,在经济衰退和财政赤字的危机背景下,政府开始从整体上考虑预算支出及财政政策的可持续性,中期支出管理框架应运而生。其主要发展历程如表 7-1 所示。

5. 法国

法国是 20 世纪末期到 21 世纪初期这段时间,为数不多的没有中期分析工具的国家,直到 1994 年 1 月 24 日《关于掌控公共财政五年方向的方针法》的颁布,这一问题才得以解决。该方针法被看作是法国中期预算形成的雏形,

表 7-1　　　　　　　　英国中期财政框架发展历程概览

时间段	监管制度			覆盖面		固定性	
	名称	控制单元	预算基准	政府覆盖面（%）	未包含的主要（支出）条目	时间跨度	调整频率
1967—1980 年	总量规划	中央政府总的主要支出	名义现金	87	债务利息	3 年	一年一度
1981—1983 年		中央政府总的主要支出	实际现金	87	债务利息	3 年	一年一度
1984—1993 年		中央政府总的主要支出	名义现金	85	债务利息	3 年	一年一度
1994—1997 年	总量监控	中央政府结构性支出	名义现金	83	债务利息 养老金	3 年	三年一度
1998 年至今	设定部门支出上限	25 个分部委预算	名义权责发生制	60	债务利息 地方政府 自主支出 社保	3 年	两/三年一度

资料来源：财政部网站，http://www.mof.gov.cn/mofhome/guojisi/pindaoliebiao/cjgj/201303/t20130320_783306.html。

规定该方针法的期限是五年，且与公共财政的控制相关。1997 年以欧共体标准达成的《稳定与增长公约》构成了法国发展中期预算决定性因素，《稳定与增长公约》，要求成员国起草未来三年本国的财税蓝图，这为法国中期预算的推进提供了契机。2001 年的颁布了财政法组织法。该法成为法国推行中期预算的关键法律。该法规定政府需提交一个关于国家经济形势和公共财政方向的报告，其中要包括关于国家收入和按各大功能分配支出的中期评价。该报告涉及国家经济、社会、财政形势等内容。2008 年 7 月 23 日由国会通过和采纳的对宪法的复审，标志着法国中期预算正式形成。在宪法复审中，确立了公共财政规划法是确定国家经济与社会目标的依据，规划法描述了未来三年的预算，最详细的是前两年的国家支出。因为三年规划法只对前两年是硬性的，而第三年只是被作为下一个三年规划的基础。

二、各国中期预算（规划）的法律依据

纵观各国中期预算时间，我们可以发现，无论各国采取的是何种预算

（规划）形式，中期预算（规划）的地位一般以法律形式固定下来，并与年度预算的安排相结合。同时，各国关于中期预算（规划）的安排都有详细的法律依据，且至少有一部法律对中期预算（规划）框架的形成提供明确的法律安排。然而各国中期预算（规划）法律制度也有一定的特点（见表7-2），具体如下。

表7-2　　　　　各国主要中期预算（规划）法律法规框架

国家	主要法律依据	主要内容
澳大利亚	《财务管理和受托责任法案》	预算前报告须阐明政府的中期经济与财政政策目标
	《预算诚信章程》	年度预算报告必须按照中期财政框架的要求进行编制
日本	《财政结构改革法》	对财政赤字年度消减的规定
	《新成长战略——恢复有活力的日本》	提出日本经济发展出路，为中期财政规划提供战略指导
	《财政运营战略》	提出财政健全目标、确定财政运营基本规则等
	《中期财政框架》	从中期的视角来编制年度预算
	《针对当前财政健全化采取的措施—中期财政计划》	进一步加深对中期预算目标的认识
瑞典	《稳定与增长公约》	对各成员国中期规划（预算）提出了具体要求
	《预算法案2011》	设置政府盈余目标、支出上限等内容
	《瑞典财政政策框架》	是对《预算法案2011》进行的补充
英国	《普洛登委员会报告》	提出实施与年度预算相结合的多年度中期滚动预算
	《财政稳定法典》	提出了强有力的中期预算框架
	《预算责任和国家审计法》	确立预算责任办公室的法定地位等内容
法国	《稳定与增长公约》	对各成员国中期规划（预算）提出了具体要求
	《财政法组织法》	该法成为法国推行中期预算的关键法律

注：表中突出部分为各国在中期预算（规划）工作最近中的重要法律法规。

（一）澳大利亚

在澳大利亚，有关中期滚动预算的法律依据，主要涉及两部。一部为1997年由国会颁布实施的《财务管理和受托责任法案》，该法案规定了一系列特定的报告要求，其中要求预算前报告必须阐明政府的中期经济与财政政策目标。另一部是1998年国会颁布的《预算诚信章程》，该《章程》要求澳大利亚联邦政府年度预算报告必须按照中期财政框架的要求进行编制，涵盖当年和之后三个财年在内的四个财年预算。《预算诚信章程》的颁布为政府制定财政政策提供了一个框架,与此同时,《预算诚信章程》规定了三类报告的基本要求,这三类报告包括财政战略声明(Fiscal Strategy Statements)、常规财政报告(Regular Fiscal Reporting)、代际报告(Intergenerational Reports),这为健全澳大利亚财政管理体制提供了基础。

(二) 日本

在日本,有关中期预算(规划)的法律制定,主要经历了以下几个过程:(1) 1997年11月日本政府颁布了《财政结构改革法》,以法的形式对财政赤字目标作出了明确规定,尤其对财政赤字年度消减的规定,使得其起到了中期财政框架的作用。(2) 2010年6月18日内阁决议通过《新成长战略——恢复有活力的日本》,《新成长战略》认为过去日本经济政策失败,没有将经济、财政、社会保障关联起来,采取应对措施,提出今后日本的出路在于"强经济、强财政、强社保的一体化"。为此《新成长战略》与《财政运营战略》、《中期财政框架》协调配合,促进日本经济的发展。(3) 2010年6月22日内阁决议通过《财政运营战略》。《财政运营战略》的提出是为了应对财政破产的风险,充分发挥政府强有力的领导力以推进改革。《财政运营战略》的主要内容包括:一是制定财政健全化目标,逐步降低财政赤字。二是将"量入为出"、"消减财政赤字"、"确保政策性财政支出的财源"作为今后财政运营的基本规则。三是制定《中期财政框架》,从中期的视角来编制年度预算,值得一提的是,《中期财政框架》的制定,是以《新成长战略》中所确定的经济目标作为宏观经济指标的。(4) 2013年8月内阁决议通过《针对当前财政健全化采取的措施——中期财政计划》(2013—2022年度)。这规划提出的主要目标在于强调在重建经济的同时实现财政健全化目标。这体现出日本政府在中期预算(规划)上的认识得到了进一步的深化。

(三) 瑞典

作为欧盟成员国的瑞典,其中期预算(规划)体系的法律规定受国内国际法律的影响和约束,具体而言:首先,《稳定与增长公约》的规定,影响瑞典中期预算(规划)体系的构建。《稳定与增长公约》要求欧盟成员国必须制定中期经济发展稳定规划和中期经济趋同规划,确定实现中期财政预算目标的时间表,努力在较短的时间内实现预算接近平衡或略有盈余。同时,提出了限制开支、降低财政赤字和提高预算支出效率等三原则来指导各成员国中期预算（规划）的编制。其次，瑞典政府颁布的《预算法案2011》为瑞典中期财政框架的实施提供了依据。《预算法案2011》主要内容包括：（1）在中期预算执行中，为政府设置了盈余目标，同时由于中期预算（规划）执行中有众多难以预料的因素，因此，在中期滚动规划中赋予盈余目标一定的弹性。（2）对支出上限作出了明确规定。（3）对瑞典春季财政政策法案（Spring Fiscal Policy Bill）与预算案（Budget Bill）进行了明确的规定，要求它们都要包含对未来3—4年经济状况的预测。最后，《瑞典财政政策框架》是对《预算法案2011》的细化和补充，对中期财政框架尤其是中期预算具体工作的开展提供了详细的参考依据。

（四）英国

纵观英国中期预算（规划）法律的发展进程，呈现出逐步推进的特点，英国中期预算（规划）法律经历了从无到有，由浅至深的发展过程。相关的法律如下：（1）1961年"普洛登委员会报告"要求对公共预算进行了重大改革，其中提出了实施与年度预算相结合的多年度中期滚动预算。这为中期预算（规划）在英国的开展奠定基础。（2）1976年11月，英国国会公布了工业法案，该法案要求政府每年公布两次经济预测，促进了中期预算（规划）编制工作的推进。（3）1998年开始实施《财政稳定法典》（Code for Fiscal Stability，CFS），此法典为英国的财政预算管理提供了一个强有力的制度框架。该法典规定，财政部门需要发布诸如先期预算报告、财政报告和预算报告等一系列报告，在财政报告和预算报告中要包含了未来三年期的支出计划，总的支出计划建立在坚实的经济基础上，同时区分经常性和资本性支出。同时，固定的三年计划可以为长期计划和管理提供确定性和灵活性，通过这些计划可以得到部门支出限额，这对中期预算（规划）推进是至关重要的。同时提出部门支出限额（DEL）外的支出年度审查和按年管理的支出（AME）受到相关限制。（4）2011年的预算责任和国家审计法。该法确立了预算责任办公室的法定地位，并要求财政部在预算责任宪章中列出其实施财政政策的方式。（5）预算责任宪章。根据预算责任和国家审计法，财政部需要每年准备预算责任宪章，预算责任宪章包含了政府的财政政策框架，同时为预算责任办公室提供指导。

（五）法国

相对于其他国家而言，法国中期预算的起步较晚，相对应的，有关的法律依据包括：（1）1994年1月24日颁布的《关于掌控公共财政五年方向的方针法》。该法被看作是法国中期预算形成的雏形，规定该方针法的期限是五年，且与公共财政的控制相关。但是由于该方针法仅限于国家收支，以及预算赤字相关的整体目标上，因此中期分析依然比较模糊。（2）1997年以欧共体标准达成的《稳定与增长公约》，要求成员国起草未来三年本国的财税蓝图，这为法国中期预算的推进提供了契机。（3）2001年的财政法组织法。该法成为法国推行中期预算的关键法律。该法规定政府需提交一个关于国家经济形势和公共财政方向的报告，其中要包括关于国家收入和按各大功能分配支出的中期评价。该报告涉及国家经济、社会、财政形势等内容。（4）2008年7月23日由国会通过和采纳的对宪法的复审，标志着法国中期预算正式形成。在宪法复审中，确立了公共财政规划法是确定国家经济与社会目标的依据，规划法描述了未来三年的预算，最详细的是前两年的国家支出。因为三年规划法只对前两年是硬性的，而第三年只是被作为下一个三年规划的基础。

三、各国中期预算（规划）的编制

（一）各国编制周期和具体时间

虽然各国中期预算（规划）的编制周期和具体时间不尽相同，但是各国都呈现出如下的特点：首先，就编制的起点而言，都采取的是确定一个预算基年，有的国家是以报告年作为基年，如澳大利亚、瑞典等国，而有的国家将报告年以及报告年之后的预算年作为基年，如法国。预算基年的报告通过各国预算审议机构批准后，就具有法律约束力，其在执行过程中具有强制性，对财政支出形成约束。其次，在确定预算基年的基础上，各国将基年以后的年度作为规划或预测年度，尽管各国的规划或预测年度不一致，大部分国家采取的是3年，如瑞典、日本等国，少部分国家采取的是9年甚至更长，如美国。但是规划或预测年的报告，随会提交审议机关审议，不具有法律约束力，但在执行过程中，规划或预测报告，对年度预算的编制往往具有指导性作用。

再次,各国在向各自的审议机关提交审议报告时,往往都会附注出前一年或者前两年的预算报告,这样做的目的在于便于数据对比。最后,各国中期预算编制都会采取滚动编制的方法,有的国家采取的是每年滚动,如澳大利亚、日本,有的国家则采取在规划年最后一年进行滚动。各国的具体情况如下(见表7-3)。

表7-3　　　　　　　　各国中期预算编制周期及滚动方式

国家	编制周期	滚动方式
澳大利亚	"1+3"的中期滚动预算编制模式	每年编制一次,每次向前滚动1年
日本	"1+3"滚动编制	每年滚动修订
瑞典	"1+2-3"中期滚动计划	每年滚动修订
英国	"1+3"中期支出框架	每年滚动修订
法国	"1+3"滚动编制	三年中的最后一年进行调整
美国	"1+9"的模式,同时提交长期预测报告	每年滚动修订

1. 澳大利亚

澳大利亚中期滚动预算的编制采取的是以报告年度为基年的滚动方式编制四年期的预算计划,其不仅有当年预算,还有对未来三年的预计。澳大利亚将预算提交议会审议的预算年度定为第一年,后续的三个预算年度为纯计划年度,即澳大利亚采取的是"1+3"的中期滚动预算编制模式。在预算报告中,同时会给出经上一年议会批准正在执行的预算。在四年的中期滚动预算中,对政府的支出作出了详细的计划,其中前两年的数据准确度较高,后两年的数据着重在规划,为宏观经济形势进行指导。澳大利亚中期滚动预算每年编制一次,每次向前滚动1年,在此期间根据宏观经济形势,进行调整。

2. 日本

日本中期预算(规划)编制周期实质上也是采取的"1+3"滚动编制模式。2010年由内阁府编制《中期财政框架》(2011—2013年度),标志着日本中期预算管理制度的正式形成,《中期财政框架》就以后3年财政收支做出规定,每年滚动修订。年中修订《中期财政框架》,就以后3年财政收支作出规定。

3. 瑞典

瑞典中期预算(规划)是以报告年度为基年的滚动方式编制三至四年期的预算计划,不仅包括当年预算,还有对未来2—3年的预计。预算的第一年为提交议会审议的预算年度，后续的 2—3 个预算年度为计划年度。其中预算第一年和第二年着重实际预测，数据的准确性较高，可以作为政府各部门的绩效考核的标准；第三年和第四年着重规划，旨在对宏观经济形势进行政策性指导。在编制预算草案时，同时会将前一年预算执行情况列出，其目的在于对比比较。

4. 英国

最初，英国 3 年期中期支出框架的主要作用在于建立部门支出限额，中期支出框架覆盖预算年度后的三年。支出部门当年未用完的支出限额可结转至下个年度继续使用。由于环境和政策因素的变动，实际的开支与支出预算限额总会产生偏差。为此，英国财政部建立了预算储备基金以应对预算执行过程中不可预测的变动。在 2010 年之后，由英国预算责任办公室（Office for Budget Responsibility，OBR）来负责五年期的预测，并将预测结果与财政部编制的年度预算一起公布，对于部门限额的估计一般每两到三年公布一次。

5. 法国

从法国中期预算的法律依据可以看出，中期规划的编制主要由公共财政规划法加以描述。法国的中期预算采取的是多年规划及三年预算编制的制度。也就是说从财政年度开始编制三年预算，三年中的最后一年是下一个三年预算的起点，如此循环进行。在三年预算中，前两年经费的上限是确定的，因此具有强制性，最后一年作为计划，可以被调整。

6. 美国

在美国，严格来讲，并不具有各国意义上的中期预算，美国的中期规划（预算）其实质是更接近于中期预测。这是因为，在美国联邦层面，总统和国会都会进行中期预测的编制。总统提交的预算包括 10 年期的预测和长期预算展望（主要为 25 年，也会提交 75 年）；而国会主要是以基线为基础编制十年期预算预测和长期（主要是 75 年期）预算预测。10 年期预算侧重点在于对未来的预测，只是带有预期性质的，不具有约束性。而其他国家实行的中期预算，虽然都有针对未来的预测，但在预算年度后的展望，往往能够知道当前的预算执行，带有一定的约束性。而地方政府在推进中期预算时大部分都采取了资本改进计划（CIP），该计划期限一般为 5 年，但各州也有不同之处，地方政府实行的 CIP 计划从严格意义上来讲也不是预算，而只是预测，它只是对资本项目进行的一项长期财务计划。

总统提交的 10 年期预测采取的是"1+9"的模式，即第一年为预算年度也是申请拨款的年度，预算计划对于第一年来讲是有效的。剩下的 9 年只是体现出未来的长期影响，只是预期性的。10 年预算报告中，同时也包括预算前两年度的情况，以备比较。总统在提交 10 年预算报告的同时，也要分析展望，主要是对未来 25 年和 75 年的情况进行预测。十年期报告是每年 2 月份发布，8 月份更新一次，75 年期报告是每年 7 月中旬发布。国会提交的十年预算预测，是基于基线法则而进行的，基线规则采取的是《1985 年平衡预算紧急赤字控制法案》中的相关规则进行的，十年预算预测主要对强制性收支、自主性支出以及总量进行预测。国会的长期预算预测是基于对未来十几年规划了地理和经济条件，对重要的联邦收入和支出类别建立了专门的未来政策假定的基础上展开的。在进行预算预测时需要设定经济和政策前提，对收入和支出分别进行预测。

（二）各国中期预算（规划）编制流程和具体环节

从各国中期预算（规划）编制的流程来看，虽然各国由于政治体制不同、历史人文不同从而导致预算编制的过程不一，但是各国在中期预算（规划）编制中也有共同之处：各国中期预算（规划）编制的流程，事实上就是各利益博弈的过程，在编制过程，几经反复，各部门参与，最后讨论生成预算报告，交审议部门审议。具体而言：

1. 澳大利亚

澳大利亚的中期预算编制，由各部门分工协作进行。澳大利亚中期预算编制的流程如下：（1）国库部与财政部分别负责对财政收支进行预测。（2）部长高级会确立中期政策发展战略，其中较为重要的内容在于确定政府支出重点和优先领域。（3）联邦支出审查委员会审查主要支出项目。（4）内阁审批预算。（5）预算内阁将所有报告上报国会，经过参、众两院审查通过后，成为下年度预算执行的法律性文件。

2. 日本

日本中期预算（规划）的编制流程和具体的环节具有以下几个特点：（1）日本中期预算（规划）在形式上不具有法律效力。无论是 2010 年起编制的《中期财政框架》，还是之前由财务省编制的《对以后年度财政收支的影响估算》（以后 3 年），以及内阁府编制的《改革与展望》，每年修订并提交国会，但议会无须审议,只作为年度预算审议的参考,不具有法律效力。(2) 日本中期预算(规划)编制与年度预算编制不同,其主要是由内阁府负责编制,具体编制环节由其下设机构"经济财政咨询会议"全面负责。"经济财政咨询会议"作为总理的直接咨询机构,主要负责对经济财政政策的重要事项进行调查和审议。

3. 瑞典

瑞典中期预算(规划)以财政可持续发展为目标,以基线评估为基本方法,同时注重绩效评价。其中预测体系主要包括宏观经济预测,财政支出预测以及财政收入预测。瑞典中期预算(规划)编制采用自上而下的编制方法。

4. 英国

英国中期预算(规划)编制的流程:(1)财政部门向各部门发出详细的指导文件,向各部门解释预算编制的基本原则。各部门根据财政部门下达的文件,搜集数据和资料,按要求将这些数据反馈到财政部门。(2)财政部门审核各部门上交的预算申请后,各部门的预算将分别递交到相关委员会去审议。财政部门同时向财政委员会上报一份预算报告。(3)各委员会审议并投票通过预算,同时各部门将收到自己部门支出标准的估计数额及下年度补助金使用权限。(4)财政部门收集汇总各委员会关于财政预算的最后调整数,并向议会作陈述报告;经议会投票通过后,财政部门向公众公布政府预算支出状况及税收水平。

5. 法国

法国中期预算的编制分为对外和对内的义务。对外义务是法国作为欧盟成员国,对欧盟提交多年财政计划,称为"稳定规划";对内义务,是法国每年编制年度财政预算时,以三年为一个周期,进行三年滚动预算编制。对外义务的流程:(1)预算局办公室的负责人对未来三年的支出进行规划,形成规划文书。(2)预算局根据其他部门提供的预测信息,会同国库总局,形成稳定规划。(3)高级理事会第一次将宏观经济预测的意见上交。从对内义务上来看,法国对内预算编制在奇数年和偶数年是不同的,具体而言:(1)每年二月份,预算局与各部门就预算前景,改革方案等问题进行商讨,商讨的内容将成为中期规划的基础。(2)三四月召开绩效大会,准备年度绩效报告的撰写,意在总结上一年的预算执行的绩效情况。(3)五六月,在偶数年召开预算大会,审阅未来三年各部门对于经费和职位数目的需求。在奇数年召开分配大会，在遵守三年预算任务支出上限的条件下，要进行项目间经费的分配，用以监督曾经提出的分配方案的可持续性。（4）在预算大会或分配大会召开过后，预算局与各个部门将单独的会议，就一些存在分歧的问题进行权衡。（5）七八月份。偶数年将进行分配大会和对分配的权衡；奇数年则直接进入预算的起草。（6）预算准备的行政阶段最后一步，是预算文件的起草，尤其是年度绩效草案。这项工作在偶数年时，在八九月进行，奇数年时，在七月至九月中旬进行，由各部门和预算局联合进行。（7）九月底，政府要向国会提交年度的财政法草案和可能有的公共财政规划法案，接下来会保障筹资法草案将被提交。（8）十月到十二月底，国会对年度草案进行审阅、讨论和投票。（9）最终通过的法律草案将被公布于众。

6. 美国

美国中期预测编制，由OMB这个核心的部门来牵头，并与其他部门协调进行。美国的编制流程如下：（1）OMB给个行政部门发布预算指导计划，各部门于其协商讨论。（2）各行政部门按照OMB的通知要求，提交预算数据和详细指南。（3）OMB进行秋季审查，并由其负责人和政策官员进行政策选择，同时让所有预算部门提交预算数据。（4）OMB负责人向总统提出一整套完整的预算草案，并通知所有行政部门在MAX系统中录入他们的预算案。（5）部门准备相关的材料向国会解释它们的预算诉求，同时总统将预算提交给国会。

（三）各国参与中期预算（规划）的管理机构及其相关职责

各国参与到中期预算（规划）编制及管理的机构较多，且有明确的分工。从各国实践来看，具有几个共性：首先，各国都有一个或几个主导部门负责进行中期预算（规划）编制，如日本的"经济财政咨询会议"、英国的"预算责任办公室"等，这些国家主导部门往往是一个独立的机构，独立行使权力。少数国家以财政部作为预算编制的主导部门，如瑞典。主导部门参与到整个预算编制过程中，承担了沟通及协调作用。其次，在大多数国家中，往往都会单独设立一个机构，来对中期经济形势和财政形势进行分析，如澳大利亚的经济预测联合小组、法国的公共财政高级理事会等。最后，尽管各国参与中期预算（规划）管理的机构很多，但是各自之间的分工明确，各自为政，承担自身的责任。同时，通过主导部门的沟通协调，往往将各部门的利益归结到统一的目标上来。各国具体的参与机构如下（见表7-4）。

表7-4　　　　各国中期规划（预算）主要参与及管理机构

国家	参与机构	主要职责
澳大利亚	财政部	主要负责预算支出方面的问题
	国库部	负责宏观经济与税收方面的问题
	总理与内阁	协助确定预算草案中的重点内容
	政府各部门	参与到中期预算编制中
	支出（收入）审核委员会	支出约束与财政责任
	高级部长审查委员会/战略预算委员会	负责中期滚动预算编制的战略决策
	联邦拨款委员会	负责制定商品和劳务税的拨款计划，计算拨款标准
	经济预测联合小组	对经济以及财政政策进行预测
	公共账户联合委员会	负责中期预算的执行与监督
	议会	负责审核批准政府预算
日本	经济财政咨询会议	负责编制预算的基本方针，为主导机构
	财务省	编制"概算方案"，并提交内阁会议决议
瑞典	财政部	中期滚动预算的编制主体及协调者
	各支出部门	负责确立不同的公共部门和支出领域在中央政府预算优先顺序的基础以及评估公共部门承诺的履行情况
	议会	对政府盈余目标和支出上限的设置进行审批
英国	预算责任办公室	对英国的经济和财政进行预测
	财政部门	中期预算编制中主导部门
	内阁	其负责制定政府预算的指导方针和目标并对预算草案进行审查
	下议院	批准预算议案
	国家审计署	对政府中期预算执行进行审计与监督
法国	预算局	进行预算编制，参与到预算编制的大部分环节
	国会	审批预算
	国库总局和公共财政高级理事会	负责预测和监督预测
美国	总统经济顾问委员会	负责经济指标的五年预测值
	总统管理和预算办公室	协助总统编制预算案并监督其执行
	国会预算办公室	编制总统预算文件

1. 澳大利亚

在澳大利亚的中期预算编制中，主要有如下机构参与进来：(1) 财政部、国库部和总理与内阁部成为中期预算编制的核心机构。财政部主要负责预算支出方面的问题，具体职能包括：汇编政府支出预算；对预算会计与政府财务实行监管；分析政府支出开展并就支出调整给出建议等。国库部则负责宏观经济与税收方面的问题，同时负责协调与州（领地）政府的财政关系。总理与内阁部作为战略预算委员会、支出审核委员会的秘书处的一部分，其主要作用是协助确定预算草案中的重点内容。三大核心部门间相互配合、相互补充——财政部负责预算中的支出审核，国库部负责预算中的结构调整，总理与内阁部负责大的方向。(2) 政府部门及其下属机构或相关机构是中期滚动预算编制的主要参与机构，政府各部门根据预算编制的总要求，负责编制本部门的中期收支规划。同时政府部门内部均设有专门负责战略规划的机构，其主要从事经济和财政预测。(3) 高级部长审查委员会/战略预算委员会是中期滚动预算编制的战略决策机构，在2007年之前，高级部长审查委员会负责确定预算草案的战略方向、工作重心。在2007年之后，则由战略预算委员会负责。(4) 支出（收入）审核委员会，是政府内部最高的预算审批机构。支出审核委员会侧重于支出约束与财政责任，更注重操作性和适用性。它决定机构提案是否可以获得财政资金、可以获得多少财政资金。(5) 经济预测联合小组，主要对经济以及财政政策进行预测。(6) 联邦拨款委员会，主要负责制订商品和劳务税的拨款计划，计算拨款标准，以保证商品和劳务税拨款均等化目标的实现。(7) 议会负责审核批准政府预算。(8) 公共账户联合委员会，在中期滚动预算执行中，主要检查政府公共账户，深入研究各部门预算编制及预算执行情况，从而实施必要的监督。

2. 日本

从总体上来看，日本中期预算（规划）编制工作的主要机构为财务省和内阁府及其下设机构"经济财政咨询会议"来推进。其中内阁及"经济财政咨询会议"为中期预算（规划）编制的主导机构。"经济财政咨询会议"负责编制预算的基本方针，财务省则根据其指导方针完成"概算方案"，并提交内阁会议决议。也就是说"经济财政咨询会议"确定大致框架，财务省则具体负责预算的编制。作为中期预算（规划）编制的主导机构"经济财政咨询会议"其内部又有着具体的分工：(1) "经济财政咨询会议"有3个事务局，分别是经济财政运营担当、经济社会体制担当、经济财政分析担当的3个"政策统括官",负责"经济财政咨询会议"的日常事务,其中经济财政运营担当主要职责在于根据经济形势,来确定"经济对策"、"经济预期"等基本方案;经济社会体制担当主要负责经济财政政策的中长期方针等,并交由经济财政咨询会议审议;经济财政分析担当主要职责在于对经济的景气程度进行判断,分析国内外经济动向,发布《年度经济财政报告》。(2)"专门委员"或"专门调查会"。当议长认为有必要就特定专门事项进行咨询和调查时,可设立"专门委员"或"专门调查会",来对中期预算(规划)编制中的特殊事项进行讨论,讨论结束后,"专门委员"或"专门调查会"就此撤销。

3. 瑞典

瑞典中期预算(规划)的编制实际上是各支出部门、财政部与议会的关系及博弈的过程,其中主要参与机构包括:(1)财政部。财政部是中期滚动预算的编制主体及协调者。财政部的主要职责在于:对下一年的宏观经济前景进行重新评价,并对滚动预算中第二年的有关资料和信息进行更新;审核各部门提交的预算提案;向内阁提交的预算建议以及各支出部门的预算提案。(2)各支出部门。各支出部门负责确立不同的公共部门和支出领域在中央政府预算优先顺序的基础以及评估公共部门承诺的履行情况。(3)议会。瑞典议会在中期预算(规划)中主要对政府盈余目标和支出上限的设置进行审批。与预算有关的是议会下设的财政委员会,财政委员会主要负责预算的支出总水平和在27个支出领域的分配向议会提出建议。除此之外还有按各部门划分的委员会,负责与其部门相关领域内单项拨款项目的资金分配情况进行审议。

4. 英国

英国中期预算(规划)的编制,其实质就是各部门利益博弈的结果,其中主要的参与部门包括:(1)预算责任办公室。预算责任办公室于2010年成立,其主要的职责在于对英国公共财政进行独立和权威的分析,对英国的经济和财政进行预测,其预测的报告将直接作为财政部门编制中期预算(规划)的依据。(2)财政部门。财政部在中期预算编制中是主导部门之一,其主要职责在于:编制五年中期财政规划,提高政府内阁审核;财政部将经议会批准的预算资金拨付至各部门在皇家总支付办公室开设的账户上;监督各部门财政资金的分配和使用,并负责制定有关财政经济政策。(3)内阁。内阁作为中期预算（规划）编制的主导者，其负责制定政府预算的指导方针和目标并对预算草案进行审查。从某种意义上来讲内阁在其中起着监督的重要作用。(4) 下议院。下议院作为一个委员会，具有批准预算议案的权力。下议院可以行驶削减内阁提出的预算支出，拒绝内阁的收入建议，要求内阁再提供另一预算选择方案等权利。(5) 国家审计署。国家审计署作为一个独立的机构，其主要职责在于：对大部分的政府部门和依靠财政拨款的准政府部门的会计账目进行审计，同时要关注各部门使用资源的有效性和经济性。

5. 法国

参与到法国多年期预算编制的机构比较多，其中有一个重要的主导部门就是预算局，无论是在对外义务还是对内义务上，预算局扮演这重要的角色，其会同其他各部门一起，进行预算编制，参与到预算编制的大部分环节。国会在预算编制中起到的是审批的作用。而国库总局和公共财政高级理事会则主要负责预测和监督，其中国库总局还要对经济进行预测。其他各部门作为参与者，加入到中期预算编制过程。

6. 美国

美国中期预测的管理机构主要是由美国总统经济顾问委员会（Council of Economic Advisers，CEA）、总统管理和预算办公室（OMB）和财政部、国会预算办公室（CBO）和政府部门和单位。由于美国中期预算依赖于一些经济假设。CEA 主要是负责经济指标的五年预测值，每年发起两次预测。通常 CEA 和财政部参与经济预测，总统经济顾问委员会负责最终预测结果，由总统管理与预算办公室予以公布。该预测以总统在预算报告中的政策建议被采纳为前提假设。OMB 在预算制定过程中发挥着主要作用。OMB 主要职责就是协助总统编制预算案并监督其执行，并且确保部门报告、规则、听证和立法与总统的预算案和行政政策的一致性。此外，它还监督和协调行政部门的政府采购、金融管理和信息管理政策。它的主要职责就是提出更好的绩效政策和合作机制，减少对公众不必要的负担。CBO 主要是主导编制总统预算文件，主要职责是预算估计和财政项目分析。财政部除了参与宏观经济预测外，还负责预测收入预算。财政部税收分析办公室在进行预算收入估计时，要利用其研制和维护的几个主要的模拟模型，进行企业所得税和折旧补贴、个人所得税、工薪税、特许权税、不动产和赠予税以及国际税收的经济、分配和收入的影响估计和预测，由收入估计处综合估计总统和国会税收建议相对于基线的预算收入影响，预测美国联邦政府年度预算和中期调整中的所有收入。

（四）各国中期预算（规划）编制技术和相关标准

在中期预算（规划）编制中，对于未来收入与支出的预测，是极为重要的。各国都十分重视此项工作。从各国预测的技术上来看，首先，各国进行预测的基本规则，往往都由相关的法律法规给予说明，从而使得预测有法有规可依。如日本中期预算（规划）编制的依据是《有关中长期经济财政的估算》、美国的预测依据是《政府绩效与结果法案》等。其次，大部分国家的预测都基于基线法则来进行，所谓基线法则，就是在当前政府政策和经济形势等不变情况下，进行的预测，从而得出预测值。再基于相关变量的变动，得出变动之后的预测值，最后将二者进行比较，得出综合值。在进行预测时，无论采取何种模型，采取何种计量方法，都尽可能地把所有影响因素，涵盖进去，从技术上为提高预测的准确性奠定基础。各国具体情况如下。

1. 澳大利亚

澳大利亚中期滚动预算编制方式较为科学，财政收入预算建立在一套科学的经济预测体系基础上，财政支出预算则采取四年滚动预算的办法。在预算编制中，以经济预测数据作为编制的基础，同时将财政战略作为指导目标，按照战略的优先顺序来规划支出。在预算中，采用基线预测作为核心的方法，将结果作为绩效评价的标准。具体而言，澳大利亚财政部主要负责对财政支出和非税收入进行滚动预测，而国库则主要负责对政府的税收收入进行滚动预测。财政部以单方程计量经济模型作为其预测财政支出的重要手段，财政部开发了一个结合各地 20 个不同经济数据变量的同一指标，以及时总结财政的支出情况。国库在进行收入预测时，采用了"自下而上"的预测工具，即根据对相关经济基础的宏观经济预测预测个人收入头寸，然后汇总到总体收入预测从而预测全国税收收入。同时，澳大利亚国库发展出了一套财政总预测模型（The Fiscal Aggregate Projection Model，FAP mod）用以进行中期财政预测。这一套总的模型包括：财政收入模型、健康模型、收入补助模型、教育与培训模型、老年人看护模型、政府雇员的退休公积金模型等。财政总模型预测是以财政预测为基础，同时加上各类规划预测。财政预测是将上期预算数据和当期预算数据结合起来作为预测的基础，同时将加入今后三年的财政和经济预测数据来进行的。在财政预测基础上，再加上包括人口、社会参与和生产率在内的各类规划模型之后,就形成了总预测。

2. 日本

日本中期预算(规划)编制的依据是《有关中长期经济财政的估算》。该《估算》目前采用的是经济财政模型"(2010年度版)进行预测的。该模型是基于对国家经济、财政中期(5—10年左右)展望为目的开发的时间序列参数型宏观计量经济模型。其中包括:人口结构和劳动供给区块(包括168个内生变量和299个外生变量)、宏观经济区块(包括281个内生变量和133个外生变量)、社会保障区块(包括714个内生变量和464个外生变量)、财政区块(包括1182个内生变量和660个外生变量)。同时模型为了说明现实政策效果时,采用了8种乘数来检验模型动态特性。模型所使用的数据十分广泛,比如由日本银行提供的《金融经济统计月报》、厚生劳动省的《每月劳动统计调查报告》等。

3. 瑞典

瑞典经济预测体系主要包括:宏观经济预测,财政支出预测和财政收入预测,三者构成了中期预算(规划)编制的基础。首先,宏观经济预测。宏观经济预测的机理是选取一系列经济变量如国内生产总值(GDP)、家庭消费量、失业率和通货膨胀率等,依据这些变量评估整个经济是否处于均衡状态和如何偏离其均衡位置。其做法在于:对GDP增长情况进行完整的评估,将GDP分解为消费、投资和净出口,同时对整个经济体不同部门的产出缺口、失业和通货膨胀情况进行评估。同时评估对象还包括可能对瑞典宏观经济发展造成重要影响的世界经济发展状况。其次,财政支出预测。瑞典财政支出预测有两个显著的特点:一是瑞典行政部门每年都以一个三年的中期视角对全部中央政府支出和单个拨款项目进行5—6次完整的预测。这样做使得能够获得最新的数据,从而提高预测的准确性。二是支出预测由整个政府行政体系共同完成。这样做的好处在于使得预测更加的全面。最后,财政收入预测。瑞典财政收入预测与支出预测有相同的周期,每年获得5—6次中期视角下的财政收支发展的完整信息。同时,收入预测关注的重点更多被放在较长的中期范畴,较少落在当前年度。

4. 英国

英国中期预算(规划)编制的主要内容在于对经济和财政的预测,此项工作是由预算责任办公室牵头进行的。在对经济和财政进行预测时,二者是分开进行的。经济预测是财政预测的基础。全面的财政预算并不是由预算责任办公室独立完成的,财政收入与支出的预测由不同部门协作完成。在预测过程中会使用到两大模型,一个是收入模型,另一个是支出模型。具体而言:(1)收入模型。在进行税收收入预测时,预测会根据不同的税种采取不同的预测方法,但只包括技术关系和外生给定的变量。普遍采取的是在基线预测的基础上,通过加入导致变化的因素进行预测。(2)支出模型。支出预计依据采取的是国民账户总量进行预测,包括公共部门的经常性支出、公共部门总投资和总管理支出。所采用的数据来自于综合在线信息系统,这主要考虑到不同经济性质的影响。在进行支出预计时,还要考虑到部门未分配储备,这是鼓励部门在每个财政年度不完全将财政资金分配给每个项目,而是留下部分资金以应对没有预料到的压力,从而形成储备金,以备使用。通过上述预测之后,预算责任办公室还需要根据《公共财政和周期》的规定,对财政总量进行周期性调整以及根据实际预算运行情况,进行动态调整。

5. 法国

法国中期预算编制的一项重要内容在于对预算的估计,法国预算估计主要包括以下几个方面的内容:(1)宏观经济预计。国库总局是宏观经济预计的主要部门,其主要提供多年宏观经济的假设,特别是评估由经济波动引起的税收收入的自发变化。宏观经济预计的报告要按照相关的要求提交。(2)预算经费的估计。预算经费的估计主要包括收入估计和支出估计。在支出估计中取消了已投票的服务以及对支出限制的特征进行了描述;而在收入估计中基于国库总局提供的经济数据模拟税收。法国政府税收主要包括两种直接税和两种间接税,直接税相较于间接税来将较容易预计,而间接税受到宏观经济波动的影响较大,因而在预计中存在一定的困难。

6. 美国

美国中期预测的编制是依据多年期的国家战略规划来进行的。1993年,美国国会通过了《政府绩效与结果法案》(The Government Performance and Results Act,GPRA)。该法案要求各部门机构都必须制定战略规划(Strategic plans)、绩效计划(annual performance plans)、绩效报告(annual performance reports),并且将战略规划的时间跨度设定为不少于5年,同时每3年修订一次。依据战略规划的要求,美国在进行中期预测时,将现行和建议的预算立法和政府政策转换成模型的输入参数(如税率),应用模型预测立法和政府政策单项或综合的预算效应,在预测时往往采用微观技术加以分析。在方法上,并没有采用单一的方法,而是将判断法、趋势预测法、因素决定法和计量法结合起来加以运用,预测的重点放在支出上,在支出中主要预测物价驱动和稳定服务水平下的支出变动情况。

四、各国中期预算(规划)的实施

各国中期预算(规划)在实施中,所具有的共性在于:首先,各国预算基年经过审批机构审批之后,成为具有法律约束力的文件,具有强制性。而预测年度不具有强制性,往往带有指引性的功能。其次,在预算执行中,由于受到多种因素的影响,此时将会涉及预算调整,各国对于预算调整都有明确的规定,规定了在何种情况下允许调整预算,否则支出上限必须遵守。再次,大部分国家为了应对突发状况,都设置了预算基金,以备不时之需。最后,大部分国家对于预算支出审查较严,严格监督促使预算支出在总额限制下进行。具体而言:

(一)澳大利亚

澳大利亚中期滚动预算采取的是"1+3"的编制模式,其中的1为年度预算,3为远期预算。远期预算是对预算年度之后三年所有收支的滚动预测,是年度预算形成的基础。年度预算经议会表决通过后,形成正式的法律文件,具有约束力。而远期预算也需议会审议,但不具有法律效力,其对年度预算产生直接的指导性作用。远期预算代表着暂定的政府未来支出决策。在没有新的决策,以及不做价格和数量调整的情况下,远期的支出就会成为各自年度的预算。远期预算记录的是政府正在进行的项目,并没有包括新的项目。政府针对目前的现存项目,引进了一套复审—战略审查系统,该系统保证项目规划与政府的所考虑的轻重缓急是一致的。随着经济的波动,收入支出的变化,新项目需逐年加入到中期滚动预算中。每年的1月或者2月,各部门将新增的"投资组合预算报告"交给财政部、国库以及总理内阁部,该报告需要列明项目的成本,财政部根据此报告形成"绿报"。各机构会对提案提出反馈意见,并汇总到支出审查委员会。每年3月,支出审查委员会则会根据财政部和国库会提交更新的经济和财政背景说明,作出最后的判断。

（二）日本

在日本中期预算（规划）的实施主要包括以下几个方面：从执行效力看，虽然日本《中期财政框架》没有经过议会的审议，但是其仍然具有实质性的约束力，这是因为《中期财政框架》对财政支出作了总括性规定，尤其是对于政策性经费支出规模等的规定，具有相对约束力。从执行时间上来看，由于预算编制时间安排地较为科学，从而使得年度预算的编制与中期预算（规划）衔接更紧密。中期预算（规划）的编制及审批时间早于年度预算的时间，从而其对年度预算具有更好的指导作用。从预算动态调整上来看，在中期预算（规划）实施过程中，当原定预算目标与现实经济财政运行发生偏差时，给予必要的调整和修订。而修订的依据主要为内阁府编制的《经济财政的中长期估算》。

（三）瑞典

瑞典的中期预算（规划）虽然不是法律文件但也要经过议会讨论通过。其中议会讨论通过的支出上限具有相应的法律地位，各部门必须严格执行，各部门支出不得超越上限。随着时间的推移，中期预算（规划）逐渐成为年度预算的基础。中期预算（规划）是对预算年度之后三年所有收支的滚动预测。当预算年度结束，第一年的中期预算（规划）成为下一年预算的基础，同时中期预算（规划）再向后顺延一年，由此可见，年度预算的编制要参考中期预测结果，因此中期预算（规划）也对年度预算起到直接的影响。由于中期滚动预算建立在当前对未来经济发展情况的预测基础上，随着经济状况的发展变化，中期预算（规划）也应该相应地作出动态调整，以期更好地符合实际情形。《瑞典议会法案》明确规定，在政府认为存在例外的经济状况背景下，可以在提交预算案之后向议会提交一个关于中央政府收入或支出的议案，从而调整预算。

（四）英国

在英国，中期预算（规划）的执行主要包括：（1）预算执行。支出预算由财政部指导并监督各政府部门执行；收入预算主要由关税和货物税局以及国内税务局负责执行；预算执行管理，首先是保证不得突破当年支出计划的总额，其次是对现金限额范围的管理，最后是特殊情况下财政年度内允许拨转，这种转拨须经议会批准。（2）预算追加。追加预算需要先报财政部审核后，再报议会审批。在议会没有批准之前，包括首相在内，任何人都无权同意追加支出。由于追加支出涉及资金的再分配，因此议会像对待正式预算案一样对待追加预算案；重新编制的追加预算案称为修正预算。（3）预算支出审查。支出审查是一项按照政府间优先顺序，在财政部的领导下将资源在政府部门间进行分配的过程。支出审查主要由审查长期的政府支出情况和审查未来部门预算资源分配情况两部分组成。在进行支出审查后，需要形成支出审查报告，虽然此报告不需要通过议会投票，不具有法律地位，但对部门支出行程重要的约束。

（五）法国

在法国，多年财政规划或三年预算在执行中具有相当的效力。多年预算或三年预算中的远期预测虽不具有正式的法律效力，但也要经国会通过。成为正式预算过程的必要组成部分，并且与年度预算收支的安排紧密结合，对年度预算的确定具有较强的约束力。法国的中期预算编制同样是建立在经济和财政预测基础上的，预测往往具有不稳定性。随着经济的波动，预测基础会发生变化，从而对中期预算产生影响。法国在预算执行中，如若发生通货膨胀的变化，则可以调整预算。同时在预算编制时，包含了预算储备金，以应对预算执行中的风险。

（六）美国

美国 OMB 和 CBO 都编制并公布了中长期的预算文件，但这些文件的首要目标是弥补年度预算中可能存在的短视问题，从而可以在一个更长的期限内考虑当前预算支出的重点，国会通常把中期预算（规划）仅仅作为参考，仅批复年度预算，所以说中期预算（规划）是不具有法律约束力的。虽然中期预算（规划）不具有法律约束力，但是中期预算（规划）可以发挥它的政治作用。主要从两方面体现：首先，生产缓慢增长会影响预算；其次，利率和通货膨胀也会影响预算。但是要实现中期预算（规划）的跨期平衡、中长期财政规划的目的，就需要尽量减少中期预算（规划）的政治性，提高其科学性。从美国的做法看可从以下方面来提高预见的准确性。第一，中长期预算报告的编制只能依据现有政策和宏观经济基本面来进行假设。第二，每当政策或者基本面出现大的变化，中长期预算报告的内容就会以此更新。通过连续不断更新，保持了报告的科学性。第三，虽然中长期报告编制的基础是现有政策不变，但是其展现的现有政策的长期远景可能是政策方向作出改变的依据。第四，中长期预算编制理念是政府预算最终要实现平衡。

五、各国中期预算（规划）的监督

各国中期预算（规划）往往受到来自外部、内部的监督及绩效考核。第一，各国都有专门的部门来负责中期预算（规划）的执行监督，且监督的标准较为明确，监督部门往往分工明确，相互协调。第二，参与到监督过程中的主体是多元的，多元主体的参与，有利于提升各国中期预算（规划）执行效率。具体而言：

（一）澳大利亚

澳大利亚预算绩效指标体系一般由公平、效率和效果三个要素（部分州还强调了经济性）构成，主要表现为投入、产出、效率、结果四个方面。指标体系设计主要考虑数量、成本、质量和时效四方面因素。澳大利亚的绩效评价体系分为三个部分，主要强调评估主体的多元化和公民的广泛参与。第一个评价体系为综合绩效评价。这是由政府服务筹划指导委员会每年组织进行的，旨在对政府在教育、卫生等领域进行绩效评价。第二个评价体系为部门绩效评价。各部门在财政部制定的原则基础上，就各个部门在绩效信息、绩效考评办法、绩效评估和绩效报告等方面进行评价，形成评价报告。该报告再由财政部门与议会分别进行审计。第三个评价体系为绩效审计。联邦审计署可以对政府任何机构、企业、项目、行业进行绩效审计。其目标在于通过有效的审计过程和提供《良好实务指南》等审计成果，强化公共机构的行政效率及社会责任，并帮助公众对这些机构和事业进行有效的监督。

（二）日本

在日本内阁官房国家战略室负责对《中期财政框架》的执行进行监督与绩效评价。每年1月份内阁官房国家战略室发布《年度财政运营战略的推进情况验证》，来对中期预算（规划）的推进情况进行绩效评价。

（三）瑞典

瑞典中期预算（规划）的执行，受到了来自国际国内的外部监督。首先，瑞典作为欧盟成员国之一，其中期预算受到欧盟理事会的监督。监督主要分为三个阶段：第一阶段，监督各成员国制定中期经济发展规划和中期经济趋同规划。第二阶段，实施财政预算政策的过程协调和监督。第三阶段，确定出现过度财政赤字后应采取的措施。同时瑞典中期预算（规划）还受到来自OECD和IMF的监督。其次，瑞典国内许多政府部门都担负着监督中期财政政策及中期预算（规划）不同方面的职责，包括国家金融管理局，财政政策委员会，劳动市场政策评估机构、国家审计署和国家经济研究所等。其中财政政策委员会负责监督政府中期目标的完成程度以及公共财政长期是否可持续发展。与此同时，瑞典专门成立了国家审计署，作为议会的下属机构专门负责监督中央政府的活动。

（四）英国

在中期预算（规划）绩效管理方面，英国的预算绩效管理具有独特的一面。英国的绩效管理是围绕着其建立的公共服务协定（PSA）体系来开展的。在绩效预算观管理过程中，英国将绩效目标、评价指标和标准的制定以部门为主，财政部等预算管理机构进行指导，并征求其他绩效管理者、技术专家和民众的参与。这样做既发挥了各部门在制定绩效评价标准中的信息优势，减少分歧，又可以使得绩效评价指标更加的科学和全面。在绩效管理中有关于支出和成本管理是值得借鉴。支出和成本管理包括：（1）实行管用分离支出制度，加强财政支出管理。英国的公共支出遵循支出管理者与决策者必须与支出的使用者绝对分离的管理原则，各部门各自为政，不允许交叉进行。（2）实行政府采购制度，保证支出绩效，提高预算支出效率。英国建立了现代政府采购模式。英国在财政部内设立政府采购办公室，用于制定有关政府采购政府和法规，提供采购信息，实施监督和检查。（3）应用权责发生制会计，准确计量政府活动成本。英国在政府会计改革中采用了一套"资源会计与预算（RAB）"的系统，实现对公共支出的规划和控制职能。在采用权责发生制核算基础上，政府对外公布权责发生制财务报告，准确计量政府所有活动。

(五) 法国

法国多年预算或三年预算主要受到内外部双重监督。从内部监督来看，预算局负责保证预算执行的预报和跟踪工作，保证支出的上限不被超过。在监督过程中，预算局会会同部门会计监督员对预算执行中出现的问题进行监督，形成管理报告。从对外监督来看，由于法国为欧盟成员国，其中期预算的执行，将会受到欧盟的监督。欧盟委员会和欧洲理事会，对各成员国提交的稳定规划进行评议，具体的评议意见被记录在"委员会评价"、"委员会建议"以及"理事会意见"中。

(六) 美国

美国中期预算（规划）监督主体主要是 OBM 和 CBO 两个部门组成。OMB 主要职责就是协助总统编制预算案并监督其执行。它评估部门项目的效果、政策、流程，评估部门之间的预算需求、确定资金分配的优先序。它确保部门报告、规则、听证和立法与总统的预算案和行政政策相一致。此外，它还监督和协调行政部门的政府采购、金融管理和信息管理政策。它的主要职责就是提出更好的绩效政策和合作机制，减少对公众不必要的负担。预算委员会（CBO）主要负责发布预算决算报告、研究现有和建议的立法对预算的影响、并监督国会预算办公室的运行。

六、各国中期预算（规划）存在的问题、最新改革情况及下一步发展动向

各国在中期预算（规划）中，存在的最大问题在于，关于宏观经济和财政预测的准确性较低。这主要在于，预测往往是站在现有的视角对将来进行判定，判定的假设往往有局限性，这是由未来的不确定性造成的。因此，各国对于如何提高预测的准确性，成为推进中期预算（规划）工作的重要课题。

(一) 澳大利亚

澳大利亚在中期预算（规划）中，存在的主要问题在于预算估计的准确

性，估计可能偏差大，准确程度不高。预算估计的准确性是一个较难把握的部分，其会受到诸如宏观经济指标、非经济指标调整等因素的影响，因此，在接下来的改革中，澳大利亚政府将为提高预算估计的准确性付出努力。

（二）日本

目前，从日本中期预算（规划）执行的实践情况来看，主要存在着以下两个问题：首先，《中期财政框架》仅以一般会计预算为估算对象，不涉及修正预算和特别会计预算等。没有全面反映国家财政的总体情况。其次，日本中期预算（规划）决策的主体过于分散，内阁、内阁府的"经济财政咨询会议"、财务省、在野党等多主体参与到预算的编制过程，使得决策过程权限分散，不利于对预算规模的控制。接下来，日本政府将逐步推进中期预算（规划）的编制工作，其主要的方向包括：从跨年度预算视角出发，推行"自上而下"的预算编制改革；提高预算编制、执行过程的透明度和公开性；避免年度末的突击花钱和预算执行中的浪费问题；试行"政策目标实现考核制度"。

（三）瑞典

瑞典中期预算（规划）经过多年的发展已经比较成熟，但是目前仍面临着澳大利亚等国同样的问题，那就是数据表明预测与实际情况仍然有着一定的差距。经济预测体系还不够准确。瑞典政府就如何提高预测的准确性仍在付出努力。

（四）英国

英国目前在中期预算（规划）管理的改革中，其主要的动向在于成立预算责任办公室（OBR）。过去财政部主要负责财政预算的工作，2010年英国成立了OBR，其目的在于英国政府希望通过独立的部门对经济进行预测以使得预算更加符合实际情况。OBR作为独立的部门在对英国经济和财政预测等方面发挥着重要的作用。同时，为了规范OBR的工作，英国政府对OBR进行内部和外部审计，以监督其日常运作。目前英国的此项改革，取得了一定的成绩。OBR的运转，使得预算过程和数据更加透明，信息交流和媒体交流的可得性增强，同时对不确定性的分析有助于决策和促进财政的可持续发展。

（五）法国

随着法国中期预算工作的推进，其降低了财政赤字，促进了财政稳定。然而，公共财政规划依然存在着一定的问题，规划中的一些数字距离现实差距比较大。针对当前存在的问题，法国中期预算正在经历着一系列的变化，其中比较重要的包括：首先，要加强支出核查。根据欧盟理事会针对稳定规划提出的建议，公共财政规划法建立了支出核查这项工作，针对整个公共支出和税式支出。目标在于细化公共支出的分析和更好地组织和连接预算程序和决策，以及鉴别新的可节约经费的层面并且实施措施对其进行开发。其次，在预算管理层面也开展了新工作。基于预算局的分析和依据，公共财政规划法鉴别出缩减支出的可能来源，并且建立必要的程序和工具将其实施。

（六）美国

严格来说，美国中期预测只是年度预算的参考，没有起到引导年度预算制定的作用。美国中期预算改革的难点主要体现在预测人员多、预测收入难和平衡预测收入与需求的难度。在中期预测模式下，收入的预测需要从1年变成2年，甚至多年。中期预测的年限越长，收入预测的准确性越差。由于遵守中期预算，政府必须调整预算需求，将一些资本项目推迟或者删除。

七、各国中期预算（规划）经验借鉴和启示

（一）各国的经验

各国中期预算（规划）的实施，带来了许多积极的影响，首先，改善了政府财政平衡状况，如澳大利亚从1998—1999财政年度重新出现财政预算盈余开始，2007—2008财政年度为止，十年间一直保持财政结余。法国2012年赤字已经开始缩减，并且在接下来的年份中不断缩减，国家债务的增加从2009年开始趋于稳定。其次，中期预算（规划）提高了经济和财政预期的确定性。通过中期财政预算的编制和公开，公众对政府在未来年度的财政战略和政策、政府当前和未来的财务状况有了更多的了解。而由于中期预算（规划）的公开透明和问责，政府对已有的政策和承诺进行调整时也会比较注意，

有利于社会各界形成比较确定的预期和理性的经济决策。各国在执行中期预算（规划）过程中，有如下特点。

1. 澳大利亚

纵观澳大利亚中期滚动预算编制实践，其主要的经验在于：（1）体现了以合理预测为基础的前瞻性。澳大利亚采取多元主体，对信息进行预测，从而提高了预测的合理性和前瞻性。（2）体现了明确战略目标的导向性。澳大利亚在中期财政预算编制中突出经济和财政中长期战略的要求，确保经济和财政战略得以贯彻落实。（3）体现了覆盖内容的全面性。澳大利亚的中期预算覆盖了政府全部收支的内容，政府各部门的全面参与也保证了信息的全面性。（4）强化了公开透明和受托责任。澳大利亚的中期财政预算是完全公开透明的，以此接受公众的监督。

2. 日本

总结日本中期预算（规划）的实践，有几个重要的经验值得我们借鉴：（1）日本《中期财政框架》的年度修订时间安排科学，对年度预算的编制具有现实指导意义。日本中期预算（规划）编制及审批时间早于年度预算的时间，从而其对年度预算具有更好的指导作用，使得年度预算与中期预算（规划）的衔接更好。（2）通过预算限额的设定，强化了预算限额（"概算要求基准"）的硬性约束作用。（3）《中期财政框架》目标与国家发展战略（《新成长战略》）和财政中长期规划（《财政运营战略》等）的施政目标保持高度一致，有利于中期预算（规划）框架的贯彻落实。

3. 瑞典

瑞典中期财政框架经过近二十年的发展已经相当成熟与完善，其成功的经验值得我国加以借鉴和应用。首先，将中期财政框架以法律形式固定下来，使得中期预算（规划）的编制和实施有法可依是推行中期预算（规划）的前提条件。其次，先进的预测方法是编制有效的中期预算（规划）的基础。最后，议会在中期预算过程中发挥了重要的作用。瑞典中期预算（规划）中比较重要的盈余目标和支出上限的设置都由议会进行审批。议会把握住了中期预算（规划）的核心，在其中发挥了重要的作用。

4. 英国

英国中期预算（规划）的实施，提高了国家中期预算目标的透明度，使人们更好地了解政府未来的发展趋势。英国中期预算（规划）最值得借鉴的地方在于：首先，在对宏观经济进行预测时，引入了所谓的"审慎要素（prudence factors）"；其具体做法是，要么对经济预测做出有意识的低估，要么创建备用金以应对宏观经济出现负面发展的状况。其次，为了避免中期的宏观经济预测出现人为操控的情况，英国成立了专门的机构即 OBR 来对中期经济进行预测。

5. 法国

总结法国中期预算（规划）实践，可以得出如下经验：首先，多年规划必须先明确其目的和财政资金的流向。这样才能使得预算行政管理者和执行者在工作时，对资金的把握度有一个明确的认知。其次，对于国家公民，多年规划及其多年预算增加了国家政策导向和国家财政管理的透明度，使得公民更加了解国家财政状况和国家财政目标。

6. 美国

从美国中期预算（规划）编制的实践来看，以下几个方面值得我们借鉴：首先，美国中期预算（规划）编制是由总统和国会分别进行的，从而使得二者的预算报告形成对比，提高预算的准确性。其次，从预测的时间来看，美国中期预算（规划）预测时间较长，使得美国的收入和支出政策被纳入到一个长远的视角进行审议，从而更好地发挥了中期财政规划在指引性方面的作用。

（二）对我国的主要借鉴

从各国中期预算（规划）实践来看，有一些经验值得我国借鉴：

首先，各国中期预算（规划）的执行，都有明确的法律依据和实施细则，这就使得中期预算（规划）的编制和实施有法可依。如澳大利亚的《预算诚信章程》、英国的《财政稳定法典》等。因此，我国实行中期财政规划中，首先应当制定出相关的配套法律和实施细则，这样才能为中期预算在我国的推进奠定法律基础。

其次，科学的预测是编制有效的中期预算的基础。从各国中期预算（规划）实践经验中，可以发现，各国政府对于经济和财政的预测，是进行中期预算编制的重要基础。在预测中，首先，各国都有独立的机构来专门负责宏观经济预测，这样做可以保持预测的准确性。其次，各国在预测过程中，都会参考多个主体的预测结果，换句话说，各国在中期宏观经济预测中，会有诸多部门参与进来，预测主体呈现多元化的特征。最后，在预测时，各国都采用了比较先进的预测方法，如计量模型的运用等。因此，我国在进行中期预测时，建议应该设立独立的部门，根据我国的具体情况，运用先进的方法，进行预测。

再次，在中期预算（规划）执行过程中，有严格的监督体制。从各国的实践中可以看出，中期预算（规划）的执行都受到来自各方的监督。无论是外部监督和内部监督，监督体系较为严格。有的国家甚至会设立独立的部门进行监督。因此，我国可以借鉴相关国家的做法，设立一个单独的部门，来对中期预算（规划）的执行进行监督。同时，要建立健全相关制度，引导社会公众参与到监督中来。

最后，在中期预算（规划）执行中，由于基于执行的基础宏观经济与预测的状况有所偏离，必然会在执行中造成中期预算（规划）的调整。为此，各国都制定了明确的调整规则和审批主体。因此，我国在进行中期预算（规划）时，一是需要明确在什么情况下，可以进行预算的调整。这样才能使得预算既保持约束性又有弹性。二是对于预算调整的程序和审批机构，必须作出明确的规定，防止政出多门，影响中期预算（规划）的执行。

参 考 文 献

1. 白彦锋:"建立中期预算框架的国际比较与借鉴",《中央财经大学学报》,2009年第9期。
2. 赵早早:"澳大利亚政府预算改革与财政可持续",《公共行政评论》,2014年第1期。
3. 李燕:"财政可持续发展与透明视角下的中期预算探究",《中国行政管理》,2012年第9期。
4. 付敏杰:"市场化改革进程中的财政政策周期特征转变",《财贸经济》,2014年第10期。
5. 李俊生、王淑杰:"论国会预算权力的实现机制:基于中美两国的比较分析",《宏观经济研究》,2011年第3期。
6. 张晋武:"欧美发达国家的多年期预算及其借鉴",《财政研究》,2001年第10期。
7. 李慧:"英国的绩效预算改革及启示",《经济导刊》,2008年第5期。
8. 孟蕾、卓越:"21世纪美国、英国政府绩效管理新进展",《行政》,2010年第4期。
9. 彭健:"英国公共预算制度的演进",《构建中国公共预算法律框架》,2008年。
10. 宋雄伟:"英国'公共服务协议'治理方式解析",《中国青年政治学院学报》,2012年第4期。
11. 王淑杰:《英国政府预算制度》,经济科学出版社,2014年。
12. 中国财政部:英国中期支出框架实践情况,http://www.mof.gov.cn/mofhome/guojisi/pindaoliebiao/cjgj/201303/t20130320_783306.html。
13. 《2008年至2009年法国经济形势回顾与展望》,中国贸促会驻法国代表处,2009年。

14. 富田俊基："财政健全化之路——来自过去的教训"，《地银协月报》2012年4月。

15. 高山真："中期财政框架需要总括性提高"，三菱东UFJ银行《经济学家观点》2012年9月18日。

16. 内阁府：《年度经济财政报告》（经济财政白皮书），2008—2016年度颁。

17. 内阁府：《为实现日本经济再生而采取的紧急经济对策》，2013年1月11日。

18. 内阁府经济财政咨询会议：《关于中长期经济财政的试算》，2013—2016年度（每年1月和7月）。

19. 内阁府经济财政咨询会议：《日本经济的前途与战略参考资料》，2007年1月17日。

20. 内阁决议案：《中期财政框架》，2010—2016年度。

21. 内阁决议案：《社会保障与税收一体化改革大纲》，2012年2月17日。

22. 内阁官房：《2011年度财政运营战略进展情况的验证》，2011年4月。

23. 内阁府：《世界经济的潮流2010年——财政重建的成功与失败》，2010年11月。

24. 内阁府：《经济财政中长期估算》（2011—2023年）。

25. 内阁府：《有关中长期的经济财政估算》（2012—2023年）。

26. 田中秀明、岩井正宪、冈桥准：《引入民间经营理念、方法的预算、财政管理改革》，财务省财务综合政策研究所报告，2001年。

27. 田中秀明、前岛优子、大塚洋：《日本预算、财政体系的透明度——基于国际比较视角》，财务省财务综合政策研究所报告，2002年。

28. 田中秀明："新公共管理与预算改革"，《地方财务》，2003年2月号。

29. 田中秀明："财政规则、目标和预算管理的改革"，载于《日本的财政改革》，青木昌彦、鹤光太郎编著，RIETI经济政策分析丛书10，东洋经济新报社，2004年。

30. 田中秀明："财政规则与预算制度的计量分析"，《一桥大学机构智库》，一桥大学经济研究所世代间问题研究探讨，2009年10月号第461卷。

31. 田中秀明：《中期财政框架——国外经验与日本存在的课题》，独立行政法人经济产业研究所报告，2010年1月25日。

32. 田中秀明:《财政规律与预算制度改革——为什么日本的财政重建失败了》,日本评论社,2011年。

33. 土居丈朗:"公共会计、预算制度的改革过程:对立与改革的方向",《会计检查研究》,2003年9月号第28卷。

34. 山本荣一:"财政制度改革与预算——改革原则与在日本的适用",《关西学院大学智库》(经济学论究),2005年第58卷第4号。

35. 日本财务省网站:http://www.mof.go.jp/jgbs/index.html。

36. 日本总务省网站:http://www.soumu.go.jp/。

37. 日本会计检查院网站:http://www.jbaudit.go.jp/。

38. Australian Government (1997), Financial Management and Accountability Act 1997, 3 September 2015, https://www.comlaw.gov.au/Details/F2010L02292.

39. Australian Government (1998), Charter of Budget Honesty Act 1998, 22 August 2015, http://www.comlaw.gov.au/Details/C2014C00438.

40. Australian Government (2013), Public Governance, Performance and Accountability Act 2013, 1 August 2015, http://www.comlaw.gov.au/Details/C2014C00317.

41. Australian Government (2014), Australia Budget 2014 - 15, 6 August 2015, http://www.budget.gov.au/2014 - 15/content/bp1/html/bp1_ bst5 - 03. htm.

42. Australian Government (2015), Australia Budget 2015 - 16, 10 August 2015, http://www.budget.gov.au/2015 - 16/content/bp1/html/bp1_ bs5 - 01. htm.

43. Australian Government (2015), Mid - year Economics and Finance Outlook 2014 - 15, 16 August 2015.

44. http://www.budget.gov.au/2014 - 15/content/myefo/html/07_ attachment_ d. htm

45. Jón R. Blöndal, Daniel Bergvall, Ian Hawkesworth & Rex Deighton - Smith. 2008. Budgeting in Australia [J]. OECD Journal on Budgeting, vol. 8, no. 2, pp1 - 64.

46. Woods, D., Farrugia, M. & Pirie, M. (2009). The Australian Treasury's Fiscal aggregate projection model. Economic Round - up, (3) 37 - 46.

47. Treasurer of the Commonwealth of Australia. (2010). Intergenerational Report 2010 Full Report. Available on line: http://archive.treasury.gov.au/igr/

igr2010/report/pdf/IGR_ 2010. pdf.

48. Alesina, Alberto and Robert Perotti (1996), "Fiscal Discipline and the Budget Process", American Economic Review, 86 (2), pp. 401 – 407.

49. GöstaLjungman. The Medium – Term Fiscal Framework in Sweden [EB/OL]. OECD Journal on Budgeting, Vol. 6/3, 2007. http: //dx. doi. org/10. 1787/budget – v6 – art16 – en.

50. HanssonBruzewitz, Urban, 2002, "The Swedish Medium – Term Budget Framework" in "A Collection of Country Reports," KDI School of Public Policy and Management, Seoul, Korea.

51. Hansson Brusewitz, Urban and Yngve Lindh, "Expenditure Ceilings and Fiscal Policy—the Sweden Experiences," paper presented at the Banca d'Italia workshop on public finances, "Public Expenditure," Perugia, Italy. , 2005.

52. Lindh, Yngve; and GöstaLjungman, "Fiscal Rules and the Scope for Stabilisation Policy—the Case of Sweden", paper presented at the Banca d'Italia workshop on public finances, "Public Expenditure," Perugia, Italy. , 2007.

53. Ljungman G. Expenditure Ceilings – A Survey [J]. , 2008.

54. Von Hagen J, Hallett A, Strauch R. Budgetary consolidation in EMU [J]. , 2001.

55. A Developed Budget Process – Increased Transparency and Structure, SOU 2013: 73. http: //www. government. se/legal – documents/2013/10/sou – 2013 73/.

56. Budget Statement for 2016.

57. http: //www. government. se/information – material/2015/09/from – the – budget – bill – for – 2016 – budget – statement – summary/

58. Facts and Figures: Swedish Government Offices Yearbook 2014.

59. http: //www. government. se/information – material/2015/07/facts – and – figures.

60. OECD 数据库, http: //stats. oecd. org/#。

61. Swedish Code of Statutes, Budget Act (2011: 203).

62. http: //www. government. se/government – of – sweden/ministry – of – finance/central – government – budget/budget – act – budgetlagen/.

63. The Swedish fiscal policy framework 2011.

64. http：//www. government. se/information - material/2011/03/the - swedish - fiscal - policy - framework/

65. Carl Emmerson, Chris Frayne, Sarah Love, UPDATING THE UK'S CODE FOR FISCAL STABILITY, http：//www. ifs. org. uk/wps/wp0429. pdf

66. Dr Andrew Lilico, Ed Holmes and Hiba Sameen, Controlling Spending and Government Deficits - Lessons from History and International Experience, http：//www. policyexchange. org. uk/images/publications/controlling%20spending%20and%20government%20deficits%20-%20nov%2009. pdf

67. HM Treasury, HM Treasury review of the Office for Budget Responsibility September 2015, https：//www. gov. uk/government/uploads/system/uploads/attachment_data/file/458248/HM_Treasury_review_of_the_OBR_03092015. pdf

68. HM Treasury, SPENDING REVIEW AND AUTUMN STATEMENT 2015, https：//www. gov. uk/government/uploads/system/uploads/attachment_ data/file/479749/52229_Blue_Book_PU1865_Web_Accessible. pdf

69. HM Treasury, Pre - budget Report 2004, https：//www. gov. uk/government/publications/pre - budget - report - 2004

70. HM Treasury, Charter for Budget Responsibility：autumn 2015 update, http：//budgetresponsibility. org. uk/docs/dlm_uploads/OBR_charter_final_web_Oct_2015. pdf

71. HM Treasury, Office for Budget Responsibility and HM Treasury：Framework Document, May 2014 http：//budgetresponsibility. org. uk/docs/dlm_uploads/2014_Framework_document. pdf

72. Kevin Page, External review of the Office for Budget Responsibility, September 2014, https：//www. gov. uk/government/uploads/system/uploads/attachment_data/file/349955/external_review_of_the_OBR_web. pdf

73. NAO, About Us - Our role, https：//www. nao. org. uk/about - us/

74. Office for Budget Responsibility, Economic and fiscal outlook November 2015, http：//budgetresponsibility. org. uk/docs/dlm_uploads/EFO_November_2015. pdf

75. Office for Budget Responsibility, Briefing paper No. 1 Forecasting the pub-

lic finances, http：//budgetresponsibility.org.uk/docs/dlm _ uploads/obr _ briefing1.pdf

76. Office for Budget Responsibility, Working paper No.3 Cyclically adjusting the public finances, http：//budgetresponsibility.org.uk/docs/dlm_uploads/Working - paper - No3.pdf

77. Parliament of the United Kingdom, Industry Act 1975, https：//en.wikipedia.org/wiki/Industry_Act_1975

78. Parliament of the United Kingdom, Finance Act 1998 Section 155 - The Code for Fiscal Stability, http：//www1.worldbank.org/publicsector/pe/BudgetLaws/UK - CodeFiscalStability.pdf

79. Parliament of the United Kingdom, Budget Responsibility and National Audit Act 2011, http：//www.legislation.gov.uk/ukpga/2011/4/contents/enacted

80. Parliament and Constitution Center, Public Service Agreements 7 December 2005, http：//researchbriefings.files.parliament.uk/documents/SN03826/SN03826.pdf

81. Robert Chote, Rowena Crawford, Carl Emmerson, Gemma Tetlow. The Public Finances: 1997 to 2010. http：//www.ifs.org.uk/bns/bn93.pdf

82. UK government, Budget Report 1999, https：//www.gov.uk/government/uploads/system/uploads/attachment_ data/file/235397/0298.pdf

83. UK Debt Management Office, annual report and accounts 2014 to 2015, https：//www.gov.uk/government/publications/uk - debt - management - office - annual - report - and - accounts - 2014 - to - 2015

84. Adam F. Ferrand O. Rioux R. Finances Publiques [M]. 3rd éd. Presses de Sciences Po et Dalloz, 2010.

85. Bardaji J. Loubens A. D. Partouche H. La maquette de prévision Opale 2010 [R]. la Direction Générale du Trésor.

86. Chouvel F. Finances Publiques 2015 [M]. 18th éd. Gualino éditeur, Lextenso éditions, 2015.

87. Calendrier. http：//www.performance - publique.budget.gouv.fr/sites/performance_ publique/files/files/flash/calendrier/calendrierminefi.htm.

88. Guide pratique de la LOLF - Comprendre le Budget de l'État [R]. http：//www.performance - ublique.budget.gouv.fr/sites/performance _ publique/

files/files/documents/performance/lolf/guidelolf2012. pdf.

89. Klein C. Simon O. Le modèle Mésange nouvelle version réestimée en base 2000 [R]. la Direction Générale du Trésor.

90. Loubens A. D. Thornary B. Modélisation de la boucle prix – salaires pour la France par une approche macrosectorielle [R]. la Direction Générale du Trésor.

91. La Constitution du 4 octobre 1958 de la France. http: //www. legifrance. gouv. fr/Droit – francais/Constitution/Constitution – du – 4 – octobre – 1958.

92. Loi organique n° 2001 – 692 du 1 août 2001 relative aux lois de finances. http: //www. legifrance. gouv. fr/affichTexte. do? cidTexte = JORFTEXT000000394028&categorieLien = cid.

93. Loi organique n° 2012 – 1403 du 17 décembre 2012 relative à la programmation et à la gouvernance des finances publiques. https: //www. legifrance. gouv. fr/affichTexte. do? cidTexte = JORFTEXT000026785259&fastPos = 1&fastReqId = 493881301&categorieLien = cid&oldAction = rechTexte

94. Loi n$_0$ 2009 – 135 du 9 février 2009 de programmation des finances publiques pour les années 2009 à 2012 (1). http: //www. legifrance. gouv. fr/affichTexte. do? cidTexte = JORFTEXT000020236735.

95. Loi constitutionnelle n° 2008 – 724 du 23 juillet 2008 de modernisation des institutions de la Ve République (1). http: //www. legifrance. gouv. fr/affichTexte. do? cidTexte = JORFTEXT000019237256&fastPos = 1&fastReqId = 1674901753&categorieLien = id&oldAction = rechTexte.

96. Projet de Loi de Programmation des Finances Publiques pour la Période 2009 – 2012. http: //www. performance – publique. budget. gouv. fr/sites/performance _ publique/files/farandole/ressources/medias/documents/ressources/PLF2009/loi_programmation_financespubliques_2009_2012. pdf.

97. Programme de Stabilité de la France 2009 – 2012 [R]. http: //ec. europa. eu/economy _ finance/economic _ governance/sgp/convergence/programmes/index_en. htm.

98. PUBLICATION DES RÉSULTATS DU DÉFICIT PUBLIC 2015 [R], Ministère de l'économie et des finances.

99. Rapport d'activité 2013 – 2014 Direction du Budget [R]. http: //www.

performance – publique. budget. gouv. fr/ressources – documentaires/publications – direction – budget/supports – communication/rapports – d – activite – direction – budget#. Vn_ YW8OS2M8.

100. Rapport sur la Programmation des Finances Publiques pour la Période 2009 à 2012 Annexé à L'Article 3 [R]. http: //www. performance – publique. budget. gouv. fr/sites/performance_ publique/files/farandole/ressources/medias/documents/ressources/PLF2009/rapport_loi_programmation_financespubliques_2009_2012. pdf.

101. Recommandation du Conseil du 14 juillet 2015 concernant le programme national de réforme de la France pour 2015 et portant avis du Conseil sur le programme de stabilité de la France pour 2015 [R].

102. Sous la direction d'Roux A. Finance Publiques [M]. 3rd éd. La documentation Française, 2011.

103. http: //www. ccpit. org/Contents/Channel_ 69/2009/0213/176454/content_176454. htm.

104. http: //ec. europa. eu/economy _ finance/economic _ governance/sgp/convergence/index_en. htm.

105. http: //www. performance – publique. budget. gouv. fr/budget – comptes – etat/budget – 3 – annees#. VpCWhNUgK6g.

106. http: //www. assemblee – nationale. fr/connaissance/lois_finances_lois_financement/section – 05. asp#P2749_403115.

107. http: //www. economie. gouv. fr/caef/comptabilite – publique – historique.

108. http: //www. hcfp. fr/.

109. https: //www. legifrance. gouv. fr/affichTexte. do? cidTexte = JORF-TEXT000026871050&dateTexte = &categorieLien = id

110. https: //www. legifrance. gouv. fr/affichTexte. do? cidTexte = JORF-TEXT000020236735&categorieLien = id.

111. http: //www. conseil – etat. fr/.

112. City of Omaha website for budgets and capital improvement program (CIP): www. cityofomaha. org/finance.

113. Congressional Budget Office. An Introduction to the Congressional Budget

参考文献

Office. http://www.cbo.gov/about/overview.

114. Congressional Budget Office. Five – Year Budget Projections: Fiscal Years. http://www.cbo.gov/about/overview.

115. Lee Nooree. Congressional Budget and Impoundment Control Act of 1974 Reconsidered. Harvard Law School Federal Budget Policy Seminar Briefing Paper No. 34, 2008.

116. Michael Pagano and Benedict Jimenez. What Factors Affect Management Quality? . State Infrastructure Management and the Government Performance Project. Public Works Management and Policy. 17: 2 (April 2012): 124 – 151.

117. RK Snell. the National Council on State Legislatures (ncsl.org). State Experiences with Annual and Biennial Budgeting. 2011.